障害年金の基本構造

福島 豪

障害年金の日独比較法研究

Grundstruktur der Invaliditätsrenten

Rechtsvergleich der Invaliditätsrenten in Japan und Deutschland

日本評論社

はしがき

　障害年金は、年金保険、障害者福祉、障害者雇用などの各領域の交差点にあり、深くて広がりのある主題である。しかし、というか、だからこそ、筆者が大学院に入った2001年には、障害年金は周辺的な主題であった。当時の筆者には、障害年金は、老齢年金の付け合わせのように見えた。

　2000年代に学生無年金障害者問題に関心が集まってから、障害年金を研究する者が現れるようになった。筆者もこの頃にドイツの障害年金の研究を始めて、障害年金の奥深さに魅せられた。2010年代には、百瀬優氏の『障害年金の制度設計』（光生館、2010年）と、永野仁美氏の『障害者の雇用と所得保障』（信山社、2013年）が相次いで刊行され、障害年金のあり方を議論するための手がかりが得られた。その後、障害基礎年金の障害認定に地域差があったことを受けて、筆者は、2017年に日本社会保障法学会でシンポジウムを企画し、障害年金の障害認定について報告した。2020年代には、裁判例で障害年金の障害認定が問われることが増える中で、2023年の社会保障審議会年金部会において障害年金が取り上げられ、筆者は、外部有識者として障害年金の課題を報告する機会を得た。しかし、障害年金のあり方は、その意義に見合った関心を集めているとはいいがたい。

　本書は、筆者が約20年間取り組んできた障害年金の日独比較法研究をまとめたものである。各章にはそれぞれ初出論文があるものの、現在の筆者が、不十分な記述を修正しながら、最近の動向を加筆して、一貫した論述となるように既発表の論文を再構成した。その意味で、本書は、論文集ではなく研究書である。筆者が本書を刊行するまで時間を要したのは、ドイツ法研究の含意を見極めるためには、日本法それ自体の分析を必要としたからである。

　本書の目的と主題は、ここでは記さない。しかし、なぜ日独比較法研究なのかという問いには、筆者は、社会保障に携わる研究者と実務家に向けて、ドイツの障害年金の内在的な分析によって日本の障害年金を相対化する視点を提供するとともに、そこから析出される考察方法に依拠して日本の障害年金を再検討する筋道を提示するためであると答える。『障害年金の基本構

造』という本書の表題には、こうした意図が込められている。筆者は、本書をきっかけに、障害年金のあり方にさらなる関心が集まることを願っている。

本書は、筆者にとって最初の単著である。単著で何を書くのかは著者の判断であるものの、研究はひとりでできるものではない。本書に至る研究の過程では、百瀬氏と永野氏をはじめとする先輩および同輩諸氏からの学恩があった。ここでは、おふたりの恩師に謝辞を述べることをお許しいただきたい。

菊池馨実先生は、社会保障に漠然と関心があった筆者に、大阪大学法学部での講義と演習を通じて社会保障法学の魅力を示してくださった。筆者が学究の道に入ろうと思ったのは、新進気鋭の菊池先生の講義を聴いて、社会保障を個人の自由によって基礎づける議論があるのかと衝撃を受けたからである。また、筆者が遅まきながらこれまでの研究をまとめる決心をしたのは、菊池先生が折に触れて単著を出す意義を説いてくださったからである。

木下秀雄先生は、東京に行きたくなかった筆者を大阪市立大学法学研究科で受け入れてくださり、筆者にドイツ法研究の手ほどきをしてくださった。筆者が障害年金を研究上の主題に選んだのは、別の主題で修士論文を書けずに挫折した筆者に、木下先生がドイツの障害年金が面白いよと教示してくださったからである。また、筆者が具体的な制度分析を好むのは、制度を丹念に読み解く木下先生の姿を見て、これは面白そうと思ったからである。

菊池先生と木下先生は、それぞれの立場から筆者に社会保障法研究者の社会的責任とは何かを身をもって示してくださっている。おふたりには、筆者の見解を示した本書を刊行することで御礼を申し上げたい。

本書の原稿が揃った段階で、日本評論社に出版のお願いをしたところ、幸いにも本書の出版をお引き受けいただいた。出版に向けた作業に関しては、市川弥佳氏のお世話になった。特に市川氏には、感謝の意を表したい。

最後に、当事者ではない筆者が障害者法制の研究に志したのは、幼少期に父の昔話を聞いて、筆者にとって当たり前の人が偏見の対象となることに違和感を覚えたからである。本書が障害年金における障害の捉え方にこだわるのは、このことと無関係ではない。本書を、身体に障害のある父に捧げたい。

2024年8月　　　　　　　　　　　　　　　　　　　　　　　　福島　豪

目 次

はしがき i
初出一覧 x
略語一覧 xii

第1章　日本の障害年金をめぐる課題 …………………………… 1
　第1節　障害者の社会保障　1
　第2節　障害年金の議論動向　4
　　第1項　障害年金の現状　4
　　第2項　障害年金の初診日　5
　　第3項　障害年金の障害等級　9
　　第4項　障害年金の給付水準　14
　　第5項　障害年金の財政と拠出制・無拠出制　17
　　第6項　障害年金と就労所得　22
　第3節　本書の目的——障害等級の再検討　24

第2章　ドイツの障害年金の全体像 …………………………… 28
　第1節　障害年金の意義　28
　　第1項　稼得能力の減退としての障害　28
　　第2項　障害リスクの構造　29
　第2節　障害年金の展開　31
　　第1項　現業労働者と職員に対する障害年金　31
　　第2項　2種類の職業不能・稼得不能年金　33
　　第3項　2段階の稼得能力減退年金　34
　　第4項　主たる年金から従たる年金へ　35
　第3節　障害年金の制度　37

iv　障害年金の基本構造

　　第1項　年金保険の基本的枠組み　37
　　　　1　労働者保険としての年金保険
　　　　2　年金保険の財政
　　第2項　障害年金の人的適用範囲　39
　　　　1　強制被保険者の範囲
　　　　2　障害者作業所で就業する障害者
　　第3項　障害年金の要件　43
　　　　1　稼得能力減退の存在
　　⑴ 稼得能力制限の原因／⑵ 稼得能力制限の程度と残された稼得能力の認定／
　　⑶ 稼得能力制限の期間
　　　　2　一般受給資格期間と特別な保険法的要件の充足
　　第4項　障害年金の額　51
　　　　1　年金額の算定
　　　　2　障害年金と追加報酬
　　第5項　障害年金の期間設定、行政手続および支給開始　58
　　　　1　障害年金の期間設定
　　　　2　障害年金の行政手続
　　　　3　障害年金の支給開始
　　第6項　リハビリテーションの優先　60
　　　　1　リハビリテーション給付の目的
　　　　2　リハビリテーション給付の内容と要件
　　　　3　年金に対するリハビリテーション優先の原則
　第4節　障害時基礎保障——障害者向けの扶助給付　64
　　第1項　障害時基礎保障の意義　64
　　第2項　障害時基礎保障の受給権者　66
　　第3項　障害時基礎保障の額　68
　　第4項　障害時基礎保障の行政手続と年金保険者の協力　69
　第5節　本書の主題と構成——障害年金と労働市場　70

第3章　ドイツの障害年金における職業不能・稼得不能の認定 …………73

第1節　職業不能年金と稼得不能年金の関係　73

第2節　職業不能の認定　75

　第1項　職業不能の定義規定　75

　第2項　完全な稼得能力の認定　76

　第3項　残された稼得能力の認定　77

　　1　職業保護
　　2　健康上および職業上の能力にふさわしい業務の認定
　　3　従事することを求められる期待可能な業務の認定
　　(1) 現業労働者に関する多段階図式／(2) 多段階図式における期待可能性
　　(3) 多段階図式の適用／(4) 職員に関する多段階図式

　第4項　残された稼得能力と完全な稼得能力の比較　84

第3節　稼得不能の認定　85

　第1項　稼得不能の定義規定　85

　第2項　残された稼得能力の認定　86

　第3項　残された稼得能力の程度　87

第4節　問題の所在——残された能力にふさわしい職場の問題　88

第4章　ドイツの障害年金と労働市場 ……………………………………90

第1節　パートタイム労働しかできない場合の労働市場の考慮　90

　第1項　連邦社会裁判所による具体的考察方法の採用　90

　　1　抽象的考察方法と具体的考察方法
　　2　1969年連邦社会裁判所大法廷決定
　　(1) 1969年連邦社会裁判所大法廷決定の諸原則／(2) 具体的考察方法の採用とその理由／(3) パートタイム労働市場の閉鎖性とその認定方法

　第2項　パートタイム労働市場の閉鎖性の認定方法　98

　　1　1969年連邦社会裁判所大法廷決定の問題
　　2　1976年連邦社会裁判所大法廷決定
　　(1) 1976年連邦社会裁判所大法廷決定の諸原則／(2) パートタイム労働市場の閉鎖性に関する認定方法の変更／(3) 年金保険と失業保険との間のシームレスの保障

　　　　　3　パートタイム労働市場の閉鎖性のフィクション
　　第3項　具体的考察方法の確立　105
　　　　　1　具体的考察方法による職業不能・稼得不能の認定
　　　　　2　具体的考察方法をめぐる学説での議論
　　　　⑴　年金保険による労働市場リスクの負担／⑵　具体的考察方法に対する批判
　　　　　3　立法者による具体的考察方法の承認
　第2節　フルタイムで労働可能な場合の労働市場の考慮　114
　　第1項　フルタイムで労働可能な場合の原則　114
　　第2項　フルタイムで労働可能な場合の連邦社会裁判所の判例　115
　　　　　1　労働市場の閉鎖性の危険が認められる例外ケース
　　　　⑴　フルタイム職場の存在が考慮されないという原則の例外／⑵　稀少またはカタログケース
　　　　　2　従事することを求められる業務の名称の具体的提示
　　　　⑴　名称提示義務／⑵　異常な能力制限の累積または重度の特殊な機能障害
　　第3項　下級審裁判所による具体的考察方法の拡張の提案　121
　　　　　1　フルタイムで労働可能な場合に具体的考察方法を拡張するか？
　　　　　2　具体的考察方法を拡張する見解
　　　　　3　具体的考察方法を拡張しない見解
　　　　　4　立法者の形成特権との抵触
　　第4項　連邦社会裁判所による従来の判例の維持　127
　　　　　1　社会裁判所における裁判の展開
　　　　　2　第2次社会法典第6編改正法による立法者の対応
　　　　　3　1996年連邦社会裁判所大法廷決定
　　　　⑴　名称提示義務の維持／⑵　閉鎖性カタログの拡張の否認
　　　　⑶　異常な能力制限の累積または重度の特殊な機能障害の維持
　　第5項　裁判所によるさらなる法創造の停止　138
　　　　　1　フルタイムで労働可能な場合の具体的考察方法
　　　　　2　不確定概念の合理的な運用
　　　　　3　障害年金の改革へ

第5章　ドイツの障害年金の改革 …………………………………… 144
　第1節　障害年金の改革に至る経緯　144
　　第1項　障害年金の改革に関する1992年年金改革法の立場　144
　　第2項　障害年金の改革の必要性と提案　145
　　　1　障害年金の改革の必要性
　　　2　障害年金の改革案
　　第3項　「年金保険の持続的発展」委員会の報告書　148
　第2節　1999年年金改革法による障害年金の改革　150
　　第1項　障害年金の要件規定　150
　　第2項　2段階の稼得能力減退年金の導入　151
　　　1　職業不能・稼得不能年金の廃止と稼得能力減退の認定基準
　　　2　2段階の稼得能力減退年金の額
　　第3項　抽象的考察方法への復帰　153
　第3節　2001年障害年金改革法による障害年金の改革　156
　　第1項　障害年金の要件規定　156
　　第2項　2段階の稼得能力減退年金の導入　157
　　　1　職業不能・稼得不能年金の廃止
　　　2　稼得能力減退の認定基準
　　第3項　具体的考察方法の維持　160
　　　1　稼得能力減退と労働市場との二重のつながり
　　　2　連邦社会裁判所による従来の判例の確認
　　　3　稼得能力減退の認定図式
　　第4項　2段階の稼得能力減退年金の額　169
　　第5項　障害年金の割引の導入　170
　　　1　障害年金の割引の制度と立法趣旨
　　　2　障害年金の割引の人的適用範囲
　　第6項　障害年金の期間設定の原則化　173
　　　1　原則と例外の逆転
　　　2　障害年金が期間を定めずに支給される場合

3　障害年金が期間を定めて支給される場合
　　第7項　2001年障害年金改革法の適用と経過規定　176
　第4節　立法者による具体的考察方法の維持　177
　　第1項　具体的考察方法による稼得能力減退の認定　177
　　第2項　具体的考察方法の正当性　180
　　第3項　パートタイム労働市場の閉鎖性のフィクションは正当か？　183
　第5節　障害年金の改革をめぐる現在の議論　185
　　第1項　障害年金の給付水準の改善　185
　　　1　障害年金の平均支給月額の下落
　　　2　加算期間の延長
　　第2項　稼得能力減退がある者の能動化　189
　　第3項　学説による障害年金の改革に向けた提案　193
　　　1　労働生活の中断としての稼得能力の減退
　　　2　稼得能力減退手当の提案
　　第4項　社会保障法における稼得能力の減退の位置づけ　198

第6章　日本の障害年金における障害等級の方向性　202

　第1節　ドイツの障害年金の構造と特徴　202
　　第1項　障害年金の構造　202
　　第2項　障害年金の特徴　203
　　第3項　日本法への示唆――目的適合的な考察方法　206
　第2節　日本の障害年金における障害等級の再検討　208
　　第1項　障害年金の目的と要保障事由　208
　　第2項　障害年金の障害要件　210
　　第3項　障害等級表の構造と解釈　212
　　第4項　障害等級の見直しの必要性　217
　　第5項　障害等級の見直しの選択肢　219
　　　1　障害要件の見直し案

2　障害等級表の見直し案
　第6項　障害等級1級の位置づけと障害年金の調整　223
　第7項　障害年金と労働市場の関係　224
第3節　日本の障害年金の方向性　227

事項・人名索引　231
判例索引　238

初出一覧

第1章　日本の障害年金をめぐる課題
「障害年金の法的問題──問題の素描」週刊社会保障2832号（2015年）48-53頁
「障害年金の現代的課題」年金と経済35巻4号（2017年）3－9頁
「障害者の社会保障」法学セミナー745号（2017年）41-45頁

第2章　ドイツの障害年金の全体像
「ドイツ障害年金の法的構造（1）──障害保障と失業保障の交錯」大阪市立大学法学雑誌53巻1号（2006年）87-122頁
「ドイツにおけるリハビリテーション法──障害のある人の社会参加のための法」大阪市立大学法学雑誌55巻2号（2008年）554-586頁
「障害と社会保険──若年障害者の所得保障の日独比較」菊池馨実編『社会保険の法原理』（法律文化社、2012年）69-89頁
「ドイツの年金保険の適用拡大──「労働者保険」から「稼得者保険」へ？」西村淳編著『雇用の変容と公的年金──法学と経済学のコラボレーション研究』（東洋経済新報社、2015年）95-120頁
「ドイツにおける障害年金の仕組み」研究代表者山田篤裕『公的年金制度の所得保障機能・所得再分配機能に関する検討に資する研究──厚生労働行政推進調査事業費補助金　政策科学総合研究事業（政策科学推進研究事業）　令和4年度総括・分担研究報告書』（2023年）77-102頁

第3章　ドイツの障害年金における職業不能・稼得不能の認定
「ドイツ障害年金の法的構造（1）──障害保障と失業保障の交錯」大阪市立大学法学雑誌53巻1号（2006年）87-122頁

第 4 章　ドイツの障害年金と労働市場
「ドイツ障害年金の法的構造（2）（3・完）――障害保障と失業保障の交錯」大阪市立大学法学雑誌53巻 2 号（2006年）354-392頁、53巻 3 号（2007年）616-662頁

第 5 章　ドイツの障害年金の改革
「ドイツ障害年金の法的構造（3・完）――障害保障と失業保障の交錯」大阪市立大学法学雑誌53巻 3 号（2007年）616-662頁
「ドイツにおける障害年金の仕組み」研究代表者山田篤裕『公的年金制度の所得保障機能・所得再分配機能に関する検討に資する研究――厚生労働行政推進調査事業費補助金　政策科学総合研究事業（政策科学推進研究事業）　令和 4 年度総括・分担研究報告書』（2023年）77-102頁

第 6 章　日本の障害年金における障害等級の方向性
「ドイツ障害年金の法的構造（3・完）――障害保障と失業保障の交錯」大阪市立大学法学雑誌53巻 3 号（2007年）616-662頁
「障害年金の権利保障と障害認定」社会保障法（日本社会保障法学会誌）33号（2018年）115-130頁
「障害年金の制度改正に向けた中長期的課題」週刊社会保障3226号（2023年）48-53頁
「障害年金における障害等級――障害等級の見直しに向けた一試論」年金と経済42巻 2 号（2023年）31-38頁

略語一覧

〈日本法〉

介保	介護保険法
季教	季刊教育法
季社	季刊社会保障研究
季労	季刊労働法
健保	健康保険法
憲	日本国憲法（憲法）
厚年	厚生年金保険法
厚年則	厚生年金保険法施行規則
厚年令	厚生年金保険法施行令
国年	国民年金法
国年則	国民年金法施行規則
国年令	国民年金法施行令
社会保障法	日本社会保障法学会誌
週社	週刊社会保障
ジュリ	ジュリスト
障害基	障害者基本法
障害総合支援	障害者の日常生活及び社会生活を総合的に支援するための法律（障害者総合支援法）
障害法	日本障害法学会誌
生活保護	生活保護法
早研	早稲田大学大学院法研論集
早法	早稲田法学
速判解	速報判例解説
庁保発	社会保険庁年金保険部長通知
賃社	賃金と社会保障
特児扶手	特別児童扶養手当等の支給に関する法律

特児扶手令	特別児童扶養手当等の支給に関する法律施行令
特別障害給付	特定障害者に対する特別障害給付金の支給に関する法律
日政	政経研究
年管管発	厚生労働省年金局事業管理課長通知
年金支援給付	年金生活者支援給付金の支給に関する法律
年金支援給付令	年金生活者支援給付金の支給に関する法律施行令
判時	判例時報
判タ	判例タイムズ
判例自治	判例地方自治
法協	法学協会雑誌
法雑	大阪市立大学（大阪公立大学）法学雑誌
法時	法律時報
民集	最高裁判所民事判例集
労基	労働基準法
労研	日本労働研究雑誌
労災	労働者災害補償保険法
労災則	労働者災害補償保険法施行規則
論ジュリ	論究ジュリスト

〈ドイツ法〉

a. a. O.	am angegebenen Ort
Aufl.	Auflage
AVG	Angestelltenversicherungsgesetz
BAG	Bundesarbeitsgericht
BAGE	Entscheidungen des Bundesarbeitsgerichts
BArbBl.	Bundesarbeitsblatt（Zeitschrift）
Bd.	Band
BeckRS	Beck-Rechtsprechung（Beck-Online）
BGBl.	Bundesgesetzblatt
BSG	Bundessozialgericht

BSGE	Entscheidungen des Bundessozialgerichts
BT-Drucks.	Bundestags-Drucksache
BVerfG	Bundesverfassungsgericht
BVerfGE	Entscheidungen des Bundesverfassungsgerichts
DAngVers	Die Angestellenversicherung（Zeitschrift）
DRV	Deutsche Rentenversicherung（Zeitschrift）
EL	Ergänzungslieferung
f., ff.	folgende, fortfolgende
FS	Festschrift
Fn.	Fußnote
Hrsg.	Herausgeber
juris	Juristisches Informationssystem für Bundesrepublik Deutschland（Datenbank）
Kap.	Kapitel
KJ	Kritische Justiz（Zeitschrift）
LSG	Landessozialgericht
NDV	Nachrichtendienst des Deutschen Vereins für öffentliche und private Fürsorge（Zeitschrift）
NJW	Neue Juristische Wochenschrift（Zeitschrift）
Nr.	Nummer
NZA	Neue Zeitschrift für Arbeitsrecht（bis 1992: Neue Zeitschrift für Arbeits- und Sozialrecht）
NZS	Neue Zeitscherift für Sozialrecht
RdA	Recht der Arbeit（Zeitschrift）
Rdnr.	Randnummer
RGBl.	Reichsgesetzblatt
RVO	Reichsversicherungsordnung
S.	Seite
SDSRV	Schriftenreihe des Deutschen Sozialrechtsverbandes
SG	Sozialgericht

SGb	Die Sozialgerichtsbarkeit（Zeitschrift）
SGB	Sozialgesetzbuch
SozR	Sozialrecht, Rechtsprechung, bearbeitet von den Richtern des Bundessozialgerichts
SozSich	Soziale Sicherheit（Zeitschrift）
SR	Soziales Recht（Zeitschrift）
SRa	Sozialrecht aktuell（Zeitschrift）
u. a.	unter anderem/ und andere
VSSR	Vierteljahresschrift für Sozialrecht
ZfS	Zentralblatt für Sozialversicherung, Sozialhilfe und Versorgung（Zeitschrift）
ZSR	Zeitschrift für Sozialreform

第 1 章
日本の障害年金をめぐる課題

第 1 節　障害者の社会保障

　心身の障害がある障害者[1]は、就労によって所得を稼ぐことができれば、就労所得に基づき衣食住にかかる生活費を賄うことになる。しかし、障害者は、障害によって所得を稼ぐことができない場合には、代わりの所得を必要とする。また、障害者は、障害によって日常生活に支障がある場合には、他人による介護を必要とする。これは、良質な介護を調達する難しさとともに、介護に伴う出費の増加をもたらす。障害というこれまでの生活を脅かす事由としての要保障事由[2]が生じた場合に、障害者に所得と介護サービスを保障するため、国家が中心となって、社会保険料と租税を財源として、金銭給付とサービス給付を支給する制度は、社会保障と呼ばれる。
　障害者に対する金銭の再分配とサービスの給付は、なぜ正当化されるのか。一般的には、社会保障は障害者の生活保障という目的を達成するために存在し、憲法上の基本権でいうと障害者の生存権（憲25条）を実現するためにあると説明される[3]。それにとどまらず、障害者は、所得と介護サービスが保障されることによって、地域社会で自立した生活を営みながら社会参加をす

---

[1] 本書は、障害者を、障害者手帳保持者に限定せず、広く心身の機能の障害がある者と理解する。したがって、本書における障害者の理解は、障害者基本法2条における障害者の定義と同じである。
　また、本書は、障害（者）という法令上の表記を用いる。なぜなら、障害（者）の表記、特に害の意味について相対立する考え方がある中で、法学者は法令という土俵で検討することを求められるからである。その意味で、障害（者）の表記に関する政策論を否定する意図はない。しかし、本書は、本章**第3節**で後述するように、障害（者）の表記を検討することを目的としないので、法令上の表記に従う。

ることができる。したがって、社会保障は、根本的には障害者基本法1条で示されている障害者の自立と社会参加の支援という目的を達成するために存在し、自由権として保障された職業などの様々な活動に参加する機会と、自己決定権（憲13条）として保障された、どこで誰と生活するかについての選択の機会を無意味なものにしないという意味で、障害者の自由権を実質的に保障するためにあるといえる。つまり、社会保障は、自らの生き方を追求するための前提を欠く障害者が、自律した存在として障害のない者と等しく自由権を行使するための前提条件を確保する制度である[4]。

障害者の社会保障の中で、障害年金は、心身の障害によって所得を稼ぐことができない場合に、代わりの所得を保障することを目的として支給される年金給付である[5]。日本法では、老齢、障害、死亡といった所得喪失リスクに備えるため[6]、年金保険の1階部分として20歳以上の国内居住者を被保険

---

2) 岩村正彦『社会保障法Ⅰ』（弘文堂、2001年）13頁。社会保障の要保障事由は、個人が生活することに伴い発生する可能性のあるニーズという共通項を有し、生活困窮という生存に関わるニーズが中核にあり、生存に関わるニーズを引き起こす可能性のある定型的なニーズがそれを取り囲むという構造を有する。障害は、定型的なニーズとして、従来得られていた所得を失わせる出来事であるとともに、従来得られていた所得では不足しかねない出費を強いる出来事でもある。太田匡彦「リスク社会下の社会保障行政（上）」ジュリ1356号（2008年）99-105頁。

その上で、後天的な障害は、その発生可能性としてのリスクが広範囲の人に認められることを根拠に、社会保障の要保障事由と位置づけられる。これに対して、先天的な障害者については、障害のない者と同一水準での生活を保障するという均衡回復のための補償の観点から、先天的な障害を社会保障の要保障事由とすることができる。太田匡彦「対象としての社会保障」社会保障法研究1号（2011年）220-221頁。

3) 荒木誠之『社会保障法読本〔第3版〕』（有斐閣、2002年）250-251頁、笠木映里ほか『社会保障法』（有斐閣、2018年）14-15頁［笠木映里］、西村健一郎『社会保障法』（有斐閣、2003年）15頁。

4) 菊池馨実『社会保障法制の将来構想』（有斐閣、2010年）22-23頁、菊池馨実『社会保障法〔第3版〕』（有斐閣、2022年）122頁。

5) 本書は、障害年金を、業務災害または通勤災害によらない障害に対する一般的な所得保障を目的とする年金給付と理解する。したがって、業務災害または通勤災害による障害に対する特別の所得保障を目的とする年金給付は、**第6章**で言及することがあるものの、検討の対象外とする。

6) 笠木ほか・前掲注3）71頁、74頁［嵩さやか］は、所得の喪失を引き起こす代表的なリスクとして老齢、障害、死亡があり、日本の年金保険が老齢、障害、死亡のリスクをすべてカバーする制度として構築されているけれども、それぞれのリスクの特徴に照らしてリスクごとに異なる制度で保障することもありうるという。

者とする国民年金が制度化され（国年1条・7条1項）、2階部分として被用者（労働者）を被保険者とする厚生年金保険が制度化されている（厚年1条・9条）。障害を有することは稼得能力の減退[7]という意味で老齢と同視できるという理由から[8]、日本の障害年金は、社会保険の方法を用いて、被保険者が納める保険料を主な財源として、年金保険の枠内で支給されている。

　日本の障害年金は、障害者の所得保障の中心である。障害者に対する現行の所得保障制度は、衣食住にかかる生活費の必要とともに、介護に伴う出費の必要を保障する。なぜなら、障害者の介護サービスは障害者総合支援法における自立支援給付によって保障されているものの、障害者が必要とするすべての介護サービスが保障されているわけではなく、自己負担が発生しうるからである。介護に伴う出費を保障する障害者向けの手当給付として、最重度の障害によって在宅で常時特別の介護を必要とする20歳以上の者に対する税財源の特別障害者手当がある。障害年金によって生計を維持することができない障害者は、資産と能力を活用しても依然として最低限度の生活を維持することができない場合に、最低生活水準を保障する一般的な扶助給付としての生活保護を受給することができる（生活保護1条・4条12項）。

　本章は、社会保障法学の観点から、日本の障害年金に関する議論動向を整理する（**第2節**）ことで、日本の障害年金をめぐる課題を析出するとともに、本書の目的を提示する（**第3節**）[9]。

---

[7] 本書は、稼得能力の減退という表記を、健康上の理由に基づく所得を稼ぐ能力の減少および喪失という意味で用いる。したがって、稼働能力の喪失や稼得能力の減少といった表記は、本書と同じ意味で用いられていると考えられるので、稼得能力の減退という表記に統一する。

[8] 堤修三『社会保険の政策原理』（国際商業出版、2018年）18頁は、障害年金が老齢年金と同じ年金保険の枠内で支給されているのは、本文で挙げた理由とともに、障害年金を単独の障害年金保険として制度化しても、実際には保険料徴収が困難であるという理由も挙げている。

[9] 本章は、日本の障害年金に関する実体法上の議論を検討対象とする。したがって、手続法上の議論、例えば、障害年金の誤った教示の問題（東京高判平22・2・18判時2111号12頁、名古屋高金沢支判令3・9・15判時2542号43頁）や、障害年金の支給停止に際しての理由提示の問題（大阪地判平31・4・11判時2430号17頁、大阪地判令3・5・17判時2518号5頁）は、障害年金の制度設計と関連するものの、検討の対象外とする。また、障害年金とその他の社会保障給付との併給調整の問題（最近の裁判例として、富山地判令3・3・24賃社1789号51頁、京都地判令3・4・16判時2532号33頁）は、実体法上の議論であり、障害年金の目的に即して検討する必要があるけれども、併給調整規定の憲法適合的解釈など独自に検討すべき論点を含むので、検討の対象外とする。

第2節　障害年金の議論動向
第1項　障害年金の現状

　日本の障害年金には、1階部分の国民年金から支給される障害基礎年金と、2階部分の厚生年金保険から支給される障害厚生年金がある。障害基礎年金は、国民年金の加入期間中に初診日のある障害者に対する事前の保険料拠出に基づく拠出制障害基礎年金と、20歳前に初診日のある障害者に対する無拠出制の20歳前障害基礎年金に分かれる。障害厚生年金は、厚生年金保険の加入期間中に初診日のある障害者に対する事前の保険料拠出に基づく拠出制年金のみである。拠出制障害年金は、初診日加入要件、障害要件および保険料納付要件を満たす場合に支給される（国年30条、厚年47条）。これに対して、20歳前障害基礎年金は、初診日20歳未満要件と障害要件を満たす場合に支給される（国年30条の4）。

　障害年金受給者数は、2019年で209万6,000人である[10]。このうち、障害厚生年金受給者数は43万人（うち障害厚生年金と障害基礎年金を併給する者は29万3,000人）である。これに対して、障害基礎年金のみの受給者数は166万6,000人であり、全体の4分の3を占める。障害年金受給者の年齢構成をみると、障害基礎年金のみの受給者の中には若年層がいる一方で、障害厚生年金受給者の中では中高年齢層が多い。他方で、障害年金受給者の原因傷病をみると、精神障害が34.6％、知的障害が23.9％であり、精神障害と知的障害を合わせた精神の障害を理由とする受給者が全体の5割を超えている。精神障害を理由とする受給者は、身体障害を理由とする受給者と比べて、障害厚生年金を受給する者が少なく、年金額も低い。知的障害を理由とする受給者は、障害の特性上、障害基礎年金のみを受給するので、年金額の低い受給者が多い[11]。

　障害年金受給者数は増加傾向にある。基礎年金が導入された直後の1986年

---

[10] 本章での2019年の数字のうち出典を明示しないものは、厚生労働省「令和元年障害年金受給者実態調査」（2020年）による。
[11] 百瀬優＝大津唯「障害年金受給者の生活実態と就労状況」社会政策12巻2号（2020年）85頁。

において障害年金受給者数は約100万人であり[12]、1986年から2019年までの間に障害年金受給者数は約2倍となっている。1980年代後半から1990年代中盤までの障害年金受給者数の増加は、主として人口構成の変化、つまり高齢化によって、1990年代中盤以降の障害年金受給者数の増加は、もっぱら精神の障害を理由とする受給者数の増加によって説明することができるという[13]。もっとも、障害年金受給者の年金総額は、2022年で2兆2,154億円であり、年金総額（55兆7,211億円）の約4％にとどまる[14]。

第2項　障害年金の初診日

初診日は、障害年金の支給要件を満たすかどうかを判断するための基準日である。なぜなら、障害者が障害年金を受給することができるかどうかは、初診日がどの時点なのか、すなわち、拠出制障害基礎年金の場合だと初診日が国民年金の加入期間中にあったかどうか、20歳前障害基礎年金の場合だと初診日が20歳未満にあったかどうか、障害厚生年金の場合だと初診日が厚生年金保険の加入期間中にあったかどうかによって左右されるからである（国年30条1項本文・30条の4第1項、厚年47条1項本文）。

初診日とは、法律上の定義によると、障害の原因となった傷病について初めて医師の診療を受けた日をいう（国年30条1項本文、厚年47条1項本文）。学生無年金障害者問題に関する裁判例を契機として、初診日の解釈が争われることが増加し、紛争類型が豊富化したとともに理論的検討が進んだ[15]。

初診日加入要件または20歳前初診日要件は、実際には発症日と初診日がほとんどの場合に一致していることを前提としている[16]。しかし、受診が遅れるなどの理由により、発症日と初診日にズレが生じることがあるので、この

---

12) 百瀬優「障害年金の課題と展望」社会保障研究1巻2号（2016年）340頁。
13) 百瀬優「なぜ障害年金の受給者は増加しているのか？」早稲田商学439号（2014年）475-476頁。
14) 厚生労働省「令和4年度厚生年金保険・国民年金事業年報」（2024年）5頁。
15) 加藤智章「社会保障法の法源としての判例」社会保障法研究8号（2018年）156頁。初診日の解釈に関する裁判例の展開については、加藤智章ほか編『新版社会保障・社会福祉判例大系3 公的年金・企業年金・雇用保険』（旬報社、2009年）151-164頁［福島豪］を参照。
16) 有泉亨＝中野徹雄編『全訂社会保障関係法2　国民年金法』（日本評論社、1983年）83頁［喜多村悦史］。

場合に初診日加入要件または20歳前初診日要件を満たすのかどうかが問題となる。例えば、発症から受診まで長期化しがちであるという統合失調症の特質から、初診日が20歳後であったけれども、医師の事後的診断により発症日が20歳前であったことが確認できる場合には、20歳前初診日要件を満たすと解することができるのかが争われた事案で、最高裁は、初診日を拡張して発症日を含むものと解釈することはできないとした[17]。その理由として、最高裁は、初診日の文言のほかに、保険者が個々の傷病について発症日を認定するに足りる資料を有していないことにかんがみ、医学的見地から裁定機関の認定判断の客観性を担保するとともに、その認定判断が画一的かつ公平なものとなるよう、初診日によって障害基礎年金の支給要件規定の適用範囲を画することにしたという立法趣旨を挙げている。この立法趣旨のうち、最高裁は、統合失調症の特質から初診日を拡張解釈すると、認定判断の画一性および公平性が損なわれることを重視している[18]。

　もっとも、この最高裁判決には、今井功裁判官の反対意見がある。それによると、初診日の立法趣旨が当てはまるのは、発病の時期と受診の時期が近接している一般の疾病であるから、類型的に見て発病と近接した時期に医師の診療を受けることが期待できない特段の事情がある疾病については、初診日を厳格に解釈することに合理性があるとは考えられないという。統合失調症の場合には発病の時期と初診の時期との間には相当の時間の差があるので、ここで問題となる20歳前障害基礎年金が20歳前に稼得能力を失った20歳前障害者に対する扶助原理に基づく無拠出制年金であることを踏まえると、統合失調症の事案ではむしろ初診日を拡張解釈することが制度本来の趣旨に合致するとされる。

　学説の中にも、統合失調症以外の傷病による障害との整合性を重視することは、形式論に過ぎ、統合失調症の事案をきわめて狭いけれども底の深い落とし穴に閉じ込める結果になるとして、拡張解釈が行き過ぎた法解釈との誹

---

17) 最2小判平20・10・10判時2027号3頁。障害厚生年金の初診日について同旨の判断を示した裁判例として、大阪地判平26・7・31裁判所ウェブサイトがあり、拠出制障害基礎年金の初診日について同旨の判断を示した裁判例として、東京地判平27・4・17裁判所ウェブサイトがある。
18) 永野仁美「社会保障法判例」季刊社45巻1号（2009年）81頁。

りを免れないとしても、拠出制年金を補完し国民皆年金を実現するという無拠出制年金の性格から最高裁判決に反対する見解がある[19]。これに対して、立法者が初診日という文言を用いたにもかかわらず、裁判所が拡張解釈することが許されるためには、拡張解釈しなければ著しく不合理であることが一見明白な状況でなければならないと考える立場から、初診日主義が請求者間の公平に適う側面がある以上、本件は拡張解釈が許される状況にあるとまではいえないとして、最高裁判決を支持する学説がある[20]。

ただし、初診日の定義によると、障害の原因となった傷病には、傷病そのものだけでなく、傷病に起因する疾病も含まれる（国年30条１項本文、厚年47条１項本文）。そうすると、傷病に起因する疾病に対する診療行為が行われている以上、その原因となっている傷病が確定されていなくても、その診療行為の日を初診日と解することに条文の文言上の妨げはない[21]。具体的には、20歳前に統合失調症に起因すると推認される症状、例えば不眠、吐き気、頭痛について医師の診療を受けた事実があれば、統合失調症との確定診断を受けたかどうかにかかわらず、その日が初診日として認められるとした裁判例がある[22]。したがって、障害の原因となった傷病に起因する疾病について医師の診療を受けた事実がある場合には、障害の原因となった傷病についての確定診断がなくても、その日が初診日と解される[23]。

また、初診日の認定資料について、障害年金の請求に際して初診日を明ら

---

19) 加藤智章「国民年金法30条の４所定の初診日要件」季教161号（2009年）85頁、戸部真澄「国民年金法30条の４に定める「初診日」の解釈」速判解５号（2009年）32頁。
20) もっとも、後者の学説は、最高裁判決を支持することが、立法政策として一律に初診日主義を貫くことが適切であることを意味するものではないという。菊池馨実「統合失調症を発症し医師の診療を必要とする状態に至った時点において20歳未満であったことが事後的診断等により医学的に確認できた者と国民年金法30条の４所定のいわゆる初診日要件」判時2051号（2009年）167-168頁。
21) 東京地判平16・３・24判時1852号３頁。
22) 福岡地判平17・４・22裁判所ウェブサイト。これに関連して、仙台高判平19・２・26判タ1248号130頁は、初診日を厳格に解釈するのを原則としつつ、認定判断の画一性および公平性が損なわれない一定の要件を満たす場合に限り初診日を拡張解釈するとした。しかし、本件は、20歳前に統合失調症に起因すると推認される症状について胃腸科の医師の診療を受けていた事実があるので、その日を初診日として認めることができるものであった。

かにすることができる書類の提出が求められる（国年則31条2項6号、厚年則44条2項6号）。初診日は、診療録などの客観性の高い資料によって認定されるものの、初診日から長期間が経過して障害年金の請求が行われる場合には、客観的な資料の保存期間が経過しているので、初診日を個別的に認定する余地がある。裁判例によると、初診日の認定は、原則として客観的な資料に基づいて行う必要があるけれども、客観的な資料を十分に整えることができないことについて合理的な理由がある場合には、請求者や第三者の供述内容、傷病の特性などを総合的に検討して、初診日の認定を行うことができるので、請求者本人や第三者の記憶に基づく陳述書のような資料であってもこれを認定資料から排斥すべきでないとされる[24]。また、初診日を明らかにすることができる書類は、支給要件の認定に必要十分な限度で求められるので、請求者が所持する身体障害者手帳で足りるとした裁判例がある[25]。以上の判断は、初診日を拡張解釈するものではなく、初診日の認定方法を例外的に弾力化するものである[26]。

　障害共済年金では請求者本人の申し立てによって初診日が認定されてきたことから、被用者年金一元化に伴う2015年改正によって、初診日を証するのに参考となる書類が初診日の認定資料に追加された（国年則31条2項6号、

---

23) 加藤智章「学生無年金障害者訴訟の検討」法時77巻8号（2005年）84頁、永野・前掲注18) 82-83頁。これに対して、堀勝洋「学生無年金障害者（東京）訴訟第一審判決」判時1870号（2004年）165頁は、日常生活において普通にみられる身体の不調が障害の原因疾患による場合が少なからずあり、本文に述べた解釈では障害者が自己に有利となる診療日を初診日と主張するおそれがあるので、全国一律に定型的な事務処理を行う年金保険においては、「診療を受けた症状が障害の原因疾患に起因することが医師によって診断された日」を初診日と解することを原則とし、事後的に医学的診断により初診日を遡らせることを例外的に認めるとする。
24) 大阪地判平26・7・31裁判所ウェブサイト、東京地判平27・4・17裁判所ウェブサイト。
25) 名古屋高金沢支判令3・9・15判時2542号43頁。
26) これに対して、特別障害給付金における初診日（後掲注82) を参照）については、診療録を求めることは相当ではなく、個別の事情に応じて認定することがむしろ特別障害給付金の趣旨に適うとされる。その理由として、特別障害給付金の対象となるのは、初診日が1991年3月31日以前にある者であり、診療録により証明することが実際上極めて困難であること、特別障害給付金の対象者は、国民年金制度の発展過程において生じた障害基礎年金の受給権を有しない障害者であり、広範囲の多数者に及ぶものではないことが挙げられている。東京地判平21・4・17判時2050号95頁。

厚年則44条2項6号)。通知[27]によると、受診した医療機関による証明が得られない場合には、医療機関で診療を受けていたことについて第三者が申し立てることによって証明したものが初診日を合理的に推定するための参考資料となる。第三者証明によって、初診日が認定される可能性が広がった。

　初診日については、以上の実務上の課題とは別に、立法政策上の課題として、発症日が厚生年金保険の加入期間中にあったけれども、初診日が適用事業所に使用されなくなった後、つまり厚生年金保険の被保険者資格を喪失した（厚年14条2号）後になった場合や、長期にわたり厚生年金保険料を納付していたけれども、発症日も初診日も被保険者資格喪失後になった場合には、厚生年金保険料の納付が障害厚生年金に結びつかないという問題が存在すると指摘されている。この課題を解決するため、初診日主義を前提として、私保険とは異なる社会保険の性格から、被保険者資格喪失後も一定期間内であれば、加入期間中と同様に障害厚生年金を支給するという改革案と、厚生年金保険料を長期にわたり納付してきた者については、その納付実績を評価する形で、障害厚生年金を支給するという改革案が主張されている[28]。

第3項　障害年金の障害等級

　障害年金の障害要件は、初診日から1年6か月を経過した日[29]もしくは傷病が治った日（以下「障害認定日」）または20歳前障害基礎年金の場合には20歳到達日において、傷病により障害等級に該当する程度の障害の状態にあることである（国年30条1項本文・30条の4第1項、厚年47条1項本文）[30]。障害要件を満たした者は、その他の支給要件を満たした場合に、障害年金の受給権を障害認定日または20歳到達日の時点で取得する[31]ので、裁定を請求する（国年16条、厚年33条）ことによって、障害認定日または20歳到達日の

---

27) 平27・9・28年管管発0928第6号。
28) 百瀬優「障害厚生年金の被保険者要件（初診日要件）」週社3248号（2023年）49-53頁。
29) 1年6か月までの期間については、健康保険の被保険者が傷病による療養のため労務に服することができない場合に、傷病手当金が支給される（健保99条）。その限りにおいて、障害年金は、被用者保険では傷病手当金と接続している。堀勝洋『年金保険法〔第5版〕』（法律文化社、2022年）441頁。富山地判令3・3・24賃社1789号51頁は、傷病手当金と障害年金を、受給者の所得保障という同一の目的により、連続的に支給される社会給付であると位置づける。

時点に遡って障害年金の支給を受けることができる[32]。障害認定日または20歳到達日において障害等級に該当する程度の障害の状態になかった者は、65歳に達するまでの間において、障害の程度が悪化して障害等級に該当するに至った場合には、事後重症による障害年金を請求することができる（国年30条の2第1項・30条の4第2項、厚年47条の2第1項）。事後重症による障害年金の受給権は、請求日の障害の状態によって障害の程度が判断されるので、裁定の請求によって初めて発生する[33]。

　障害等級は、障害の程度に応じて重度のものから1級、2級、3級である。1級と2級は障害基礎年金と障害厚生年金で共通であり、3級は障害厚生年金のみである（国年30条2項、厚年47条2項）[34]。歴史を遡ると、被用者を対象とする厚生年金保険の障害等級は、1954年改正により3級制を採用し、労

---

30) 障害の状態が障害等級に該当する程度のものであるかどうかは、基本的に医師の診断書によって認定される。法律の施行規則は、障害年金の請求に際して障害の状態に関する医師の診断書を添えなければならないと定めている（国年則31条2項4号、厚年則44条2項4号）。その趣旨は、医師が作成した診断書には客観性と信頼性があると認められることから、これを必須の資料とすることで、裁定機関の認定判断の客観性を担保するとともに、その認定判断を公平なものとするところにあるとされる。そうすると、請求者が提出した診断書が障害の状態が問題とされる当時において診療に実際に関与したことのない医師により作成されたものであっても、請求者が診断書に加えて提出した他の資料が一般的な客観性と信頼性を有するものと評価でき、かつ、それらが診断書を補完するものとなりうると認められるのであれば、施行規則にいう診断書の提出があったものとして取り扱い、診断書と他の資料を総合的に判断して、診断書の具体的な信用性を吟味した上、障害の状態が問題とされる当時における障害の程度の認定を行うべきであるという。東京地判平25・11・8判時2228号14頁。
31) 障害要件を満たした時点で発生する受給権は、年額でいくら障害年金を受給できる権利として、基本権を指す。これに対して、支給期間（国年18条1項、厚年36条1項）において各月分の障害年金の支給を受ける権利は、基本権から発生する権利として、支分権と呼ばれる。笠木ほか・前掲注3）105頁［嵩さやか］。
32) 太田匡彦「権利・決定・対価（1）」法協116巻2号（1999年）207頁。太田匡彦「権利・決定・対価（2）」法協116巻3号（1999年）407頁は、障害要件の要件を満たした者は、裁定という給付決定を求める権利と同時に、障害年金という財の交付を求める権利を取得するものの、給付決定を得るまで財の交付を直接には請求できないと説明する。
33) 名古屋地判平25・1・17賃社1584号38頁。
34) 厚生年金保険には、一時金として障害手当金がある。障害手当金は、厚生年金保険の加入期間中に初診日のある障害者が障害等級3級より軽い程度の障害の状態にある場合に、障害厚生年金の2年分の額を支給するものである（厚年55条・57条）。

働能力の制限という観点から制度設計されていた。これに対して、無業者も対象とする国民年金の障害等級は、1959年の国民年金法制定により2級制を採用し、労働能力の制限ではなく、日常生活能力の制限という観点から制度設計されていた[35]。しかし、1985年改正による基礎年金の導入に伴い、国民年金と厚生年金保険とで異なっていた1級と2級は、障害基礎年金と障害厚生年金で統一された[36]。したがって、1級と2級は日常生活能力の制限に着目して制度設計されており、労働能力の制限に着目して制度設計されているのは3級に限られる[37]。

障害等級に該当する程度の障害の状態は、法律の委任規定（国年30条2項、厚年47条2項）を受けて、政令の別表にある障害等級表（国年令別表、厚年令別表第一）で定められている（国年令4条の6、厚年令3条の8）。障害年金の障害等級表は、もともと、民間労働者に対する労災補償、具体的には工場法施行令上の障害等級表を基礎にして、身体の外部障害による客観的な機能障害を列記し、それ以外の障害を包括する規定を加えて形成された[38]。例えば、眼の障害について、両眼の視力がそれぞれ0.03以下のものは1級、0.07以下のものは2級、0.1以下に減じたものは3級と定められている[39]。このように、

---

35) 安部敬太「障害年金における等級認定（2）」早研177号（2021年）4‐8頁。風間朋子『障害と所得保障』（生活書院、2023年）267-272頁は、国民年金の障害等級においては、厚生年金保険と身体障害者手帳の等級間の調整のため、身体障害者手帳との親和性が高い日常生活能力の概念が採用されたとする。
36) 吉原健二編著『新年金法』（全国社会保険協会連合会、1987年）154頁。
37) 新田秀樹「所得の保障」河野正輝＝東俊裕編著『障がいと共に暮らす』（放送大学教育振興会、2009年）113頁は、障害等級1級と2級が日常生活能力の制限に着目することになったのは、実務においては、日常生活能力も労働能力も一般性・抽象性の高い用語として大差のないものと理解されていたという事情があったとする。また、福田素生「障害年金をめぐる政策課題」社会保障研究4巻1号（2019年）93頁は、日常生活能力、労働能力、稼得能力には一定の相関関係が推認できることもあるとする。
38) 安部敬太「障害年金における等級認定（1）」早研176号（2020年）8頁、18頁。風間・前掲注35）132頁は、工場法施行令上の障害等級表における身体の外部障害の配列は稼得能力の制限度合いと無関係であったことから、これを踏襲した障害年金の障害等級表においても稼得能力の制限度合いが反映されていないとする。
39) 眼の障害については、2021年改正により、良い方の眼の視力で適正に評価されるよう、認定基準が両目の視力の和から両目の視力のそれぞれに改められた。

身体の外部障害の程度は機能障害に着目して定められているので、障害等級表に掲げられた機能障害が存在すれば足りるのであって、障害者が実際に日常生活能力の制限や労働能力の制限を受けているかどうかは問題とならない[40]。これに対して、身体の内部障害と精神の障害の程度は、種類が多種で症状が多様であるので、日常生活能力の制限や労働能力の制限に着目して定められている。したがって、身体の内部障害や精神の障害の場合には、日常生活能力や労働能力が制限されているかどうかが問題となる。

　障害等級表に定められた障害の状態は一義的に明確といえず、基準なく個別に障害等級該当性を判定すると、事案ごとに不統一の認定となる事態を避けがたいので、請求者間の公平の見地から[41]、行政は障害等級表の解釈基準として障害認定基準[42]を通知で定めている。障害認定基準によると、1級は日常生活の用を弁じることができない程度であり、2級は日常生活が著しい制限を受ける程度であり、3級は労働が著しい制限を受ける程度である。したがって、例えば、精神の障害の状態が2級に該当するかどうかは、傷病により日常生活が著しい制限を受けるかどうかによって判断される[43]。

　障害認定基準は、障害等級表の解釈基準として、行政組織内部でのみ通用する規範、つまり通達であり、裁判所を拘束するものではない。したがって、行政は、障害認定基準に基づいて障害等級を認定すべきであるけれども、裁判所は、障害認定基準に基づくことなく、法令の解釈に基づいて障害等級を認定した上で、この認定に照らして行政による認定の適否を審査しなければならない。ただし、このような行政判断の司法審査に際して、裁判所が法令の解釈における参考資料の1つとして障害認定基準を参照することは許される[44]。

　裁判例において、障害認定基準は、法的拘束力を持たないものの、医学的

40）後藤清＝近藤文二『労働者年金保険法論』（東洋館、1942年）465頁［後藤清］。
41）東京地判平19・8・31判時1999号68頁。
42）昭61・3・31庁保発15号別添。
43）大阪地判令2・6・3判時2486号31頁。
44）岡田正則「専門技術的事項をめぐる行政判断の方法と処分理由の提示」早法96巻2号（2021年）126-132頁。

知見を踏まえた合理的なものとして用いられている。例えば、就労している軽度の知的障害者の2級該当性が争われた事案で、東京地裁は、特段の事情がない限り、障害認定基準を参酌して、そこで例示されている障害の状態に該当するかどうかで判断するのが相当であるとした[45]。その際には、障害認定基準が定める通り、知能指数のみに着眼することなく、日常生活の様々な場面における援助の必要度を勘案して総合的に判断すべきであり、また、就労をしている者も援助や配慮の下で労働に従事していることが通常であることを踏まえ、労働に従事していることをもって、直ちに日常生活能力が向上したものと捉えないという。具体的なあてはめにおいて、東京地裁は、特例子会社で障害者雇用枠の契約社員として援助を受けなから単純作業に従事している軽度の知的障害者は、活動の範囲が家庭内にとどまらないとしても、単身で生活することを仮定して日常生活能力を判断すると、知的障害を認め、日常生活における身のまわりのことも多くの援助が必要であるとして、2級に該当すると判断した。このように、日常生活が著しい制限を受ける程度の精神の障害が存在するかどうかは、傷病の原因、諸症状、治療およびその病状の経過、具体的な日常生活状況などにより総合的に認定され[46]、その際には、医学的な事実の確定や評価が問題となる[47]。

　裁判例によると、障害等級表および障害認定基準が基本的に日常生活能力の制限に着目して障害等級を定めていることは明らかであるので、日常生活の文言にもかかわらず、稼得能力に着目した読み方をすることは困難であるとされる[48]。そうすると、障害年金が障害によって所得を稼ぐことができない場合に代わりの所得を保障することを目的とするにもかかわらず、障害等

---

45) 東京地判平30・3・14判時2387号3頁。同旨の判断枠組みを示した裁判例として、東京地判30・12・14賃社1731号53頁がある。福田素生「就労している軽度の知的障害者に対する障害基礎年金支給の可否」社会保障研究4巻1号（2019年）102頁は、多様な障害の状態や程度といった専門性の高い事項について、裁判所が独自の基準を示すことは困難であろうし、障害認定基準に依拠しても、事案の妥当な解決を図ることが可能であると判断し、障害認定基準を参酌して判断するという一般的な判断枠組みを示したのではないかという。
46) 大阪地判令2・6・3判時2486号31頁。
47) 門口正人ほか「行政訴訟」ジュリ1526号（2018年）70頁［林俊之発言］。
48) 大津地判平22・1・19賃社1515号21頁。

級と稼得能力の制限度合いとの関係がはっきりしない。すなわち、3級は労働能力の制限度合いによって定められているものの、1級と2級は日常生活能力の制限度合いによって定められており、しかも身体の外部障害の程度は機能障害により日常生活能力の制限や労働能力の制限があると推定している[49]。結果として、就労所得があるにもかかわらず、障害年金を受給している障害者が存在する一方で、就労所得がないにもかかわらず、障害年金を受給していない障害者が存在する。障害年金受給者の中にも、就労所得が少ない者が存在する一方で、就労所得が多い者が存在する[50]。

第4項　障害年金の給付水準

　障害年金の給付水準は、障害基礎年金と障害厚生年金とで異なる。障害基礎年金の給付水準は、基礎的な生活費を保障するものである。すなわち、障害基礎年金の額は、2級の場合には年額78万900円×改定率、2024年で年額81万6,000円（月額6万8,000円）であり、1級の場合にはその1.25倍、2024年で年額102万円（月額8万5,000円）である（国年33条）。子がいる場合には、一定額が加算される（国年33条の2）。障害基礎年金の平均月額は、2019年で1級8万1,575円、2級6万5,956円である。

　障害厚生年金の給付水準は、従前の所得の一定割合を保障するものである。すなわち、障害厚生年金の額は、2級と3級の場合には厚生年金保険加入期

---

[49] 新田・前掲注37）112-114頁、山田耕造「障害者の所得保障」日本社会保障法学会編『講座社会保障法2　所得保障法』（法律文化社、2001年）187-188頁。障害等級と稼得能力の制限度合いとの関係がはっきりしない経緯は、歴史研究により次のように説明されている。すなわち、風間・前掲注35）291頁は、民間労働者に対する労災補償が創設される前には、機能障害基準と稼得能力基準の2つが存在していたけれども、工場法施行令上の障害等級表に機能障害基準と稼得能力基準が混在することで、両者の関係があいまいとなり、この障害等級表を踏襲した障害年金の障害等級表に労働能力と日常生活能力が持ち込まれることで、障害等級表における障害の状態は日常生活能力と労働能力の概念を指標として序列化されているとの読み替えが行われたとする。また、安部敬太「障害年金における等級認定（3・完）」早研178号（2021年）18-21頁は、制度の変遷の中で、全般的な能力障害による認定が軽視され、客観的な機能障害による認定が重視されてきたとともに、労働能力や稼得能力より機能障害との親和性が高い日常生活能力が尺度とされてきたことから、日本の障害年金は、医学モデルを純化していく道を歩み続けてきたとする。

[50] 百瀬・前掲注12）348-350頁。

間の平均標準報酬額×給付乗率×加入月数（最低300月）であり、1級の場合にはその1.25倍である。ただし、3級の場合には、障害基礎年金がないので、最低保障額があり、2級の障害基礎年金の額の4分の3が保障される（厚年50条）。1級または2級の受給権者に配偶者がいる場合には、加給年金額が加算される（厚年50条の2）。障害基礎年金を含む障害厚生年金の平均月額は、2019年で1級15万3,124円、2級11万5,619円、3級5万5,682円である。

　障害年金の給付水準は、障害リスクが老齢リスクの早期発生であり、障害年金が老齢年金の早期支給であるという考え方から[51]、基本的に老齢年金の給付水準に準拠している。ただし、障害リスクは、老齢リスクと異なり、突発的に発生するリスクであり[52]、発生の予測が難しく事前に備えることが難しい[53]。したがって、障害それ自体がもたらす所得保障ニーズに対応するため[54]、障害基礎年金については保険料納付実績と無関係に一定額が保障されたり、障害厚生年金については最低加入期間の擬制や3級の最低保障額が設けられたりしている。このように、障害年金が最低保障を与える限りで、扶助原理（必要原則）が保険原理（比例原則）に優先している[55]。

　1級加算は、老齢年金の額を上回る部分であり、介護に伴う出費を保障するものと説明されてきた[56]。確かに、1級は、日常生活の用を弁じることを

---

51) 新田・前掲注37) 116頁、堀・前掲注29) 38頁。
52) 菊池馨実『社会保障の法理念』（有斐閣、2000年) 137頁は、憲法25条の生存権が要請する障害年金の給付水準について、就労期間中に突発的に発生する障害リスクは、従前の所得の一定割合を保障することにも一応の合理性があるとする。
53) 江口隆裕『変貌する世界と日本の年金』（法律文化社、2008年) 6頁、加藤智章『もうひとつの年金』（新潟日報事業社、2009年) 12頁。
54) 太田匡彦「社会保障給付における要保障事由、必要、財、金銭評価の関係に関する一考察」高木光ほか編『阿部泰隆先生古稀記念　行政法学の未来に向けて』（有斐閣、2012年) 326頁。
55) 江口・前掲注53) 181-182頁。障害年金の保障方法としての社会保険は、保険の技術を個人の生活保障という目的を達成するために用いるものであり、保険原理と扶助原理という2つの相異なる考え方を結びつけるところにその特徴がある。西村・前掲注3) 26頁。保険原理は、保険の技術に基づくリスク分散を意味しており、保険料拠出に応じた給付という貢献原則を基盤とするのに対して、扶助原理は、一方的な所得移転を意味しており、個人の必要に応じた給付という必要原則を基盤とする。堀・前掲注29) 58-59頁。その上で、貢献原則は、保険料拠出が給付の支給要件となっているという拠出原則と、給付内容が保険料拠出に対応したものとなっているという比例原則に分けることができる。江口・前掲注53) 180頁。

不能ならしめる程度という意味で常時介護を要する程度といえるので、介護に伴う出費の増加をもたらすかもしれない。しかし、1級の障害年金受給者の中に介護に伴う出費が低い者がいる一方で、2級・3級の障害年金受給者の中にも介護に伴う出費が高い者がいるので、一律加算には非効率な側面がある[57]。他方で、在宅で常時特別の介護を必要とする最重度の障害者（特別障害者。特児扶手2条3項・26条の2）に対する税財源の特別障害者手当[58]と1級加算との役割分担がはっきりしない。したがって、介護サービスを利用する際の自己負担の保障という観点から1級加算と特別障害者手当の関係を整理する必要がある。

　2級の障害基礎年金の額は、老齢基礎年金の額と同額である。老齢基礎年金の給付水準は、高齢者の生活費のうち基礎的部分を賄うものとして制度設計されている[59]。したがって、老齢基礎年金は老齢厚生年金や自助努力による補完を予定している。これに対して、障害年金受給者の4分の3は障害基礎年金のみの受給者であり、障害リスクは老齢リスクと異なり事前に備えることが難しい。その意味で、障害基礎年金は、障害者の所得保障の中で相対的に重要な位置を占めているにもかかわらず、2級の障害基礎年金の額は、高齢者と比べて障害に伴う費用など多くの生活費を必要とする障害者の基礎的な生活費を賄える水準として制度設計されていない[60]。

　障害年金受給者世帯の年金を含む年間収入の中央値は、2019年で193万円であり、一般世帯の年間所得金額の中央値437万円より低い。特に、障害基

---

56) 障害等級1級の加算を介護費用的な上乗せと説明するものとして、有泉＝中野・前掲注16) 97頁［喜多村悦史］がある。また、障害等級1級の加算に介護料相当分が含まれていると解するものとして、堀勝洋「障害年金制度の問題点と改革の方向」社会保障研究所編『年金改革論』（東京大学出版会、1982年）100-101頁がある。

57) 百瀬優「障害年金の給付水準」社会保障法33号（2018年）108-109頁。

58) 特別障害者手当の対象となる最重度の障害者は、障害年金の障害等級1級と同じ程度の障害が重複する者または1級より重度の障害がある者である（特児扶手1条2項）。特別障害者手当の額は、2024年で月額28,840円である（特児扶手26条の3、特児扶手令10条の2）。特別障害者手当は、障害年金と併給可能である。堀・前掲注56) 102頁は、特別障害者手当の前身制度である福祉手当を介護手当的な性格のものと解する。

59) 吉原・前掲注36) 45-46頁。

60) 百瀬・前掲注57) 104頁。

礎年金のみの受給者の約 4 割は、貧困状態にあるという[61]。また、障害年金受給者のうち生活保護も受給している割合は2019年で7.6％であり、老齢年金受給者の1.4％（2022年）、遺族年金受給者の0.8％（2021年）と比べると、障害年金の防貧機能は低い[62]。このような中で、高齢化の進展に伴い年金額を調整するマクロ経済スライドの実施によって、障害年金の給付水準が障害者の所得保障として不十分なものになるおそれがある。

そこで、2012年改正によって、税財源の障害年金生活者支援給付金が設けられた。障害年金生活者支援給付金は、前年の所得が一定額（扶養親族がいない場合には472万1,000円）以下の障害基礎年金受給者に対して支給される（年金支援給付15条、年金支援給付令 8 条）。障害年金生活者支援給付金の額は、給付基準額（1 級はその1.25倍）であり（年金支援給付16条）、2024年で月額5,310円（1 級は6,638円）である（年金支援給付令 4 条の 2 ）。障害年金生活者支援給付金は、低所得とはいえない障害年金受給者にも支給される一方で、3 級の障害厚生年金受給者には低所得であっても支給されない[63]。したがって、障害年金生活者支援給付金は、障害年金の補完として必ずしも十分ではない。

第 5 項　障害年金の財政と拠出制・無拠出制

障害厚生年金の財源は、全額保険料で賄われる。これに対して、障害基礎年金の財源に関しては、拠出制障害基礎年金の財源は保険料50％、国庫負担50％であり、20歳前障害基礎年金の財源は保険料40％、国庫負担60％である（国年85条 1 項）。20歳前障害基礎年金の国庫負担率が高いのは、1985年改正前の障害福祉年金が全額国庫負担で賄われており、従来の障害福祉年金と同水準の国庫負担を確保するためである[64]。言い換えると、1985年改正は、20

---

61) 百瀬優「障害者と貧困」駒村康平編著『貧困』（ミネルヴァ書房、2018年）124頁。
62) 百瀬・前掲注12) 347頁。老齢年金受給者と遺族年金受給者の数字は、それぞれ厚生労働省「令和 4 年老齢年金受給者実態調査」（2023年）と厚生労働省「令和 3 年遺族年金受給者実態調査」（2022年）による。
63) 百瀬優「障害年金の視点から見る平成24年年金制度改革」週社2747号（2013年）51頁。
64) 菅沼隆ほか編『戦後社会保障の証言』（有斐閣、2018年）265頁［青柳親房発言］。

歳前障害者に保険料財源を用いて拠出制年金と同額の障害基礎年金を支給することで、障害者の所得保障の充実を図った[65]。

　20歳前障害基礎年金は無拠出制年金であるので、20歳前障害基礎年金を保険料で賄うことの是非が問題となる。なぜなら、20歳前障害基礎年金は、国民年金の加入期間中に発生した障害リスクにより失われた所得を補うものではないし、事後の保険料拠出に基づく給付でもないので、保険原理（拠出原則）によって説明することができないからである[66]。20歳前障害者は、国民年金の加入義務が生じていない20歳前に障害リスクが発生しているので、保険料を滞納しているわけではない[67]。したがって、20歳前障害基礎年金は、国民年金に加入しようにも加入することができない20歳前に初診日のある障害者にも所得保障ニーズの高さから国民年金の保障する利益を享受させるものであり[68]、障害者に対する社会連帯の考え方[69]、つまりもっぱら扶助原理（必要原則）によって正当化される[70]。

　これに対して、拠出制障害基礎年金は、20歳後に障害リスクが発生した障害者が初診日加入要件や保険料納付要件を満たしていない場合には支給されない。このうち、保険料納付要件は、被保険者による保険料納付の期間についての画一的な要件を定め、その要件を満たす場合に限り、保険料負担の程度に関する個別の事情を考慮することなく、一律の年金を支給するものである[71]。したがって、保険料納付要件は、初診日の前日において、初診日の属

---

65) 百瀬優＝山田篤裕「1985年年金改正」社会保障研究3巻1号（2018年）77頁。
66) 拠出原則については、前掲注55）を参照。岩村・前掲注2）43頁は、保険の技術に厳密にはこだわらないところに社会保険の妙味があるとしても、社会保険の論理では必ずしも説明することができない20歳前障害基礎年金は、制度設計の体系的な一貫性を揺るがす可能性もあるという。
67) 吉原健二＝畑満『日本公的年金制度史』（中央法規、2016年）574頁［青柳親房発言］。髙阪悌雄『障害基礎年金と当事者運動』（明石書店、2020年）149頁、162頁は、20歳前障害者は保険料を滞納していないという破天荒な論理が形成されたのは、生活保護以外の制度による障害者の所得保障の充実を求める障害者運動と、第二臨調による行財政改革の一環としての基礎年金の導入の時期が偶然重なったからであるという。
68) 最2小判平19・9・28民集61巻6号2345頁。
69) 吉原・前掲注36）156頁。
70) 江口・前掲注53）181頁。
71) 東京地判平25・2・15判例集未登載。

する月の前々月までに国民年金の加入期間があり[72]、かつ、国民年金加入期間のうち保険料納付済期間と保険料免除期間の合算期間が3分の2以上であること（国年30条1項ただし書、厚年47条1項ただし書）、言い換えると保険料滞納期間が国民年金加入期間の3分の1を超えないことである。保険料納付要件が3分の2要件とされたのは、障害基礎年金は保険料の滞納がない被保険者に支給するという考え方に基づき、保険料滞納期間がないことから出発して、人間は忘れることもあるとして条件を緩めていき、3分の2で線を引いたからである[73]。ただし、3分の2要件の特例措置として、直近1年間のうちに保険料滞納期間がない場合には、保険料納付要件が満たされる（1985年改正法附則20条1項・64条1項）。直近1年間要件は、特例措置としての必要はなくなったものの、現在に至るまで延長されている[74]。

　確かに、国民年金が拠出制を原則とする以上、保険料を滞納していた障害者に障害基礎年金を支給することは妥当でない[75]。また、国民年金には保険

---

[72] そうすると、20歳到達直後に障害リスクが発生した場合、具体的には初診日が国民年金加入後2か月までの間にある場合には、初診日の属する月の前々月に被保険者期間がないので、保険料納付済期間も保険料免除期間も存在しない、つまり保険料滞納期間がないことから、障害基礎年金が支給される。田中明彦「国民年金制度の歴史的考察と学生障害無年金訴訟（2）（3）」賃社1395号（2005年）32頁、1397号（2005年）59頁は、この点を捉えて、障害基礎年金は実質的には無拠出制年金となっており、社会手当としての性格を有すると評価する。また、高藤昭『障害をもつ人と社会保障法』（明石書店、2009年）227頁は、保険料納付要件を過去の残滓とみて、障害基礎年金が無拠出制年金に切り替わる過程にあるものと理解する。これらの立場は、所得保障ニーズのあるすべての障害者に障害基礎年金が支給されなければ国民皆年金が実現されたとはいえないと考えており、障害基礎年金の拠出制という原則を否定するものである。
　しかし、国民年金が拠出制を原則とする以上、国民皆年金は、障害リスクに備える必要のある20歳以上の国内居住者を国民年金に加入させることを意味しており、所得保障ニーズのあるすべての障害者に保険料拠出と無関係に障害基礎年金が支給されなければならないことまで含意していない。倉田聡『社会保険の構造分析』（北海道大学出版会、2009年）160頁。したがって、この例外的な事象は、無拠出制年金であるものの、20歳前障害基礎年金とは異なり、加入を強制され被保険者資格を取得した後に無拠出制年金を支給するものであり、強制加入の効果として、拠出制年金と同列に扱うべき給付と理解される。加藤・前掲注53）62頁。

[73] 菅沼ほか・前掲注64）264-265頁［青柳親房発言］。

[74] 堀・前掲注29）448頁。加藤・前掲注53）40頁は、直近1年間要件を3分の2要件の例外と位置づける。

[75] 堀勝洋「所得保障の権利と政策」河野正輝＝関川芳孝編『講座障害をもつ人の人権1　権利保障のシステム』（有斐閣、2002年）250頁。

料免除や納付特例の仕組みがあるので、未加入や未納に本人の責めがないとはいえない[76]。無年金障害者は、生活保護を受給するか、親族による扶養に依存することになる。生活保護を受給する障害者の数は、障害年金も受給する者を含めて、2022年で41万2,342人である[77]。しかし、親族による扶養が生活保護に優先する（生活保護4条2項）ので、親族による扶養を期待することができる無年金障害者は生活保護を受給しにくい。親族による扶養に依存せざるを得ない無年金障害者は一定程度存在すると指摘されており、障害年金と生活保護との間に隙間が生じている可能性が高い[78]。

　学生が国民年金に任意加入する時代に任意加入していなかったことから障害年金を受給できなかったという学生無年金障害者問題について、最高裁は、堀木訴訟最高裁判決[79]を引用して立法者に広範な裁量が認められるとした上で、1989年改正前の国民年金法が国民年金への加入を学生の意思に委ねたことと、立法者が任意加入していなかった学生に救済措置を講じなかったことは、著しく合理性を欠くとはいえず、憲法25条・14条に違反しないと判断し[80]、立法者が行った選択を尊重した[81]。学生無年金障害者問題を契機として、税財源の特別障害給付金が創設されたものの、特別障害給付金の対象者は、任意加入の時代に生じた無年金障害者に限定されている[82]。なぜなら、

---

76) 永野仁美「障害年金の意義と課題」日本社会保障法学会編『新・講座社会保障法1　これからの医療と年金』（法律文化社、2012年）266頁。
77) 厚生労働省「令和4年度被保護者調査」（2024年）。
78) 百瀬・前掲注61) 127頁。
79) 最大判昭57・7・7民集36巻7号1235頁。
80) 最2小判平19・9・28民集61巻6号2345頁。
81) 加藤智章「任意加入の年金制度に起因する無年金障害者と憲法」西村健一郎＝岩村正彦編『社会保障判例百選〔第4版〕』（有斐閣、2008年）19頁。学生無年金障害者問題に関する裁判例の展開については、加藤ほか・前掲注15) 127-151頁[福島豪]を参照。
82) 特別障害給付金の対象となる無年金障害者は、任意加入の時代に国民年金に任意加入していなかった被用者の配偶者または学生であって、初診日が1991年3月31日以前にあり、その傷病により障害等級1級または2級に該当する程度の障害の状態にあり、かつ、障害基礎年金の受給権を有していないもの（特定障害者）である（特別障害給付2条）。特別障害給付金の額は、2024年で障害等級2級の場合には月額4万4,280円、障害等級1級の場合には5万5,350円であり、20歳前障害基礎年金の国庫負担分に相当する。特別障害給付金の受給者数は、2022年で8,332人である。厚生労働省・前掲注14) 47頁。

特別障害給付金は、国民年金制度の発展過程において生じた特別な事情（特別障害給付1条)、すなわち等しく国民年金の対象とされながら加入形態の違いにより障害年金を受給することができる者とできない者が生じたという事情[83]を解決することを目的とするからである。したがって、未加入や未納による無年金障害者の経済的自立を、私人間の問題として親族による扶養に委ねるのか、それとも社会全体の問題として国家による社会保障に移行するのかという問題[84]は、未解決のままである。

以上のように、障害基礎年金の額が障害者の基礎的な生活費を賄える水準として制度設計されていない中で、マクロ経済スライドの実施によって障害年金の給付水準が障害者の所得保障として不十分なものになるおそれがある。また、20歳前障害基礎年金が支給されるにもかかわらず、未加入や未納による無年金障害者が存在する。したがって、障害年金を老齢年金と同一の財政で運営することに疑問が提起されている。具体的には、障害リスクと老齢リスクの相違、すなわち、障害リスクは発生確率が低く、発生時期が不確定であるのに対して、老齢リスクは長寿化によって長生きのリスクになっていることから、障害年金を老齢年金の財政から切り離して独立の財政で運営して、障害厚生年金を社会保険による給付とする一方で、障害基礎年金を税財源の最低生活保障給付に移行するという改革案が主張されている[85]。これによって、障害基礎年金の給付水準を引き上げるとともに、障害基礎年金を無拠出制給付とすることが目指されている[86]。

この見解の延長線上には、障害厚生年金を老齢厚生年金と別の制度として

---

[83] 東京地判平21・4・17判時2050号95頁。
[84] 上山泰＝菅富美枝「障害と民法」菊池馨実ほか編著『障害法〔第2版〕』（成文堂、2021年）118-119頁。
[85] 百瀬優『障害年金の制度設計』（光生館、2010年）179-182頁、189頁、198-200頁。菊池馨実「基礎年金と最低保障」論ジュリ11号（2014年）42頁は、障害年金を財政面で分離した上で、制度的にも障害リスクの固有性に着目した扱いとすることを検討すべきとする。
[86] 同様の方向性にあると考えられる提案として、障害者手当法案がある。この改革案は、基礎年金の導入後においては、最低生活保障を目的とする障害基礎年金を無拠出ですべての障害者に保障するため、障害基礎年金を国民年金とは別個の制度とした上で、障害基礎年金の額を生活保護の生活扶助基準に引き上げて、障害者加算などの各種の加算を設けるものである。高藤昭「現行障害年金の基本課題」週社1806号（1994年）29頁。

構成し、健康保険の傷病手当金と統合することが考えられる[87]。

第6項　障害年金と就労所得

　就労所得がある場合の障害年金の調整について、20歳前障害基礎年金は、国庫負担と他の被保険者の保険料によって賄われているので、受給権者本人の所得、つまり所得保障ニーズに応じて全部または2分の1が支給停止される（国年36条の3）。具体的には、受給権者に扶養親族がいない場合には、前年の所得が370万4,000円を超えれば2分の1が支給停止され、472万1,000円を超えれば全額が支給停止される（国年令5条の4）[88]。これに対して、拠出制障害年金は本人の保険料拠出に基づいているので、就労所得との調整は行われない。確かに、就労所得がある場合に20歳前障害基礎年金の調整が行われることは、20歳前障害基礎年金が保険料拠出の対価として受ける給付ではないことによって説明されている[89]。しかし、拠出制障害年金と同じく本人の保険料拠出に基づく老齢厚生年金については、老齢厚生年金と就労所得の合計額が一定額を超える場合には、その超えた分の2分の1の老齢厚生年金が支給停止される（在職老齢年金。厚年46条、厚年附則11条）。

　このような障害年金と就労所得との関係のあいまいさは、障害年金の目的のあいまいさに起因する。すなわち、障害年金の目的は、障害によって所得を稼ぐことができない場合に代わりの所得を保障することなのか、それとも障害によって日常生活に支障がある場合に介護費用を保障することなのかがはっきりしない[90]。結果として、就労所得がある場合の障害年金の調整が一貫しておらず、障害者に高額の就労所得がある場合であっても、拠出制障害年金は支給される。

　確かに、障害年金受給者の就労率は、2019年で34％であり、就労している障害年金受給者のうち、就労による年間収入が50万円未満である者は46％を

---

87) 江口・前掲注53) 230頁。
88) もっとも、所得制限の基準は緩やかに設定されているので、所得制限による支給停止を受けている20歳前障害基礎年金受給者は極めて少ないという。百瀬・前掲注85) 161頁。
89) 笠木ほか・前掲注3) 131頁[嵩さやか]、堀・前掲注29) 455頁。
90) 永野・前掲注76) 260-261頁。

占める。しかし、就労している障害厚生年金受給者の8％は、就労による年間収入が500万円以上である。したがって、障害年金の目的を障害によって所得を稼ぐことができない場合に代わりの所得を保障することに明確化して、障害等級を稼得能力の減退という観点から見直すとともに、障害年金と就労所得の合計額が高額になる場合には、就労所得に応じて障害年金を調整するという改革案が主張されている[91]。この見解は、障害年金の要保障事由を、障害それ自体ではなく、障害によって生じる稼得能力の減退と捉えており、現行の障害等級表および障害認定基準では、稼得能力の減退を理由に所得保障ニーズを抱える障害者が障害年金の対象から排除されることを問題視している[92]。この改革案が採用される場合には、稼得能力を評価するための基準と客観的な障害認定のあり方が問題になる[93]とともに、あえて就労せずに障害年金を受給するインセンティブが生まれやすい[94]ので、障害者の就労インセンティブを減退させない障害年金の調整が求められる[95]。

その上で、障害年金の根本的な目的は、障害者の自由権行使の前提条件を確保するものとして、障害者の自立と社会参加を経済的な面から支援することにある[96]と考えるのであれば、障害者の就労に向けた障害年金のあり方

---

91) 永野仁美『障害者の雇用と所得保障』（信山社、2013年）260-262頁。
92) 関ふ佐子ほか「〔座談会〕高齢・障害と社会法」法時92巻10号（2020年）29-30頁〔永野仁美発言〕。
93) 堀・前掲注29）432頁は、障害の程度を客観的に認定するには、稼得能力の減退よりも機能障害の方が容易であるとも考えられるという。また、菊池馨実「障害年金における障害認定」週社2848号（2015年）35頁は、機能障害中心の認定基準から稼得能力に重心を移すとなると、障害認定が複雑化し難しくなる可能性があるとする。
94) 百瀬・前掲注85）172頁。太田・前掲注54）335-336頁は、拠出制障害年金は、それが障害者の所得となる以上、就労インセンティブを減退させる方向で何らかの影響を与えるかもしれないけれども、就労しても障害年金の調整がないので、就労せずに障害年金を受給するインセンティブが生まれにくいとも考えられるという。
95) 永野・前掲注76）263頁。永野・前掲注91）261-262頁は、就労しているものの十分な就労所得を得られない障害者については、就労所得の一部を調整の対象から控除することによって、障害者の就労インセンティブに配慮することが考えられるという。また、山村りつ「所得か自立生活か」日政51巻3号（2014年）675頁は、障害者の就労意欲を喪失させないようにするため、就労所得が追加的利益となるように障害年金の減額率を調整することを提案する。
96) 山田・前掲注49）172頁、182頁。

が問題になる。具体的には、障害者雇用促進法および障害者総合支援法における就労支援は、障害年金の受給前または受給時に早期にかつ包括的に実施されるわけではないとして、障害年金と就労支援との連携のあり方が問われている[97]。

第3節　本書の目的——障害等級の再検討

　日本の障害年金をめぐる課題として、しばしば初診日に関する課題が挙げられる。しかし、初診日に関する課題は、初診日主義を採用する日本法に固有の論点と考えられるので、比較法研究による検討を行う本書では検討の対象外とする。

　そうすると、日本の障害年金をめぐる課題は、次の4点にまとめられる。第1に、障害年金の障害等級は基本的に日常生活能力の制限に着目して定められているので、障害等級と稼得能力の制限度合いとの関係がはっきりしない。第2に、就労所得がある場合の障害年金の調整が一貫しておらず、障害年金と就労所得との関係があいまいである。第3に、障害基礎年金の額は障害者の基礎的な生活費を賄える水準として制度設計されておらず、障害年金生活者支援給付金は障害年金の補完として必ずしも十分ではない。第4に、20歳前障害基礎年金と特別障害給付金はそれぞれ20歳前障害者と任意加入の時代に生じた無年金障害者を対象とするので、未加入や未納による無年金障害者が存在する。

　本章で掲げた以上の課題のうち、第1の課題と第2の課題、第3の課題と第4の課題は、それぞれ相互に関連している。しかし、本書は、第1の課題に焦点を当てて、日本の障害年金における障害等級を再検討することを目指す。なぜなら、日本の障害年金は、主として日常生活能力の制限に対して支給され、身体の外部障害については機能障害の程度によって支給されるので、稼得能力の減退と無関係に支給される[98]。結果として、就労所得があるにも

---

[97] 河野正輝『障害法の基礎理論』（法律文化社、2020年）235-240頁。
[98] 永野・前掲注91）249頁。

かかわらず、障害年金を受給している障害者が存在する一方で、就労所得がないにもかかわらず、障害年金を受給していない障害者が存在するので、日本の障害年金は、稼得能力の減退を理由に所得保障を必要とする障害者を包摂しきれない[99]。このことは、**第6章第2節**で後述するように、障害によって所得を稼ぐことができない場合に代わりの所得を保障するという障害年金の目的に適合しない。しかし、障害等級は、制度のもっとも根幹となる[100]にもかかわらず、正面から検討されてこなかったからである[101]。

　本書は、日本の障害年金における障害等級を再検討するため、ドイツの障害年金（Invaliditätsrenten oder Erwerbsminderungsrenten）を取り上げる[102]。なぜなら、ドイツ法は、障害年金が年金保険の枠内で支給される点で日本法と共通するものの、年金保険が労働者を基本的な被保険者とした上で被保険者に保険事故（Versicherungsfall）[103]が生じた場合に所得比例年金を支給するとともに、障害年金の保険事故が稼得能力の減退（Minderung der

---

[99] 百瀬・前掲注12）348頁。
[100] 百瀬・前掲注85）177頁。
[101] 筆者は、本文で述べた問題意識の下で、本書の元となった論文において、日本の障害年金における障害等級を検討してきた。本書は、筆者の障害年金研究の集大成である。
[102] ドイツの障害年金を検討する日本語文献として、上田真理「失業と最低生活保障」布川日佐史編著『雇用政策と公的扶助の交錯』（御茶の水書房、2002年）49頁以下、小林甲一「ドイツにおける障害年金給付と社会保障の課題」海外社会保障研究140号（2002年）35頁以下、松本勝明『ドイツ年金保険論Ⅱ』（信山社、2004年）125頁以下、森周子「ドイツ障害年金の論点」成城大学経済研究232号（2021年）167頁以下がある。また、**本書第2章**から**第5章**までの要約として、福島豪「ドイツ障害年金の法的構造」社会保障法23号（2008年）75頁以下がある。
[103] 社会保障の要保障事由は、社会保険では保険事故と呼ばれる。保険事故は、被保険者の従前の生活を困難にし、結果として一定の給付に対する必要を生じさせる出来事を意味する。岩村・前掲注2）56頁。これに対して、石田道彦「社会保険の給付事由」河野正輝ほか編『社会保険改革の法理と将来像』（法律文化社、2010年）54頁は、社会保険の給付対象となる出来事の中には、突発的かつ偶発的なニュアンスの強い保険事故という呼称になじまない出来事が含まれるようになっていることから、社会保険法の一部で採用されている給付事由という呼称を用いる。

　他方で、ドイツの社会保険では、保険事故の概念が年金保険法の文言で使われていないものの普通に用いられていることと、核心にある保障の必要性をわかりやすく表現していることを理由に、保険事故という呼称が用いられる。Ursula Köbl, Grundlagen und Gemeinsamkeiten der Versicherungs- und Leistungsfälle, in: Bertram Schulin (Hrsg.), Handbuch des Sozialversicherungsrechts, Bd. 3, Rentenversicherungsrecht, 1999, § 21 Rdnr. 17. したがって、本書は、ドイツ法の文脈では保険事故という呼称を用いる。

Erwerbsfähigkeit）と構成される点で日本法と異なるので、本書が障害等級を再検討する際に日本法と対照的な選択肢を示してくれるからである。

　したがって、本書は、障害者が障害によって所得を稼ぐことができないという問題に対して、ドイツの社会保障法（Sozialrecht）[104]がどのような解決策を用意しているのかを、ドイツの法秩序で実際に妥当しているように描き出すことを通じて、ドイツの障害年金の基本構造を解明し、もって日本の障害年金における障害等級を再検討することを目的とする。その意味で、本書が行う社会保障法の比較研究（Sozialrechtsvergleichung）は、各国の法秩序が同一の社会問題を解決するために生み出した多様な個別の解決策を比較検

104）本書は、ドイツの „Sozialrecht" を、日本の社会保障法に相当する法分野と理解する。なぜなら、„Sozialrecht" は、弱者保護の任務を担う法の一部という意味や、公法および私法と並ぶ法の第3分野という意味で用いられてきたものの、ワイマール期以降に労働法が分離独立した後においては、社会給付（Sozialleistungen）を対象とする独自の法分野と理解されているからである。„Sozialrecht" の目的は、社会正義（Soziale Gerechtigkeit）と社会保障（Soziale Sicherheit）の実現である（社会法典第1編1条）。社会給付とは、公的主体が個人に対して支給義務を負う金銭給付、現物給付またはサービス給付をいう（社会法典第1編11条）。„Sozialrecht" は、現在の体系論によると、社会保険などの事前配慮（Vorsorge）、戦争犠牲者援護などの補償（Entschädigung）、家族給付などの助成（Förderung）および社会扶助などの援助（Hilfe）に区別されている。つまり、狭い意味での „Sozialrecht" は、社会給付法（Sozialleistungsrecht）または社会保障法（Recht der sozialen Sicherheit）を意味する。Eberhard Eichenhofer, Sozialrecht, 13. Aufl., 2024, Rdnr. 1 ff.; Hans F. Zacher, Einführung in das Sozialrecht der Bundesrepublik Deutschland, 3. Aufl., 1985, S. 9 ff.

　したがって、ドイツの „Sozialrecht" 理解は、社会的給付に関する法という日本の社会保障法理解（荒木・前掲注3）251頁）と異ならないので、本書は、„Sozialrecht" を、社会法ではなく社会保障法と訳す。ただし、ドイツで1970年代に開始された、社会給付に関する法規定の全体をひとつの法典に統合する試みとしての „Sozialgesetzbuch" は、日本での慣例に従い、本書でも社会法典と訳される。

　ドイツ社会保障法の法典化は段階的に進められており、この間社会法典の大部分の編（Bücher）が成立した。社会法典の各編は、序数により表記され、ドイツ語ではローマ数字により略記される。本書が検討し、または引用する編は、社会保障法総則に相当する社会法典第1編（SGB Ⅰ）、求職者基礎保障法に相当する社会法典第2編（SGB Ⅱ）、雇用促進法に相当する社会法典第3編（SGB Ⅲ）、社会保険通則に相当する社会法典第4編（SGB Ⅳ）、疾病保険法に相当する社会法典第5編（SGB Ⅴ）、年金保険法に相当する社会法典第6編（SGB Ⅵ）、障害者法に相当する社会法典第9編（SGB Ⅸ）、社会扶助法に相当する社会法典第12編（SGB Ⅻ）である。

討することで、複数の選択肢の中から最適な解決策を見いだそうとするものである[105]。

本書の主題と構成は、**第2章**でドイツの障害年金の全体像が叙述された後に提示される。

---

105) 本書が行う社会保障法の比較研究は、各国の法秩序全体を法圏または法族ごとに比較分類するマクロ比較研究（Makrovergleichung）と区別され、ミクロ比較研究（Mikrovergleichung）と呼ばれる。Eberhard Eichenhofer, Einführung in die Sozialrechtsvergleichung, NZS 1997, S. 98 f.

第2章
ドイツの障害年金の全体像

第1節　障害年金の意義

第1項　稼得能力の減退としての障害

　ドイツの障害年金は、現在では、年金保険法に相当する社会法典第6編（Sozialgesetzbuch（SGB）Sechstes Buch（VI））によって定められている。障害年金は、被保険者（Versicherte Personen）の稼得能力の減退および老齢（Alter）の場合の所得保障（社会法典第1編4条2項1文2号）を目的とする公的年金保険（Gesetzliche Rentenversicherung）（以下「年金保険」）の枠内で支給される年金給付であり、法律上、稼得能力の減退を理由とする年金（Renten wegen verminderter Erwerbsfähigkeit）と呼ばれる（社会法典第1編23条1項1号、社会法典第6編33条1項）。

　稼得能力の減退は、ドイツでは、„Invalidität" と同じ意味で用いられる。稼得能力の減退としての障害は、まずは軍人恩給で用いられ、もともと軍人が軍務との関係で無価値になることを意味したけれども、年金保険に引き継がれてからは、稼得労働を中心とする社会において個人が自らの労働力を（もはや）活用することができないことを意味する[1]。年金保険は、障害年金の保険事故を、労働能力（Arbeitsfähigkeit）ではなく、所得を稼ぐ能力とし

---

1) Felix Welti, Behinderung und Rehabilitation im sozialen Rechtsstaat – Freiheit, Gleichheit und Teilhabe behinderter Menschen, 2005, S. 24. 国際労働機関の社会保障の最低基準に関する条約（第102号）のドイツ語訳文と日本語訳文を比較すると、„Invalidität" は廃疾と訳される。しかし、現在の日本では、廃疾の表記ではなく障害の表記が用いられる。したがって、本書は、ドイツ法の文脈で障害年金または障害リスクという語を用いる場合には、そこでの障害は、機能障害ではなく、„Invalidität" を指すので、稼得能力の減退と同じ意味で用いる。

ての稼得能力によって定めている[2]。稼得能力の減退とは、稼得活動に従事することを通じて生計を支える所得を稼ぐ能力という意味での稼得能力が健康上の理由に基づき制限されることをいう。障害年金は、これにより被保険者に生ずる所得の損失を補填することを目的とする[3]。したがって、障害年金は、老齢を理由とする年金（Renten wegen Alter）（以下「老齢年金」）と同じく、被保険者の所得の喪失を補填する機能を有する[4]。この機能は、賃金または所得代替機能（Lohn- oder Einkommensersatzfunktion）と呼ばれる。

年金保険は、稼得能力の活用を必要とするすべての者が遭遇しうる障害および老齢という定型的な所得喪失リスクに対する保障を行う[5]。ドイツでは、老齢リスクは、一定年齢への到達によって稼得活動に従事することが期待できないし、その必要もないという意味で、障害リスクの典型的な事故と理解されている。この理解を前提として、障害年金は、老齢年金を補足するものとして、稼得能力の減退に関する具体的な認定を必要とする非典型的な事故を対象としている。したがって、障害年金は老齢年金に制度的に依存しており、障害リスクと老齢リスクは統一的な保険事故と捉えられている[6]。

第2項　障害リスクの構造

障害年金の支給対象としての障害リスクは、その構造を分析すると、一方で健康状態の侵害（Beeinträchtigung des Gesundheitszustand）という要素と、他方で稼得能力の制限（Beeinträchtigung der Erwerbsfähigkeit）という要素から構成される[7]。後者の要素が示すように、障害リスクは、その他の社会

---

2) Georg Wannagat, Lehrbuch des Sozialversicherungsrechts, Bd. 1, 1965, S. 259.
3) BSGE 30, 167, 174 f.
4) BVerfGE 76, 256, 306; BSGE 30, 192, 198 f.
5) Franz Ruland, Grundprinzipien des Rentenversicherungsrechts, in: Eberhard Eichenhofer/Herbert Rische/Winfried Schmähl（Hrsg.）, Handbuch der gesetzlichen Rentenversicherung, 2. Aufl., 2012, Kap. 9 Rdnr. 20.
6) Eberhard Eichenhofer, Invalidität als versichertes Risiko in den Alterssicherungssystemen Europas, DRV 2012, S. 6 f.
7) Angelika Pflüger-Demann, Soziale Sicherung bei Invalidität in rechtsvergleichender und europarechtlicher Sicht – Eine auf die Bundesrepublik Deutschland und Frankreich bezogene Darstellung, 1991, S. 64.

的リスクと異なり、普遍的な人間経験ではなく、産業革命の結果として生じた社会現象であり、近代以降の社会において主要な生計維持手段となった稼得活動と関係づけられる。なぜなら、稼得活動がほとんどすべての社会構成員の生活基盤となって初めて、稼得活動により生計を維持することの不能が、個人の宿命から、国家の介入を要する社会的リスクとなったからである。つまり、障害リスクは、近代の労働社会の到来に伴って、成人になることで稼得可能な状態になければならず、老齢になるまでそうあり続けなければならないという要請のいわば裏面として生成した[8]。

　しかし、障害年金は、稼得能力が完全に失われている場合のみならず、依然として一定程度残されている場合にも支給されるので、稼得能力の減退を法律上どのように定めるのかが問題となる。ヨーロッパ諸国の比較法研究によると、障害年金の形態は多様であり、障害年金の保険事故に関する法律上の規定も大きく異なる[9]。ドイツ法は、その展開の中で、稼得能力の減退を認定するための基準として、稼ぐことができる賃金、利用することができる職業資格、そして働くことができる労働時間を採用してきた[10]。したがって、ドイツ法は、稼得能力の減退という保険事故を定める場合に、健康状態の侵害より、稼得能力の制限を重視している。というのも、ビスマルク型の社会保険（Sozialversicherung）は、労働者が生計を支える所得を稼ぐ可能性を減じられ、または妨げられる場合に備えているので、稼得能力の制限は、保障を要するリスクとして保険事故に現れているからである[11]。このことは、しばしば引用されるゲオルク・ヴァンナガート（Georg Wannagat）による社会保険の定義、すなわち、国家により組織され、自治の原則により構築された、公法上の、主として強制に基づく労働人口の大部分の保険であって、稼得能

---

8) Peter A. Köhler, Einleitung, in: Hans-Joachim Reinhard/Jürgen Kruse/Bernd Baron von Maydell（Hrsg.）, Invaliditätssicherung im Rechtsvergleich, 1998, S. 12.
9) Eichenhofer, a. a. O.（Fn. 6）, S. 9.
10) Ursula Köbl, Erwerbsminderungsrenten, in: Ulrich Becker/Franz-Xaver Kaufmann/Bernd Baron von Maydell/Winfried Schmähl/Hans F. Zacher（Hrsg.）, Alterssicherung in Deutschland, FS für Franz Ruland, 2007, S. 361 ff.
11) Margarete Schuler-Harms, Von der Invalidenrente zur Erwerbsminderungsrente, SRa Sonderheft 2018, S. 1.

力の制限(および死亡)ならびに失業の発生という事故を対象とするもの[12]にも示されている。

　しかし、ドイツ法は、障害年金の保険事故を定める場合に、被保険者に実際に生じた所得の喪失を問題としない。なぜなら、仮に保険事故が健康上の理由に基づき実際に生じた所得の喪失と定められると、多くの人は、残された稼得能力(Resterwerbsfähigkeit)を活用しようとするのではなく、長期にわたり障害年金で満足しようとするかもしれない一方で、その他の人は、所得の喪失に至らないようにするため、むしろ過度に働きすぎてしまい、健康状態を悪化させてしまうからである。したがって、常に健康上の能力を前提として残された稼得能力の認定が行われなければならない。障害年金の賃金代替機能は、過剰給付の回避という文脈では、保険事故の構成においてではなく、年金額の算定において考慮されている[13]。

　本章は、障害年金のみならず、障害年金の前に支給されるリハビリテーション給付と障害年金を補完する障害者向けの扶助給付も取り上げることで、ドイツの障害年金の全体像を叙述する。すなわち、障害年金の展開を辿り(第2節)、障害年金の制度(第3節)と障害時基礎保障(第4節)を概観する。最後に、本書の主題と構成を提示する(第5節)。

第2節　障害年金の展開

第1項　現業労働者と職員に対する障害年金

　ドイツの障害年金の展開において画期となったのは、1889年、1957年、そして2001年である[14]。

　障害年金は、ビスマルク社会保険立法の最後に相当する1889年障害・老齢保険法(Invaliditäts- und Altersversicherungsgesetz)[15]によって、疾病保険法上の傷病手当金(Krankengeld)では保障されない永続的な稼得不能

---

12) Wannagat, a. a. O.(Fn. 2), S. 25.
13) Köbl, a. a. O.(Fn. 10), S. 362.
14) Schuler-Harms, a. a. O.(Fn. 11), S. 1.
15) Gesetz betreffend die Invaliditäts- und Altersversicherung vom 22. 6. 1889, RGBl. S. 97.

(Erwerbsunfähigkeit）を保険事故として創設された[16]。ここでの稼得不能とは、被保険者が健康上の理由に基づき能力にふさわしい賃労働によって直近5年間の平均賃金の6分の1と地域通常日給の6分の1の合計額を稼ぐことができないことをいう。1889年障害・老齢保険法による稼得不能の定義は、3分の2の賃金喪失[17]という意味で、稼ぐことができる賃金に着目していた。したがって、この当時の障害は、年金保険と疾病保険との間の役割分担のため、永続的な稼得不能を意味しており、基本的には稼得不能と同じ意味で用いられていた[18]。

1899年障害者保険法（Invalidenversicherungsgesetz）[19]と、疾病保険、労災保険および年金保険に関する規定をひとつの法典にまとめた1911年ライヒ保険法（Reichsversicherungsordnung）[20]は、稼得不能を、被保険者が健康上の理由に基づき能力にふさわしい業務によって同様の訓練を受けた同種の健康な者が労働によって通常得るものの3分の1を稼ぐことができないことと定義し、3分の2の賃金喪失を維持した[21]。この当時の障害年金は、ブルーカラーに相当する現業労働者（Arbeiter）を対象としており、稼得能力の部分的な減退を保険事故としていなかった。

ドイツでは、現業労働者以外の労働者（Arbeitnehmer）として、ホワイトカラーに相当する職員（Angestellte）が存在する。職員に対する障害年金は、1911年職員保険法（Angestelltenversicherungsgesetz）[22]によって、職業不能（Berufsunfähigkeit）を保険事故として創設された。現業労働者に対する障害年金が職員に拡張されなかったのは、稼得不能の概念では職員の特別な社会的地位が保障されなかったので、職員が職業不能という有利な保険事故の導入を望んだからである[23]。ここでの職業不能とは、被保険者が健康上の理由

---

16) 木下秀雄『ビスマルク労働者保険法成立史』（有斐閣、1997年）174頁。
17) Ursula Köbl, Erwerbsunfähigkeit, in: Bertram Schulin (Hrsg.), Handbuch des Sozialversicherungsrechts, Bd. 3 : Rentenversicherungsrecht, 1999, § 24 Rdnr. 2.
18) Welti, a. a. O. (Fn. 1), S. 27.
19) Invalidenversicherungsgesetz vom 13. 7. 1899, RGBl. S. 393.
20) Reichsversicherungsordnung vom 19. 7. 1911, RGBl. S. 509.
21) Köbl, a. a. O. (Fn. 17), Rdnr. 2.
22) Versicherungsgesetz für Angestellte vom 20. 12. 1911, RGBl. S. 989.

に基づき自らの職業に従事することが永続的にできないこと、すなわち被保険者の労働能力が同様の訓練を受けて同程度の知識および能力を有する健康な被保険者の労働能力の半分未満に低下することをいう。1911年職員保険法による職業不能の定義は、職業資格にふさわしい業務に従事する能力の半分以上の喪失という意味で、利用することができる職業資格に着目していた。したがって、職員に対する障害年金は、現業労働者に対する障害年金と比べて、稼得能力の制限の程度が3分の2から半分に軽減されたとともに、現業労働者が一般労働市場（Allgemeiner Arbeitsmarkt）のあらゆる業務に従事することを求められたのに対して、職員は職業資格を考慮されたので、あらゆる業務に従事することを求められなかったという意味で優遇されていた[24]。

現業労働者と職員に対する障害年金の相違は、第2次世界大戦後まで維持された[25]。

第2項　2種類の職業不能・稼得不能年金

年金保険を新たに規定した1957年年金改革（Rentenreform 1957）[26]は、現業労働者と職員に対する年金保険の区別を維持したものの、障害のある現業労働者の置かれていた状況を改善するため、現業労働者に対する障害年金と職員に対する障害年金を統一した[27]。これにより、すべての労働者について職業不能を理由とする年金（Rente wegen Berufsunfähigkeit）（以下「職業不能年金」）と稼得不能を理由とする年金（Rente wegen Erwerbsunfähigkeit）（以下「稼得不能年金」）からなる2種類の障害年金が導入された[28]。ここでの職

---

23) Florian Tennstedt, Berufsunfähigkeit im Sozialrecht – Ein soziologischer Beitrag zur Entwicklung der Berufsunfähigkeitsrenten in Deutschland, 1972, S. 50 und 57.
24) Welti, a. a. O.（Fn. 1）, S. 27; Tennstedt, a. a. O.（Fn. 23）, S. 62.
25) Schuler-Harms, a. a. O.（Fn. 11）, S. 3.
26) Gesetz zur Neuregelung des Rechts der Rentenversicherung der Arbeiter vom 23. 2. 1957（Arbeiterrentenversicherung-Neuregelungsgesetz – ArVNG）, BGBl. I S. 45, Gesetz zur Neuregelung des Rechts der Rentenversicherung der Angestellten vom 23. 2. 1957（Angestelltenversicherungs-Neuregelungsgesetz – AnVNG）, BGBl. I S. 88 und Gesetz zur Neuregelung der knappschaftlichen Rentenversicherung vom 21. 5. 1957（Knappschaftsrentenversicherungs-Neuregelungsgesetz – KnVNG）, BGBl. I S. 533.
27) Tennstedt, a. a. O.（Fn. 23）, S. 73 und 78.

業不能とは、被保険者の稼得能力が健康上の理由に基づき同様の訓練を受けて同程度の知識および能力を有する健康な被保険者の稼得能力の半分未満に低下することをいう。1957年年金改革による職業不能の定義は、利用することができる職業資格に着目していたので、職業不能年金は、健康上の理由に基づき職業資格にふさわしい業務に従事できないけれども、その他の専門性の低い業務には従事できる場合に支給された。これに対して、ここでの稼得不能とは、被保険者が健康上の理由に基づき稼得活動に一定程度定期的に（in gewisser Regelmäßigkeit）従事すること、または全被保険者の平均報酬月額の7分の1を超える賃金を稼ぐことができないことをいう。1957年年金改革による稼得不能の定義は、前半の選択肢では働くことができる労働時間に、後半の選択肢では稼ぐことができる賃金に着目していた[29]。職業不能と稼得不能は、稼得能力の制限の程度が半分以上であるか完全であるかとともに、従事することを求められる稼得活動の範囲が職業資格にふさわしい業務であるか一般労働市場のあらゆる業務であるかによって区別された。

1992年年金改革法（Rentenreformgesetz 1992）[30]は、ライヒ保険法と職員保険法を社会法典に第6編として統合し、現業労働者と職員に対する障害年金の法的根拠を統一した[31]。しかし、職業不能年金と稼得不能年金は、その構造において維持された。

第3項　2段階の稼得能力減退年金

職業不能年金と稼得不能年金からなる2種類の障害年金は、**第5章**で後述するように、職業不能の認定が個別ケースにおいて困難であったことと、職業不能年金が結果として高度の職業資格を有する被保険者にしか支給されなかったことを理由に、2001年障害年金改革法（EM-ReformG 2001）[32]によっ

---

28) Ursula Köbl, Berufsunfähigkeit, in: Bertram Schulin (Hrsg.), Handbuch des Sozialversicherungsrechts, Bd. 3 : Rentenversicherungsrecht, 1999, § 23 Rdnr. 1.
29) Köbl, a. a. O. (Fn. 10), S. 363.
30) Gesetz zur Reform der gesetzlichen Rentenversicherung (Rentenreformgesetz 1992 - RRG 1992) vom 18.12.1989, BGBl. I S. 2261.
31) Schuler-Harms, a. a. O. (Fn. 11), S. 4.

て廃止された。その代わりに、2001年1月1日から、2段階の稼得能力減退を理由とする年金（Rente wegen Erwerbsminderung）（以下「稼得能力減退年金」）が導入され、稼得能力減退が障害年金の保険事故となった。これは、一部稼得能力減退を理由とする年金（Rente wegen teilweiser Erwerbsminderung）（以下「一部稼得能力減退年金」）と完全稼得能力減退を理由とする年金（Rente wegen voller Erwerbsminderung）（以下「完全稼得能力減退年金」）から構成される（社会法典第6編33条3項）[33]。完全稼得能力減退とは、被保険者が健康上の理由に基づき少なくとも1日3時間稼得活動に従事することができないことをいう（社会法典第6編43条2項2文）。これに対して、一部稼得能力減退とは、被保険者が健康上の理由に基づき少なくとも1日6時間稼得活動に従事することができないことをいう（社会法典第6編43条1項2文）。したがって、2001年障害年金改革法による稼得能力減退の定義は、もっぱら働くことができる労働時間に着目しており、具体的な時間数に応じて2段階に分かれている。

働くことができる労働時間によって障害年金の保険事故を定めるドイツモデルは、ヨーロッパ諸国の中では珍しい[34]。ドイツでは、労働関係の尺度が労働時間とそれに基づく賃金査定によって標準化されているので、障害年金の保険事故が働くことができる労働時間か稼ぐことができる賃金のどちらによって把握されるのかは、さほど重要でない[35]。

第4項　主たる年金から従たる年金へ

障害年金の130年を超える展開を一瞥すると、重要な変化が見て取れる。それは、年金保険の重点が障害リスクから老齢リスクに移動していることである[36]。ビスマルク社会保険立法において、立法者は障害リスクに対する備

---

32) Gezetz zur Reform der Renten wegen verminderter Erwerbsfähigkeit vom 20. 12. 2000, BGBl. I S. 1827.
33) その他の障害年金として、法律上、鉱山労働者に対する年金（Rente für Bergleute）が挙げられており（社会法典第6編33条3項3号）、鉱山労働者に対する年金に関する特別規定（社会法典第6編45条など）が存在するけれども、検討の対象外とする。
34) Eichenhofer, a. a. O.（Fn. 6), S. 9.
35) Köbl, a. a. O.（Fn. 10), S. 363 f.

えを不可欠なものと考えていた。1889年障害・老齢保険法は、永続的な稼得不能の場合に障害年金を支給するものであり、満70歳から老齢年金を支給することは、補足的なものであった。このことは、被保険者の多くが満70歳に到達する前に障害年金を受給することになるという当時の生活実態に対応していた[37]。1902年には、障害年金の支給が新規に認められたのは14万人を超えていたのに対して、老齢年金の支給が新規に認められたのは1万3千人に過ぎなかった[38]。

　このような障害年金と老齢年金の関係は、一方で老齢年金の支給開始年齢の低下[39]と、他方で健康状態の改善および平均寿命の上昇により、根本的に変化した。2022年の被保険者年金の新規裁定者数（Rentenzugang）のうち、老齢年金は87万4,994人で84.2％を占めていたのに対して、障害年金は16万3,907人で15.8％にとどまった。結果として、障害年金の受給者数（既裁定者数〔Rentenbestand〕）は179万604人であるのに対して、老齢年金の受給者数は1,857万5,274人である[40]。しかし、障害リスクは、大多数の人が生計を維持するために稼得能力の活用を求められる社会においては、重要な社会的リスクであり続けるし、稼得能力の減退の場合の所得保障は、これからも年金保険の目的である。

---

36) Köbl, a. a. O.（Fn. 10), S. 351 f.
37) 木下・前掲注16) 173頁、222頁。
38) Schuler-Harms, a. a. O.（Fn. 11), S. 2.
39) 老齢年金の支給開始年齢は、1916年に満65歳に引き下げられた。1957年に老齢年金の支給開始年齢は原則として満65歳と維持されたものの、失業者および女性について満60歳に引き下げられ、1972年に長期被保険者および重度障害者について満63歳または満62歳に引き下げられた。しかし、老齢年金の支給開始年齢は、長期被保険者および重度障害者を除いて、1992年に満65歳に引き上げられ、2007年に満67歳に引き上げられた。
40) Deutsche Rentenversicherung Bund（Hrsg.), Rentenversicherung in Zeitreihen, 29. Aufl., 2023, S. 62, 65 und 179.

第3節　障害年金の制度

第1項　年金保険の基本的枠組み

1　労働者保険としての年金保険

ドイツの年金保険は、ビスマルク社会保険立法において、主として現業労働者を対象としていた。このことは、確固たる構想に依拠していたわけではなく、19世紀の工業化とそれに伴う賃労働の一般化により特に工場労働者階層が困窮状態に置かれており、現業労働者の所得保障がこの当時の社会問題であったという歴史的な事実に対応していた[41]。その後、被保険者の範囲はそれ以外の労働者に対して拡張され、1911年に職員が被保険者とされた。現業労働者と職員に対する年金保険は、しばらくの間、それぞれ異なる制度であったけれども、2005年に現業労働者と職員で分立していた年金保険者（Rentenversicherungsträger）をドイツ年金保険（Deutsche Rentenversicherung）に統一することによって一元化された。年金保険は、労働者と類似の所得喪失リスクにさらされている自営業者（Selbstständige oder selbständig Tätige）の一部を取り込んできたものの、核心では労働者保険（Arbeitnehmerversicherung）のままである[42]。

年金保険は、労働者保険として、被保険者に所得に比例した保険料（Beitrag）を上限まで課し、年金受給者に年金保険加入期間中の所得に比例した年金給付を支給するので、負担も給付も能力を反映している。これに対して、負担は能力に応じて課し、給付は必要に応じて支給する制度として、すべての住民（Einwohner）に対する均一額の基礎年金（Grundrente）が考えられる。基礎年金は、労働者保険と比べて、特に高所得者により多くの負担を課すにも関わらず、より少ない給付しか支給しないので、さらなる再分配を求めることになる。基礎年金は、ドイツで提案されたことがある[43]けれども、そのままの形で導入されることはなかった。その理由として、制度移

---

41) Wannagat, a. a. O. (Fn. 2), S. 24.
42) Ruland, a. a. O. (Fn. 5), Rdnr. 9.
43) 詳しくは、下和田功『ドイツ年金保険論』（千倉書房、1995年）153-163頁を参照。

行のジレンマが指摘される。すなわち、旧制度から新制度への移行に際して、移行中の被保険者は、基本法（Grundgesetz）14条の財産権（Eigentum）により旧制度の下で取得された権利を保障するために旧制度と同じく多くの額の負担をしなければならないのに、新制度の下では旧制度と比べて少ない額の給付を約束されるので、不公平な負担を求められるという問題である[44]。

したがって、ドイツの年金保険は、ミヒャエル・オピルカ（Michael Opielka）によって社会政策の経路依存性（Pfadabhängigkeit）に特に固執している例であると指摘されているように[45]、制度そのものの改革（Reform des Systems）ではなく、制度の枠内での改革（Reform im System）という政策[46]を採用してきた。障害年金もまた、**第2節**で前述したように、制度の枠内での改革という政策を採用してきた。2001年障害年金改革法によっても伝統的な制度構造は維持されており、障害年金が労働者保険としての年金保険の一部であることに変わりはない[47]。

2　年金保険の財政

年金保険では、賦課方式（Umlageverfahren）が採られるので、ある年の支出は同年の収入によって賄われる。年金保険の収入は、保険料と連邦補助金（Zuschüsse des Bundes）である（社会法典第6編153条）。

年金保険の主たる財源は、保険料である。なぜなら、年金保険は、所得喪失リスクにさらされた者を被保険者として集めて危険がある者と既に損失が生じた者との間でリスク分散（Risikoausgleich）を行う保険だからである。保険料によって、年金保険が被保険者に行う保障がいわば購入される[48]。し

---

44) Eberhard Eichenhofer, Reform des Sozialstaats - von der Arbeitnehmerversicherung zur Einwohnersicherung?, RdA 2003, S. 268.
45) Michael Opielka, Die Grundrente denken, in: Michael Opielka (Hrsg.), Grundrente in Deutschland – Sozialpolitische Analysen, 2004, S. 16.
46) Franz Ruland, Grundprinzipien des Rentenversicherungsrechts, in: Verband Deutscher Rentenversicherungsträger/Franz Ruland (Hrsg.), Handbuch der gesetzlichen Rentenversicherung, 1990, Kap. 19 Rdnr. 1.
47) Köbl, a. a. O. (Fn. 10), S. 354.
48) Ruland, a. a. O. (Fn. 5), Rdnr. 5 f. und 33.

かし、個人は、しばしば所得喪失リスクを過小評価して、その保障を後回しにする。また、保険料が一律の保険料率（Beitragssatz）によって被保険者各人のリスクと無関係に定型化されているので、年金保険は、連帯（Solidarität）を実現するため、被保険者に加入義務（Versicherungspflicht）を課す必要がある[49]。収入の約75％は、保険料によって賄われる。

年金保険のその他の財源は、連邦補助金である。年金保険に課せられた役割のうち、例えば、保険料が納められていなかった期間を考慮することや、納めた保険料に基づき正当化される給付より高額の給付を支給することは、保険になじまない給付（Versicherungsfremde Leistungen）、つまり保険料で賄えない給付と呼ばれる。保険になじまない給付の多くは、連邦補助金によって賄われる[50]。連邦補助金の額は、収入の約25％に相当する。

第2項　障害年金の人的適用範囲

障害年金は、年金保険の枠内において、被保険者の稼得能力が減退した場合に、所定の要件を満たした被保険者に対して支給される。

年金保険は、加入義務を課せられていない者にも任意加入（Freiwillige Versicherung）の可能性を認めている（社会法典第6編7条）。しかし、障害年金を受給することができる人的適用範囲は、年金保険の加入義務を課せられる者、つまり強制被保険者（Pflichtversicherte）に限られる。なぜなら、障害年金の要件として、稼得能力減退の発生前の直近5年間のうちに強制保険料（Pflichtbeiträge）を3年間納めていることが求められ（社会法典第6編43条1項1文2号・2項1文2号）、強制保険料は強制被保険者によって納められるからである。したがって、任意加入者は、障害年金の受給から排除される。

1　強制被保険者の範囲

法律に基づき強制被保険者となるのは、基本的に就業者（Beschäftigte）、

---

49) Franz Ruland, Rentenversicherung, in: Franz Ruland/Ulrich Becker/Peter Axer（Hrsg.）, Sozialrechtshandbuch, 7. Aufl., 2022, § 18 Rdnr. 20.
50) Ruland, a. a. O.（Fn. 5）, Rdnr. 7 und 48.

すなわち賃金の対価として就業する者である（社会法典第6編1条1文1号）。就業（Beschäftigung）とは、特に労働関係における非独立的労働をいう（社会法典第4編7条1項1文）。就業者は、現業労働者および職員を含み、労働者とおおむね一致するものの、完全には一致しない[51]。職業訓練のために就業する者や障害者作業所（Werkstätten für behinderte Menschen）[52]で就業する障害者（Behinderte Menschen）も、就業者に含まれる（社会法典第6編1条1文1号・2号）。ただし、僅少就業（Geringfügige Beschäftigung）（社会法典第4編8条1項）に従事する者のうち、就業期間が1年間のうちに最長3か月または70労働日に限定される就業者で、就業が専門職ではなく、かつ、賃金が月額の僅少賃金限度額（Geringfügigkeitsgrenze）（2024年で538ユーロ）以下である者（僅少期間の就業者）は、年金保険により保障する必要がないと考えられるので、法律に基づき加入義務を免除される（社会法典第6編5条2項1号）。また、僅少就業に従事する者のうち、賃金が僅少賃金限度額以下である者（僅少賃金の就業者）は、年金保険の強制被保険者となるけれども、申請に基づき任意脱退することができる（社会法典第6編6条1b項）。

　他方で、自営業者は、原則として強制被保険者とならない。ただし、労働者と類似の立場にある自営業者は、例外的に強制被保険者となる。法律に基づき強制被保険者となるのは、労働者と類似のリスクにさらされている一部の自営業者、具体的には独立自営の教育者、看護師、助産師、水先人、芸術家・ジャーナリスト、家内工業者、沿岸漁業者、手工業者である（社会法典第6編2条1文1号〜8号）。また、実際には従属労働として働いているけれども、契約形式により自営業と扱われる偽装自営業（Scheinselbständigkeit）

---

51) Ruland, a. a. O.（Fn. 49），Rdnr. 21. 詳しくは、橋本陽子『労働者の基本概念』（弘文堂、2021年）214‒217頁を参照。

52) 障害者作業所とは、障害者の労働生活への参加および統合のための施設をいい、障害の種類または重度を理由として一般労働市場において就業することができない障害者に職業訓練および就業の提供を行い、一般労働市場への移行を支援する（社会法典第9編219条1項）。障害者作業所の対象となる障害者は、障害を理由として一般労働市場において就業することができないけれども、少なくとも最低限の経済的に有用な労務給付を提供することができる障害者である（社会法典9編219条2項）。障害者作業所については、福島豪「ドイツ障害者雇用における福祉的アプローチ」季労235号（2011年）41頁以下を参照。

を防ぐため、自営業者は、年金保険の加入義務を負う労働者を使用しておらず、もっぱら特定の委託者のためだけに業務を行っている場合に、労働者類似の自営業者（Arbeitnehmerähnliche Selbständige）として法律に基づき強制被保険者となる（社会法典第6編2条1文9号）。

　要するに、障害年金を受給することができる強制被保険者は、従属的であれ独立的であれ稼得活動に従事している者であり、稼得活動に従事していない者は、障害年金を受給することができない。なぜなら、稼得活動に従事して保険料を負担することができる者に限り、稼得能力の減退によって失われた所得を賃金代替給付によって補填する必要が生じるからである[53]。ただし、疾病保険法上の傷病手当金や雇用促進法上の失業手当（Arbeitslosengeld）などの賃金代替給付を受給している者は、疾病または失業による所得の喪失によって障害リスクへの備えを失うというリスクに晒されていることに配慮して[54]、法律に基づき強制被保険者となる（社会法典第6編3条1文3号）ことから、障害年金を受給することができる。

2　障害者作業所で就業する障害者

　障害者作業所で就業する障害者は、1975年の障害者の社会保険に関する法律[55]によって、障害者に対する独自の社会保険を拡充し、もって障害者に適切な社会保障を確保するため[56]、年金保険の強制被保険者となった。保険原理（Versicherungsprinzip）によると、年金保険による保障は、被保険者が稼得活動の収益の中から賄われる保険料によって購入されるものであり、年金保険は、事柄の性質上、保険料を負担することができる被保険者を前提としている[57]。そうすると、障害者作業所で就業する障害者は、標準的な労働者と比べて、年金保険に加入する前から低い稼得能力であり、支払われる報酬も十分な保険料および年金を賄えるものではないので、負担能力の点で標

---

53) Ruland, a. a. O. (Fn. 5), Rdnr. 14.
54) Ruland, a. a. O. (Fn. 5), Rdnr. 15.
55) Gesetz über die Sozialversicherung Behinderter vom 7. 5. 1975, BGBl. I S. 1061.
56) BT-Drucks. 7/3237, S. 3.
57) Bertram Schulin, Soziale Sicherung der Behinderten, 1980, S. 45 f.

準的な労働者との同質性（Homogenität）は疑わしい[58]。

　すなわち、労働者の保険料は、年金保険の加入義務を課せられた就業または業務に基づく賃金を基礎に算定されるのに対して、障害者作業所で就業する障害者の保険料は、十分な年金額を保障するため、全被保険者の平均報酬月額（Monatliche Bezugsgröße）（2024年で3,535ユーロ〔旧西独地域〕）の80％を賃金とみなして算定される（社会法典第6編162条）。また、労働者の保険料は、労働者本人とその使用者がそれぞれ半分ずつ負担する（社会法典第6編168条1項1号）のに対して、障害者作業所で就業する障害者の保険料は、しばしば障害者作業所の事業者によって負担され、その費用の多くは、連邦によって償還される[59]。

　しかし、年金保険は、連帯原理（Solidaritätsprinzip）に基づく所得再分配を内包しており、これは、同質の集団内での所得移転に限定されない。すなわち、年金保険の連帯的性格からは、すべての人は人生のあらゆる時期において通常の水準に相当する保険料を納める必要はなく、負担能力がわずかな者も被保険者集団に包摂されることが帰結される。障害者作業所で就業する障害者は、能力に応じて負担し、これにより受給権を取得するという年金保険の基本的要請を満たす。したがって、障害者作業所で就業する障害者を被保険者集団に包摂することが正当化される[60]。

---

[58] Hermann Butzer, Fremdlasten in der Sozialversicherung-Zugleich ein Beitrag zu den verfassungsrechtlichen Vorgaben für die Sozialversicherung, 2001, S. 449.

[59] 障害者作業所で就業する障害者の保険料は、賃金が低いことを理由に、通常は障害者作業所の事業者により全額負担される。すなわち、実際の賃金が全被保険者の平均報酬月額の20％以下である場合には、保険料は事業者によって全額負担され、実際の賃金が全被保険者の平均報酬月額の20％を超えて80％以下である場合には、平均報酬月額の80％と実際の賃金との差額についての保険料が事業者により全額負担、実際の賃金についての保険料が労使折半される（社会法典第6編168条1項2号）。その上で、平均報酬月額の80％と実際の賃金との差額についての保険料負担分を、連邦が事業者に償還する（社会法典第6編179条1項）。したがって、障害者作業所で就業する障害者の保険料の多くは、実際には連邦によって負担される。

[60] Thomas Voelzke, Allgemeines, in: Bertram Schulin (Hrsg.), Handbuch des Sozialversicherungsrechts, Bd. 3: Rentenversicherungsrecht, 1999, § 15 Rdnr. 14; Welti, a. a. O. (Fn. 1), S. 717.

第3項　障害年金の要件

被保険者が年金受給権（Anspruch auf Rente）を取得するのは、それぞれの年金に必要な最低年金保険加入期間（Mindestversicherungszeit）としての受給資格期間（Wartezeit）が満たされており、かつ、それぞれの特別な保険法的要件（Besondere versicherungsrechtliche Voraussetzungen）および人的要件（Persönliche Voraussetzungen）が存在している場合である（社会法典第6編34条1項）。

障害年金の要件は、被保険者が、①老齢年金の標準支給開始年齢（Regelaltersgrenze）である満67歳（社会法典第6編35条2文）[61]に到達するまでに稼得能力減退の状態にあり、②稼得能力減退の発生前の直近5年間のうちに3年間の強制保険料を納めており、かつ、③稼得能力減退の発生前に一般受給資格期間（Allegemeine Wartezeit）を満たしていることである（社会法典第6編43条1項1文・2項1文）。

障害年金の要件を満たすかどうかを判断するための基準日となるのは、稼得能力減退の発生日である。法律はいかなる要件の下で稼得能力減退が存在するのかを客観的に定めているので、稼得能力減退の発生日は客観的な基準によって認定される[62]。例えば、急性の出来事（脳卒中、心筋梗塞、事故）の発生日、症状の悪化日、労働不能の開始日、疾病を理由とする辞職日によって認定される。しかし、慢性疾患または潜行性疾患のように、稼得能力減退の発生日の認定が困難である場合には、入院日や申請日によって認定され

---

[61] 老齢年金の標準支給開始年齢は、2007年の年金支給開始年齢調整法（Gesetz zur Anpassung der Regelaltersgrenze an die demografische Entwicklung und zur Stärkung der Finanzierungsgrundlagen der gesetzlichen Rentenversicherung (RV-Altersgrenzenanpassungsgesetz) vom 20. 4. 2007, BGBl. I S. 554）によって、平均寿命がさらに上昇するので、対策を講じないと年金受給期間も延長し、年金給付費が増加するため、2012年から満65歳から満67歳に段階的に引き上げられている。具体的には、標準支給開始年齢は、1947年以降に生まれた被保険者について、2012年から2023年までは1年に1か月ずつ、2024年から2030年までは1年に2か月ずつ引き上げる。そして、2031年から、つまり1964年以降に生まれた被保険者については、標準支給開始年齢は満67歳となる（社会法典第6編235条）。

[62] Klaus Gürtner, in: Anne Körner/Martin Krasney/Bernd Mutschler/Christian Rolfs (Hrsg.), Kasseler Kommentar Sozialversicherungsrecht, 118. EL, März 2022, § 43 SGB VI Rdnr. 27.

る[63]。

1　稼得能力減退の存在

稼得能力減退とは、被保険者が健康上の理由に基づき一定の時間数しか稼得活動に従事することができないことをいう。稼得能力減退の概念は、本章**第2節第3項**で前述したように、2001年障害年金改革法により導入された。稼得能力減退は、次の要件を満たす場合に認められる。

(1)　稼得能力制限の原因

第1に、被保険者の稼得能力の制限が、疾病（Krankenheit）または障害（Behinderung）という健康侵害状態（Gesundheitsbeeinträchtigung）に起因していなければならない（社会法典第6編43条1項2文・2項2文）。疾病とは、稼得能力の制限をもたらす、身体的、知的または精神的に正常でない状態をいう[64]。ここでの疾病は、疾病保険法の意味での疾病とは異なり、治療の必要性（Behandlungsbedürftigkeit）や労働不能（Arbeitsunfähigkeit）が存在することを要しない[65]けれども、単なる発病の疑いでは足りない[66]。つまり、単に診断を受けていることが重要なのではなく、むしろ健康侵害状態による稼得能力への影響の程度が審査されなければならない[67]。精神疾患は、被保険者自身の力で克服されえない場合に、疾病に当たる[68]。連邦社会裁判所（Bundessozialgericht）第13法廷の2020年9月28日決定[69]によると、被保険者が治療を拒んでいる場合であっても、治療の可能性と必要性は、稼得能力減退の発生を妨げるものではなく、被保険者が治療を受けていないことは、精神疾患を疾病と評価することを排除しない。また、ここでの障害は、身体的、知的、精神的に正常でない状態に基づく機能障害（Funktionsbeeinträchtigung）

---

63) Deutsche Rentenversicherung Bund（Hrsg.）, Das ärztliche Gutachten für die gesetzliche Rentenversicherung – Hinweise zur Begutachtung, 2. Aufl., 2018, S. 31.
64) BSGE 13, 255, 258 f.
65) BSGE 14, 207, 211.
66) BSGE 30, 154, 156.
67) BSG BeckRS 2019, 23742.
68) BSGE 21, 189, 193.
69) BSG, Beschluss vom 28. 9. 2020 – B 13 R 45/19 B, BeckRS 2020, 29355.

と捉えられており、その状態がもはや改善されないことを除いて疾病と同じである[70]。非識字（Analphabetismus）は、健康侵害状態に起因しない限りで、障害に当たらない[71]。

他方で、老齢は、疾病または障害ではないので、例えば加齢による能力の衰えや競争力の欠如は、障害年金の保険事故に当たらない[72]。疾病または障害という健康侵害状態がその他の原因、例えば労働ポストとしての職場（Arbeitsplatz）の不存在と協働して稼得能力の制限を引き起こす場合には、健康侵害状態が稼得能力の減退についての実質的な条件（wesentliche Bedingung）であるかどうかが問われる[73]。

(2) 稼得能力制限の程度と残された稼得能力の認定

第2に、被保険者の稼得能力が、健康侵害状態によって一定の時間数に制限されていなければならない。稼得能力の認定は、稼得能力がどの程度減少したかという消極的な観点からではなく、稼得能力がどの程度残されているかという積極的な観点からなされる。残された稼得能力は、被保険者が、週5日の枠内で、1日何時間稼得活動に従事することができるのかによって認定される[74]。被保険者が、1日3時間未満しか稼得活動に従事することができない場合には、完全稼得能力減退の状態にあり（社会法典第6編43条2項2文）、1日3時間以上6時間未満しか稼得活動に従事することができない場合には、一部稼得能力減退の状態にある（社会法典第6編43条1項2文）。これに対して、被保険者が、1日6時間以上稼得活動に従事することができる場合には、稼得能力減退の状態にない（社会法典第6編43条3項前段）。

働くことができる労働時間という稼得能力減退の認定基準、とりわけ1日3時間未満しか稼得活動に従事することができないという完全稼得能力減退の認定基準は、雇用促進法および求職者基礎保障法において、少なくとも1

---

70) Gürtner, a. a. O（Fn. 62）, Rdnr. 24; Uwe Kolakowski, in: Ralf Kreikebohm/Gundula Roßbach (Hrsg.), SGB VI, Kommentar, 6. Aufl., 2021, § 43 Rdnr. 22.
71) BSG SozR 4-2600 § 43 Nr. 18.
72) BSGE 10, 33, 34.
73) BSGE 30, 167, 177 ff.; BSGE 30, 192, 199.
74) BT-Drucks. 14/4230, S. 25.

日3時間稼得活動に従事できることが稼得可能な状態にあること、つまり失業の要件としての斡旋可能性（Verfügbarkeit）が認められること（社会法典第2編8条1項、社会法典第3編138条1項3号・5項1号）に合わせている[75]。したがって、一部稼得能力減退の被保険者は、残された稼得能力を活用して、稼得活動に従事することができると考えられている。

　残された稼得能力の認定は、障害年金の行政手続の中で行われる。これは、障害年金の申請が行われた場合に、医師による社会医学的判定（sozialmedizinisches Gutachten）に基づき、年金保険者により行われる。判定医（Ärztliche Gutachter）は、被保険者の主治医ではなく、むしろ客観的・中立的な専門家という役割を果たす[76]。多くの年金保険者には、医学的な問題について行政に助言を行い、独立して判断を行う医師職員（Ärztlicher Dienst）がいる[77]。

　社会医学的判定では、どのような健康侵害状態が存在しており、それによっていかなる業務にどれくらいの時間数まで従事することができるのかが明らかにされる[78]。残された能力（Restleistungsvermögen）の認定は、被保険者が、健康侵害状態を考慮して、従来の職業（bisheriger Beruf）、すなわち直前に従事していた業務に従事することが何時間できないのかを確認し、これが6時間未満である場合には、一般労働市場の業務に従事することが何時間できるのかを確認する[79]。これは、量的能力（quantitatives Leistungsvermögen）と呼ばれる。一般労働市場には、実際に供給と需要の対象となる、考えられる限りでのすべての業務が含まれるものの、障害者作業所のような保護施設は除かれる[80]。したがって、一般労働市場の業務に従事する能力は、考えられる限りでのいずれかの業務に従事することができることを意味し、どの程度の肉体労働（軽度、中度、重度）、作業姿勢（立つ、

---

75) Köbl, a. a. O.（Fn. 10), S. 365.
76) Deutsche Rentenversicherung Bund, a. a. O.（Fn. 63), S. 24.
77) Bernd Marschang, Verminderte Erwerbsfähigkeit – Der Ratgeber zu den renten- und sozialrechtlichen Fragen, 2002, S. 122.
78) Gürtner, a. a. O.（Fn. 62), Rdnr. 26.
79) Kolakowski, a. a. O.（Fn. 70), Rdnr. 24.
80) BSG SozR 4-2600 § 43 Nr. 18.

歩く、座る）および勤務態勢（昼間勤務、早朝・夕方勤務、夜間勤務）が可能であるか（能力の積極面〔positives Leistungsbild〕）、そして、精神的な耐久力、感覚器官、運動・姿勢器官、危険・負荷要因に制限があるか（能力の消極面〔negatives Leistungsbild〕）によって判断される[81]。これは、質的能力（qualitatives Leistungsvermögen）と呼ばれる。

例えば、パン職人であった被保険者が、アレルギーを発症したため、従来のパン製造業に従事することができないものの、未熟練業（例えば清掃業や映画館のチケット販売業）に1日6時間以上従事することができる場合には、稼得能力減退に当たらない。また、銀行員のマネージャーであった被保険者が、自動車事故時の頭部損傷により言語障害と集中力の欠如を被ったため、従来の指導・監督業に従事することができないものの、単純労働に1日4時間従事することができる場合には、一部稼得能力減退に当たる[82]。

(3) 稼得能力制限の期間

第3に、被保険者の稼得能力の制限が、長期にわたり（auf nicht absehbare Zeit）存在していなければならない（社会法典第6編43条1項2文・2項2文）。長期にわたり存在する期間は、障害年金が期間を定めて（auf Zeit）支給される場合には、稼得能力減退の発生後6か月が経過するまでは支給されないと定める社会法典第6編101条1項に基づき、6か月を超える期間と解されている[83]。したがって、これより短期間の健康侵害状態は、疾病保険法上の傷病手当金の保険事故である労働不能の対象となり、稼得能力減退の前駆期は、傷病手当金により保障される[84]。

2 一般受給資格期間と特別な保険法的要件の充足

一般受給資格期間は、5年である（社会法典第6編50条1項1文）。受給資格期間は、被保険者集団に短期間しか属しておらず、保険料をほとんど納めていない被保険者が障害年金を受給することを防ぐために設けられている。したがって、受給資格期間は保険原理の典型的な指標である[85]。一般受給資

---

81) Deutsche Rentenversicherung Bund, a. a. O. (Fn. 63), S. 30.
82) Marschang, a. a. O. (Fn. 77), S. 76 f.
83) Gürtner, a. a. O. (Fn. 62), Rdnr. 25.

格期間には、保険料納付済期間（Beitragszeiten）が算入される（社会法典第6編51条1項）。保険料納付済期間は、強制保険料または任意保険料（freiwillige Beiträge）が納められた期間である（社会法典第6編55条1項）。

　このように、一般受給資格期間は保険料の納付によって満たされるけれども、被保険者が一般受給資格期間を満たす前に災害や疾病により稼得能力の減退に遭遇して保険料を納めることができなくなった場合には、例外的に、一定の要件の下で、一般受給資格期間が満たされたとみなされる。例えば、被保険者が労災保険法上の労働災害（Arbeitsunfall）または職業病（Berufskrankenheit）に基づき稼得能力の減退に遭遇した場合が挙げられる（社会法典第6編53条1項1文）[86]。

　特別な保険法的要件は、稼得能力減退の発生前の直近5年間のうちに、年金保険の加入義務を課せられた就業または業務に関する強制保険料を3年間

---

[84] 疾病保険の被保険者は、疾病により労働不能となる場合に、疾病保険法上の傷病手当金受給権を取得する（社会法典第5編44条1項）。労働不能とは、直前に従事していた稼得活動または同様の業務に従事することができないこと、または状態の悪化という危険を冒す場合に限り従事することができることをいう（BSGE 57, 227, 228 f.）。したがって、労働不能の認定に際しては、被保険者が直前にいかなる業務に従事していたのか、健康状態によるとその業務に依然として従事できるかどうかが問題となる。被保険者が直前の稼得活動に一時的にしか従事することができないのか、それとも永続的に従事することができないと見込まれるのかは、労働不能の認定に際して考慮されない（BSGE 26, 288, 290）。こうして、労働不能は、疾病のみを原因とし、長期にわたり永続する必要がない点で、障害年金の保険事故である稼得能力減退と区別される。傷病手当金の額は、標準報酬の70％である（社会法典第5編47条1項）。傷病手当金は、同一の疾病を理由とする労働不能について、各3年間のうちに最長で78週間支給される（社会法典第5編48条1項）。他方で、疾病による労働不能の労働者は、使用者に対して6週間までの労働不能の期間について賃金継続支払（Entgeltfortzahlung）を請求することができる（賃金継続支払法〔Entgeltfortzahlungsgesetz〕3条1項）。疾病保険の被保険者が賃金を受け取る場合には、傷病手当金は支給停止される（社会法典第5編49条1項）。
　　傷病手当金と障害年金の関係について、疾病保険の被保険者が完全稼得能力減退年金を受給する場合には、傷病手当金の受給権は年金の支給開始により消滅し、年金の支給開始後に新たな傷病手当金の受給権は生じない（社会法典第5編50条1項）。これに対して、疾病保険の被保険者が労働不能の発生後に一部稼得能力減退年金を受給する場合には、傷病手当金は年金の支給額分だけ減額支給される（社会法典第5編50条2項）。逆に、一部稼得能力減退年金の支給開始後に労働不能が発生して傷病手当金が支給される場合には、傷病手当金を含む報酬が一定額を超えると一部稼得能力減退年金が減額支給される（社会法典第6編96a条3項）。

[85] BVerfGE 67, 231, 237.

納めていることである(社会法典第6編43条1項1文2号・2項1文2号)。こ れにより、障害年金は、稼得能力減退の発生日から2年前までに強制保険料 を納めていた被保険者に支給されるので、被保険者が障害年金を受給するこ とができるのは、年金保険の加入義務を課せられた就業または業務を退職し てから原則として2年間に限定される[87]。

5年の枠期間は、強制保険料の納付を免除された期間、例えば、算入期間 (Anrechnungszeiten)および障害年金の受給期間の分だけ延長される(社会 法典第6編43条4項)。算入期間は、保険料免除期間(Beitragsfreie Zeiten)の 一種であり(社会法典第6編54条4項)、被保険者が、労働不能の期間やリハ ビリテーション給付の受給期間、産前産後の保護期間、失業の期間、満17歳 以降の学校教育期間や職業訓練の期間のように、被保険者各人に生じた特別 な事情により保険料を納めることができなかった期間である(社会法典第6 編58条1項)[88]。また、3年の強制保険料納付済期間(Pflichtbeitragszeit)は、 一般受給資格期間が満たされたとみなされる事由に起因して稼得能力減退が 発生した場合には、不要である(社会法典第6編43条5項)。

一般受給資格期間は、強制保険料が納められた期間、つまり年金保険の加 入義務を課せられた就業または業務に従事した場合のみならず、任意保険料 が納められた期間、つまり自営業者または専業主婦などが任意に加入した場 合も含まれる。これに対して、特別な保険法的要件は、強制保険料が納めら れた期間に限定される。したがって、特別な保険法的要件は、任意加入の自 営業者と専業主婦が障害年金を受給することを排除する機能を有する[89]。特 別な保険法的要件は、稼得能力の減退により現に所得の喪失を被っていない

---

86) この場合に一般受給資格期間が満たされたとみなされるための要件は、労働不能もしくは職業 病の発生時に年金保険の加入義務を課されていたこと、または労働不能もしくは職業病の発生前 の直近2年間のうちに強制保険料を少なくとも1年間納めていることである(社会法典第6編53 条1項2文)。
87) Marschang, a. a. O. (Fn. 77), S. 30.
88) 特別な事情により保険料を納めることができなかった期間が算入期間として評価されるのは、 それにより年金保険の加入義務を課せられた就業または業務が中断した場合に限られるものの、 このことは、満17歳から満25歳までの期間には適用されない(社会法典第6編58条2項1文)。
89) Köbl, a. a. O. (Fn. 28), Rdnr. 13.

人的範囲が障害年金を受給することを排除するため、1984年予算付随法 (Haushaltsbegleitgesetz 1984)[90]によって導入された。すなわち、通常は就業しているので、稼得能力の減退によって所得の喪失が発生する被保険者に限り障害年金を支給することで、障害年金の所得代替機能を強化するため、特別な保険法的要件が導入された[91]。

一般受給資格期間は、稼得能力減退が発生する前に満たされなければならない。ただし、この例外として、一般受給資格期間を満たす前に既に完全稼得能力減退の状態にあった被保険者は、それ以降継続して完全稼得能力減退の状態にある[92]場合に限り、20年の受給資格期間を満たすことによって完全稼得能力減退年金の受給権を取得する（社会法典第6編43条6項）。この場合には、保険事故が発生する前の直近5年間のうちに強制保険料を3年間納めていることは不要である。この規定により、生まれながらにまたは幼い頃から重度の障害を有するので、一般労働市場の業務に従事することができない若年障害者は、完全稼得能力減退の発生後に納めた保険料に基づき障害年

---

90) Gesetz über Maßnahmen zur Entlastung der öffentlichen Haushalte und zur Stabilisierung der Finanzentwicklung in der Rentenversicherung sowie über die Verlängerung der Investitionshilfeabgabe（Haushaltsbegleitgesetz 1984）vom 22. 12. 1983, BGBl I S. 1532.
91) BT-Drucks. 10/335, S. 59 f. 特別な保険法的要件により障害年金の受給を困難にすることは、被保険者の財産権を侵害するとして裁判で争われたものの、連邦憲法裁判所(Bundesverfassungsgericht)は、1987年4月8日決定（BVerfG, Beschluß vom 8. 4. 1987-1 BvR 564/84, BVerfGE 75, 78) において、特別な保険法的要件を、障害年金の所得代替機能の強化による年金財政の安定化という立法者の目的を理由に合憲と判断した。これに対して、この目的を達成するための手段として、特別な保険法的要件を強制保険料の納付、つまり従属的な就業に限定して、任意被保険者、特に自営業者を不利に扱うことは、比例原則（Prinzip der Verhältnismäßigkeit）に違反すると批判されている。Christian Rolfs, Das Versicherungsprinzip im Sozialversicherungsrecht, 2000, S. 274 f.
92) 継続して完全稼得能力減退の状態にあるという要件の充足を緩和するため、完全稼得能力減退が認められる場合についての特別規定が設けられている。すなわち、障害者作業所で就業する被保険者は、障害の種類または重度を理由として一般労働市場の業務に従事することができないので、完全稼得能力減退の状態にある（社会法典第6編43条2項3文1号）。また、一般受給資格期間を満たす前に既に完全稼得能力減退の状態にあった被保険者は、一般労働市場への統合が成果を収めない期間について完全稼得能力減退の状態にある（社会法典第6編43条2項3文2号）。したがって、この規定は、一般労働市場において就業することができないものの、障害者作業所で就業することはできる障害者を対象としている。

金を受給することができる[93]。20年の受給資格期間には、保険料納付済期間が算入される（社会法典第6編51条1項）。この場合には、リスクの発生と保険給付による損失の補填という通常の意味での保険事故は存在しないので、若年障害者の保険技術的には好ましくないリスクを年金保険が引き受けるためには、少なくとも20年間の保険料納付が必要である[94]。

そうすると、年金保険の枠内において、無拠出制年金は存在しない。障害年金の要件を満たさない障害者は、障害者向けの扶助給付の対象となる。

第4項　障害年金の額

被保険者が障害年金の要件を満たして、障害年金の受給権を取得する場合には、障害年金の額が算定される。障害年金の算定方法は、老齢年金と共通である。なぜなら、障害年金のうち、完全稼得能力減退年金は、被保険者に老齢年金と同一の給付水準を保障するものだからである[95]。障害年金が老齢年金とともに従前生活保障（Lebensstandardsicherung）の考え方に組み込まれたのは、1957年年金改革によってである[96]。

1　年金額の算定

障害年金の額は、納められた保険料によって個別に決定される[97]。すなわち、年金額は、とりわけ年金保険加入期間中の保険料算定の基礎となる賃金および所得の額によって算定される（社会法典第6編63条1項）。これは、保険原理、とりわけ保険料と給付の等価性（Äquivalenz von Beitrag und Leistung）の現れである[98]。なぜなら、各年の保険料算定の基礎となる賃金

---

93) Ralf Kreikebohm/Friedrich von Koch, Wartezeit, in: Bertram Schulin (Hrsg.), Handbuch des Sozialversicherungsrechts, Bd. 3: Rentenversicherungsrecht, 1999, § 29 Rdnr. 28.
94) Olaf Rademacker, Sicherstellung des Lebensunterhalts von Geburt an behinderter Menschen durch Leistungen der Rentenversicherung, NDV 1993, S. 262 und 266.
95) Köbl, a. a. O. (Fn. 10), S. 381.
96) Johannes Frerich/Martin Frey, Sozialpolitische Grundlagen der Rentenversicherung, in: Bertram Schulin (Hrsg.), Handbuch des Sozialversicherungsrechts, Bd. 3: Rentenversicherungsrecht, 1999, § 2 Rdnr. 101.
97) Welti, a. a. O. (Fn. 1), S. 632.

および所得は、それを同年の全被保険者の平均報酬で除したものに相当する報酬ポイント（Entgeltpunkte）に換算され（社会法典第6編63条2項）、これが年金額算定の基礎になるものの、保険料率が一律の下では、獲得する報酬ポイント数は、納める保険料額に比例するからである。ただし、保険料免除期間についても報酬ポイントが算入される（社会法典第6編63条3項）ことで、保険料と給付の等価性は一定程度修正されている。こうして、障害年金の要件を満たす場合に一定の役割を果たす保険料免除期間が、障害年金の額を算定する場合には年金額を増やす機能を有する。保険料免除期間の報酬ポイントは、それ以外の期間の保険料算定の基礎となる賃金および所得により決定される（社会法典第6編63条3項）。

年金の月額は、個人報酬ポイント（Persönliche Entgeltpunkte）、年金種別係数（Rentenartfactor）および年金現在価値（Aktueller Rentenwert）の積により算出される（社会法典第6編64条）。これは、年金算定式（Rentenformel）と呼ばれる。

個人報酬ポイントは、保険料納付済期間の報酬ポイントと保険料免除期間の報酬ポイントの合計値である（社会法典第6編66条1項）。保険料納付済期間の報酬ポイントは、ある年の被保険者個人の報酬[99]を、同年の全被保険者の平均報酬で除して得た数値である（社会法典第6編70条1項）。例えば、ある年の報酬が同年の平均報酬と同額である場合には、その年の報酬ポイントは1.0となる。保険料免除期間の報酬ポイントは、保険料納付済期間の報酬ポイントの合計値を、満17歳から稼得能力減退の発生前までの保険料免除期間を除く保険料賦課可能期間で除して得た数値である（社会法典第6編71条1項・72条）。

---

98) Ruland, a. a. O. (Fn. 5), Rdnr. 44; Bertram Schulin, Berechnung und Anpassung der Renten, in: Bertram Schulin (Hrsg.), Handbuch des Sozialversicherungsrechts, Bd. 3: Rentenversicherungsrecht, 1999, § 38 Rdnr. 3.

99) 報酬ポイントの対象となる報酬は、保険料算定の基礎となった賃金および所得であり、保険料算定基礎（Beitragsbemessungsgrundlage）と呼ばれる（社会法典第6編161条）。ただし、上限（保険料算定限度額〔Beitragsbemessungsgrenze〕と呼ばれ、2024年で月額7,550ユーロ〔旧西独地域〕）があり（社会法典第6編159条）、その限りで報酬が保険料の算定において考慮され、年金額の算定にも反映される。したがって、障害年金の額には上限がある。

障害年金の額を算定する場合に、保険料免除期間として算入期間の他に重要なのが、加算期間（Zurechungszeit）である。なぜなら、被保険者が若くして稼得能力の減退に遭遇する場合には、年金保険加入期間が短いために年金額が低くなり、結果として障害年金が完全に賃金代替機能を失うことは、年金保険を特徴づける連帯原理に反するからである[100]。したがって、加算期間は、十分な額の障害年金を保障するため、被保険者が満67歳に満たない場合に追加的に期間を加算するものである（社会法典第6編59条1項）。加算期間は、稼得能力減退の発生時から満67歳までである（社会法典第6編59条2項）。加算期間によって、障害年金は老齢年金と比肩しうる年金となるものの、報酬ポイントの評価に際して、職業上の昇進可能性は考慮されない[101]。

　個人報酬ポイントは、全被保険者の平均報酬に対する被保険者各人の従前所得の割合という相対的な値を示すものにすぎないので、この相対的な値を現在の金銭価値に換価する係数が別に必要である。この係数が、年金現在価値である。年金現在価値は、ユーロで示され、年金受給者の生活水準を保障するため、労働者ひとりあたりのグロス賃金の変動などに応じて毎年7月1日に改定される（社会法典第6編65条・68条1項）。2024年7月1日の年金現在価値は、39.32ユーロである。

　年金種別係数は、それぞれの種別の年金給付の目的を老齢年金との対比で表すものである（社会法典第6編63条4項）。完全稼得能力減退年金の年金種別係数は、1.0である（社会法典第6編67条3号）ので、老齢年金と同額の完全年金（Vollrente）が支給される。これに対して、一部稼得能力減退年金の年金種別係数は、0.5である（社会法典第6編67条2号）ので、完全年金の半額しか支給されない。完全稼得能力減退年金が完全な賃金代替機能を有する

---

100) Köbl, a. a. O.（Fn. 10), S. 381. 加算期間は保険の要素であり、これにより年金保険はようやく保険になると説明する見解がある。Ruland, a. a. O.（Fn. 49), Rdnr. 89. しかし、加算期間は、被保険者の積極的な事前の拠出として捉えられず、事前の拠出が妨げられた結果として把握されるので、保険原理によってではなく、連帯原理によって正当化される。Friedhelm Hase, Versicherungsprinzip und sozialer Ausgleich – Eine Studie zu den verfassungsrechtlichen Grundlagen des deutschen Sozialversicherungsrechts, 2000, S. 269.
101) Welti, a. a. O.（Fn. 1), S. 632.

図表1　完全稼得能力減退年金の算定例（2024年）

加入年数	完全稼得能力減退年金の月額		
	報酬ポイント0.7	報酬ポイント1.0	報酬ポイント1.3
25年	688.10ユーロ	983.00ユーロ	1277.90ユーロ
30年	825.72ユーロ	1179.60ユーロ	1533.48ユーロ
35年	963.34ユーロ	1376.20ユーロ	1789.06ユーロ
40年	1100.96ユーロ	1572.80ユーロ	2044.64ユーロ
45年	1238.58ユーロ	1769.40ユーロ	2300.22ユーロ

のは、完全稼得能力減退の被保険者は、一般労働市場において活用することができる稼得能力を有していないと考えられているからである。また、一部稼得能力減退年金が完全な賃金代替機能を有しないのは、一部稼得能力減退の被保険者は、残された稼得能力を一般労働市場において活用して稼得活動に従事することができると考えられているからである。

　以上の年金算定式によると、年金額は、個人報酬ポイント、すなわち全被保険者の平均報酬に対する従前所得の割合という各人の算定基礎により決定され、年金現在価値という共通の算定基礎により改定される。したがって、障害年金は、特定の年金額を保障するものではなく、全被保険者の中での相対的な地位を保障するものである[102]。完全稼得能力減退年金の算定例（2023年）は、**図表1**の通りである[103]。

　このように、ドイツは、ヨーロッパ諸国の中で、年金保険に基礎保障（Grundsicherung）の要素を組み込んでいないほとんど唯一の国であるので、障害年金に最低年金額（Mindestrente）が存在しない。なぜなら、最低年金額を保険料で賄うことは、保険原理および保険料と給付の等価性に反すると考えられているからである[104]。確かに、加算期間により、年金保険加入期間が短いことによる低年金化は防がれている。しかし、従前所得が低いと、

---

102) Karl-Jürgen Bieback, Existenzsicherung und Alters- und Invaliditätsvorsorge, SGb 2009, S. 630.

103) Deutsche Rentenversicherung, Erwerbsminderungsrente: Das Netz für alle Fälle, 19. Aufl., 2024, S. 14.

年金額も低くなる可能性がある。障害年金によって障害者の最低生活水準が保障されない場合には、障害者向けの扶助給付の対象となる。

2 障害年金と追加報酬

障害年金は、受給期間中に獲得される別の報酬、つまり追加報酬（Hinzuverdienst）[105]が年間の限度額を超えない場合に限り、満額で支給される（社会法典第6編96a条1項）。この限度額は、追加報酬限度額（Hinzuverdienstgrenze）と呼ばれる。障害年金の追加報酬限度額は、受給権の消極要件ではなく、年金の調整規定に置かれるので、年金基本権（Stammrecht auf Rente）それ自体には関わらず、もっぱら基本権から毎月生じる個々の支払請求権（Einzelanspruch auf Zahlung）を完全または一部消滅させるものである[106]。他方で、一部稼得能力減退の被保険者が、1日6時間以上の就業によって追加報酬を稼いでいる場合には、一部稼得能力減退がもはや存在しないので、障害年金の受給権は存在しない。したがって、稼得能力減退の被保険者が障害年金を受給しながら追加報酬を稼ぐ場合には、稼得活動が残された稼得能力の範囲内にとどまっていなければならない[107]。

障害年金の追加報酬限度額は、1995年社会法典第6編改正法[108]により導入された。立法趣旨によると、被保険者が障害年金と追加報酬によって稼得能力の減退の発生前に獲得された所得を超える総所得を稼ぐ場合には、稼得能力の減退により所得の喪失が生じておらず、障害年金は賃金代替機能を有しないので、障害年金の賃金代替機能を強化するため、追加報酬限度額が導

---

104) Karl-Jürgen Bieback, Alterssicherung durch Rente, Grundsicherung im Alter und Sozialhilfe, NDV 2010, S. 520.
105) 追加報酬には、就業および自営業により得られる賃金および所得が含まれるので、資産収入や賃貸収入は含まれない。ただし、障害者が障害者作業所の事業者から獲得する報酬は、追加報酬に含まれない（社会法典第6編96a条2項）。また、一部稼得能力減退年金受給者が年金の受給開始後に生じた労働不能に基づく傷病手当金を受給する場合には、傷病手当金の基礎となる賃金または所得が追加報酬に含まれる（社会法典第6編96a条3項）。
106) BSG SozR 3-2600 § 96a Nr. 1.
107) Franz Ruland, Das Flexirentengesetz, SGb 2017, S. 124.
108) Gesetz zur Änderung des Sechsten Buches Sozialgesetzbuch und anderer Gesetze vom 15. 12. 1995, BGBl. I S. 1824.

入された[109]。障害年金の追加報酬限度額は、連邦社会裁判所第5法廷の2004年4月28日判決[110]によると、障害年金受給者が比較的高齢であることから、世代間の負担の公平という目的にも奉仕する。

　2001年障害年金改革法によると、追加報酬の額に応じて、一部稼得能力減退年金は満額または半額で支給され、完全稼得能力減退年金は満額、4分の3の額、半額または4分の1の額で支給された（社会法典第6編旧96a条1a項）。これらの障害年金の額ごとに許容される追加報酬の限度額が一定額として定められており（社会法典第6編旧96a条2項）、追加報酬が追加報酬限度額を超える場合には、障害年金はより低い額となった。しかし、このような段階的な制度では、追加報酬が追加報酬限度額をほんの少しだけ超えた場合に、障害年金は大きく減額された[111]。追加報酬限度額の超過によって本来の追加報酬を超えて障害年金が減額されないようにするため、2017年年金弾力化法（Flexirentengesetz 2017）[112]により、追加報酬を無段階で障害年金に算入する制度が導入された[113]。その後、2022年第8次社会法典第4編改正法（8. SGB IV-Änderungsgesetz）[114]により、障害年金受給者が残された稼得能力の枠内で従来よりも高額の追加報酬を稼ぐことを可能にすることで、労働市場への統合を促進するため、追加報酬限度額が引き上げられた[115]。

　完全稼得能力減退年金の追加報酬限度額は、1日3時間未満という稼得能力の制限を考慮して、年額で全被保険者の平均報酬月額の14倍の8分の3（2024年で1万8,558.75ユーロ）である。これに対して、一部稼得能力減退年金の追加報酬限度額は、年額で稼得能力減退の発生前の直近15年間のうちで

---

109) BT-Drucks. 13/2590, S. 19 f. und 23.
110) BSG, Urteil vom 28. 4. 2004 – B 5 RJ 60/03 R, SozR 4-2600 § 313 Nr. 3.
111) Christian Rolfs, Die neue Flexirente, NZS 2017, S. 165.
112) Gesetz zur Flexibilisierung des Übergangs vom Erwerbsleben in den Ruhestand und zur Stärkung von Prävention und Rehabilitation im Erwerbsleben (Flexirentengesetz) vom 8. 12. 2016, BGBl. I S. 2838.
113) BT-Drucks. 18/9787, S. 38 und 43.
114) Achtes Gesetz zur Änderung des Vierten Buches Sozialgesetzbuch und anderer Gesetze (8. SGB IV-Änderungsgesetz - 8. SGB IV-ÄndG) vom 20. 12. 2022, BGBl. I S. 2759.
115) BT-Drucks. 20/3900, S. 59.

第2章　ドイツの障害年金の全体像　57

最高の報酬ポイントに平均報酬月額の9.72倍を乗じて得た額であるけれども、最低でも平均報酬月額の14倍の8分の6（2024年で3万7,117.50ユーロ）である（社会法典第6編96a条1c項）。後者の最低追加報酬限度額は、1日6時間未満という残された稼得能力に対応し、完全稼得能力減退年金の追加報酬限度額の2倍に相当する[116]。

　このように追加報酬限度額が異なるのは、完全稼得能力減退の被保険者は追加報酬を稼ぐことを制限されているのに対して、一部稼得能力減退の被保険者は残された稼得能力の範囲内で追加報酬を稼ぐことを期待されているからである。追加報酬が年間を通して追加報酬限度額を超える場合には、障害年金は一部しか支給されない。一部支給の障害年金は、追加報酬限度額を超える額の12分の1の40％が満額の障害年金から控除されることによって算定される。障害年金から控除すべき追加報酬が満額の障害年金の額に達する場合には、障害年金は支給されない（社会法典第6編96a条1a項）。

　具体例を挙げると、完全稼得能力減退年金受給者が1月から8月まで1日2.5時間働いており、月額で1,000ユーロを稼いでいる場合には、この受給者の追加報酬は年額で8,000ユーロとなり、完全稼得能力減退年金の追加報酬限度額の範囲内にとどまっているので、完全稼得能力減退年金は減額されない[117]。また、月額で650ユーロの一部稼得能力減退年金受給者が月額で3,200ユーロ（年額で3万8,400ユーロ）の追加報酬を稼いでおり、この受給者の追加報酬限度額が年額で3万7,200ユーロである場合には、この受給者は追加報酬限度額を年額で1,200ユーロ分だけ超えているので、超過分は月額に換算して100ユーロとなるものの、超過分の40％、つまり40ユーロしか年金から控除されず、結果として一部稼得能力減退年金は月額で610ユーロに減額される[118]。

---

116) BT-Drucks. 20/3900, S. 99.
117) Deutsche Rentenversicherung, Erwerbsminderungsrente: So viel können Sie hinzuverdienen 34. Aufl., 2024, S. 12.
118) Deutsche Rentenversicherung, a. a. O. (Fn. 117), S. 9.

第5項　障害年金の期間設定、行政手続および支給開始

1　障害年金の期間設定

障害年金は、原則として期間を定めて支給される（社会法典第6編102条2項1文）。障害年金の期間設定（Befristung）の目的は、被保険者の労働生活への早期の参加を可能にすることである[119]。期間設定は、年金の支給開始から最長で3年間行われ、更新することができる（社会法典第6編102条2項2文・3文）。ただし、受給権がその時々の労働市場状態にかかわりなく成立し、かつ、稼得能力の減退が回復することができる見込みがない場合には、障害年金は例外的に期間を定めずに（unbefristet）支給される（社会法典第6編102条2項5文）。2001年障害年金改革法以前は、期間を定めずに支給されるのが原則であり、期間を定めて支給されるのは例外であった（社会法典第6編旧102条2項）。障害年金の期間設定については、**第5章第3節第6項**で改めて検討する。

2　障害年金の行政手続

障害年金は、申請に基づき支給される（社会法典第6編115条1項1文）。障害年金の行政手続は、被保険者が年金保険者に障害年金の支給を申請することで開始し、年金保険者が稼得能力減退の認定など障害年金の要件の審査を行い、申請の認否について書面による裁定（社会法典第6編117条）を行うことで終了する。被保険者は、年金保険者による年金不支給の裁定に対して、権利救済（Rechtsschutz）として、裁定を行った年金保険者に異議申立て（Widerspruch）を提起した後（社会裁判所法〔Sozialgerichtsgesetz〕78条・84条）、被保険者の居住地にある地方社会裁判所（Sozialgericht）に訴え（Klage）を提起することができる（社会裁判所法57条1項・87条）[120]。

3　障害年金の支給開始

期間の定めのある障害年金は、稼得能力減退の発生後7か月目の初日から

---

119) BSGE 25, 29, 30.

支給される（社会法典第6編101条1項）。6か月の待期期間の趣旨は、障害年金は稼得能力の減退が永続しないことが見込まれる場合に期間を定めて支給されるので、その限りで疾病保険（労働不能）と年金保険（稼得能力の減退）との間のリスク分配（Risikoverteilung）が行われるためである[121]。例えば、稼得能力の減退が4月3日に発生し、申請が5月2日に行われた場合には、期間の定めのある障害年金の支給は11月1日から開始される[122]。

これに対して、期間の定めのない障害年金は、申請が適時に、すなわち稼得能力減退が発生した月の満了後3か月が終了するまでに行われた場合には、稼得能力減退が月の初日の0時0分に発生すればその月から支給され、初日の経過中または月の経過中に発生すれば翌月から支給される（社会法典第6編99条1項1文）。例えば、稼得能力減退が7月1日に発生した場合には、期間の定めのない障害年金の支給は8月1日に開始される[123]。申請が遅れた場合には、期間の定めのない障害年金は、申請が行われた月から支給される

---

[120] 年金保険者による年金不支給の裁定に対する被保険者の訴えについては、社会保険などの事件における公法上の争訟について管轄権を有する社会裁判所（Gericht der Sozialgerichtsbarkeit）が判断する（社会裁判所法51条1項）。社会裁判所は、特別の行政裁判所であり（社会裁判所法1条）、三審級を採用している。すなわち、各州に地方社会裁判所と州社会裁判所（Landessozialgericht）が設置され、連邦に連邦社会裁判所が設置される（社会裁判所法2条）。このうち、地方社会裁判所は、第一審として社会裁判所に出訴が認められるすべての争訟について判断する（社会裁判所法8条）。州社会裁判所は、第二審として地方社会裁判所の判決に対する控訴（Berufung）などについて判断する（社会裁判所法29条1項）。連邦社会裁判所は、第三審としてカッセルに所在地を有し（社会裁判所法38条1項）、州社会裁判所の判決などに対する上告（Revision）について判断する（社会裁判所法39条1項）。

地方社会裁判所には、専門部として社会保険などの事件に関する複数の部（Kammern）が形成される（社会裁判所法10条）。また、州社会裁判所および連邦社会裁判所には、専門法廷として社会保険などの事件に関する複数の法廷（Senate）が形成される（社会裁判所法31条・40条）。その上で、連邦社会裁判所には大法廷（Großer Senat）が形成され、大法廷は、各法廷が法的問題について他の法廷または大法廷と異なる判断をしようとする場合に、各法廷による付託（Vorlage）に基づき、法的問題についてのみ判断する（社会裁判所法41条）。

[121] BT-Drucks. 11/4124, S. 176.

[122] Horst Kater, in: Anne Körner/Martin Krasney/Bernd Mutschler/Christian Rolfs（Hrsg.）, Kasseler Kommentar Sozialversicherungsrecht, 118. EL, März 2022, § 101 SGB VI Rdnr. 4.

[123] Horst Kater, in: Anne Körner/Martin Krasney/Bernd Mutschler/Christian Rolfs（Hrsg.）, Kasseler Kommentar Sozialversicherungsrecht, 118. EL, März 2022, § 99 SGB VI Rdnr. 11.

(社会法典第6編99条1項2文)[124]。

第6項　リハビリテーションの優先

1　リハビリテーション給付の目的

年金保険は、障害年金を支給するとともに、疾病または障害が被保険者の稼得能力に与える影響を予防し、除去し、または克服し、かつ、被保険者の労働生活からの早期の引退を回避し、または被保険者を労働生活に統合するため、リハビリテーション給付を支給する（社会法典第6編9条1項1文）。

ドイツでは、リハビリテーション給付は年金保険を含む社会保障の各制度によって支給されるので、リハビリテーション給付を調整するため、リハビリテーション給付に共通の枠組みが社会法典第9編（Sozialgesetzbuch Neuntes Buch）によって定められている[125]。リハビリテーション給付は、障害者の平等な参加（gleichberechtigte Teilhabe behinderter Menschen）[126]、とりわけ稼得能力の制限および社会給付の早期の受給を回避し、適性および能力にふさわしい職場を労働生活において保障するという目的（社会法典第1編10条、社会法典第9編1条）によって定義される。リハビリテーション給付

---

[124] 期間の定めのある障害年金についても、稼得能力減退の発生後3か月が終了するまでに申請が行われた場合に、適時の申請が存在するので、7か月が経過してから申請が行われた場合には、期間の定めのある障害年金は申請が行われた月から支給される。Dirk Westphal in: Ralf Kreikebohm/Gundula Roßbach（Hrsg.）, SGB VI, Kommentar, 6. Aufl., 2021, § 101 Rdnr. 3.

[125] 社会法典第9編については、福島豪「障害者福祉」松村祥子ほか編『新・世界の社会福祉2　フランス／ドイツ／オランダ』（旬報社、2019年）244頁以下を参照。

[126] ここでの参加の概念は、ドイツの憲法および行政法において伝統的に用いられてきた配分参加権（Teilhaberechte）ではなく、世界保健機関により2001年に公表された国際生活機能分類での参加モデル（Partizipationsmodell）に依拠している。Volker Neumann, Gegliedertes System und Vereinheitlichung, in: Olaf Deinert/Volker Neumann（Hrsg.）, Rehabilitation und Teilhabe behinderter Menschen, Handbuch SGB IX, 2. Aufl., 2009, § 4 Rdnr. 4. 国際生活機能分類においては、参加は個人の社会的環境との関わりと定義され、その限りで参加の概念は記述的である。しかし、「平等な」という形容詞の付加によって、参加の概念は規範的になる。すなわち、個人は社会的環境との関わりへの平等なアクセスを有するべきであるという意味になる。これは、職業の自由などの基本権を行使するための前提条件となる。Felix Welti, in: Klaus Lachwitz/Walter Schellhorn/Felix Welti（Hrsg.）, Handkommentar zum Sozialgesetzbuch IX, 3. Aufl., 2010, § 1 Rdnr. 11.

第2章　ドイツの障害年金の全体像　61

は、障害者の参加を可能にするという目的を達成するために必要な社会給付として、参加給付（Leistungen zur Teilhabe）と呼ばれる（社会法典第9編4条1項）。

2　リハビリテーション給付の内容と要件

年金保険者は、リハビリテーション給付として、医学的リハビリテーション給付（Leistungen zur medizinischen Rehabilitation）と労働生活参加給付（Leistungen zur Teilhabe am Arbeitsleben）を支給する（社会法典第6編9条1項1文）[127]。このうち、医学的リハビリテーション給付は、被保険者の稼得能力を改善し、または回復させるため、①医師その他の医療職による治療、②医薬品および包帯類、③理学療法、言語療法および作業療法を含む各種療法、④医師および心理療法士による治療としての心理療法、⑤補装具その他の補助具、⑥デジタルヘルスアプリケーション、⑦負荷試験および就業療法を含む（社会法典第6編15条1項1文、社会法典第9編42条2項）。ただし、年金保険者は、疾病保険法上の急性期治療の段階または入院治療の代わりに医学的リハビリテーション給付を支給しない（社会法典第6編13条2項1号・2号）。

労働生活参加給付は、被保険者の稼得能力を維持し、改善し、または回復させ、かつ、労働生活への参加を保障するため、①相談および斡旋のための給付ならびに斡旋を支援する給付を含む職場を獲得するための援助、②障害のために必要な基礎訓練を含む職業準備、③援助付き雇用の枠内での事業所内訓練、④職業適応および再訓練、⑤職業訓練、⑥自営業の開始の支援、⑦

---

127) 年金保険者は、医学的リハビリテーション給付および労働生活参加給付を補完するため、移行手当（Übergangsgeld）を支給する。移行手当は、リハビリテーション給付の受給期間中の生計給付（Leistungen zum Lebensunterhalt）であり（社会法典第9編65条1項・2項）、被保険者が医学的リハビリテーション給付または労働生活参加給付を受給しており、医学的リハビリテーション給付の場合には、労働不能の発生直前または医学的リハビリテーション給付の受給開始直前に、賃金を稼いでおり年金保険料を納めていた場合、または疾病保険法上の傷病手当金や雇用促進法上の失業手当などの賃金代替給付を受給していた場合である（社会法典第6編20条1項）。移行手当の額は、標準報酬の80％である（社会法典第6編21条1項、社会法典第9編66条1項）。

障害者に適切な就業または自営業を可能にするための労働生活への参加を支援するその他の援助を含む（社会法典第6編16条、社会法典第9編49条3項）。したがって、労働生活参加給付は、基本的に職業リハビリテーション給付である。年金保険法上の労働生活参加給付は、雇用促進法上の労働生活参加給付に優先して支給される（社会法典第3編22条2項）。

　年金保険者は、被保険者がリハビリテーション給付の人的要件および保険法的要件を満たす場合には、リハビリテーション給付を支給しなければならない（社会法典第6編9条2項）。このうち、人的要件は、被保険者の稼得能力が疾病もしくは障害を理由として著しい危険に晒され、または減退しており、かつ、リハビリテーション給付が被保険者の稼得能力の減退を予防し、または改善することができる見込みがあることである（社会法典第6編10条1項）。保険法的要件は、被保険者が15年間の受給資格期間を満たしていること、または障害年金を受給していることである（社会法典第6編11条1項）。

　年金保険法上のリハビリテーション給付は、2017年年金弾力化法により、できる給付（Kann-Leistungen）から義務給付（Pflichtleistungen）に改められたので、リハビリテーション給付の要件を満たす被保険者は、受給権を取得する[128]。この改正は、年金保険者にリハビリテーション給付を支給するかどうかの裁量を認めず、年金保険者による裁量を支給方法に限定する連邦社会裁判所の判例[129]を成文化したものである[130]。したがって、裁量権行使は、種類、期間、範囲、開始時期、実施形態、場所などの支給方法に限定される[131]。

3　年金に対するリハビリテーション優先の原則

　リハビリテーション給付は、障害年金と密接に関連している。年金保険は、

---

128) Bernd-Rainer Zabre, in: Ralf Kreikebohm/Gundula Roßbach（Hrsg.）, SGB VI, Kommentar, 6. Aufl., 2021, § 9 Rdnr. 7.
129) BSGE 57, 157, 161; BSGE 66, 84, 85.
130) BT-Drucks. 18/9787, S. 31.
131) Horst Kater, in: Anne Körner/Martin Krasney/Bernd Mutschler/Christian Rolfs（Hrsg.）, Kasseler Kommentar Sozialversicherungsrecht, 118. EL, März 2022, § 9 SGB VI Rdnr. 16.

1889年障害・老齢保険法により、被保険者を障害リスクの発生前から保障し、被保険者の稼得能力を回復させるため、リハビリテーション給付を支給した。リハビリテーション給付の支給は、当初から、障害年金を支給する必要がないという意図と結びついており、その基礎には、年金に対するリハビリテーション優先（Rehabilitation vor Rente）の原則があった[132]。年金に対するリハビリテーション優先の原則は、1974年のリハビリテーション調整法（Rehabilitations-Angleichungsgesetz）[133]により成文化されたものの、実務ではそれ以前からこの原則によって手続が進められていた[134]。

リハビリテーション給付は、原則として障害年金に優先する（社会法典第6編9条1項3文、社会法典第9編9条2項1文）。この原則により、障害年金の支給は、最後の手段でなければならない[135]。年金に対するリハビリテーション優先の原則は、年金保険者の審査義務によって実現される。すなわち、年金保険者は、障害年金の申請が行われた場合には、障害年金に関する裁定とは別に、年金保険法上のリハビリテーション給付が成果を収めると見込まれるかどうかを審査しなければならない（社会法典第9編9条1項1文）。障害年金の支給が認められるのは、リハビリテーション給付が事前に支給されていた場合、またはリハビリテーション給付の成果が期待できない場合である[136]。リハビリテーション給付の成果は、被保険者の労働生活への統合または労働生活からの早期引退の回避である[137]ので、被保険者の労働生活への参加が不可能であると考えられる場合に、障害年金が支給される。

年金に対するリハビリテーション優先の原則は、労働生活への参加が障害者にとって目的そのものであり、リハビリテーションの目的が障害年金に依存しない労働生活への参加であることを示している[138]。すなわち、障害年

---

132) Welti, a. a. O.（Fn. 1）, S. 171.
133) Gesetz über die Angleichung der Leistungen zur Rehabilitation vom 7. 8. 1974, BGBl. I S. 1881.
134) Rainer Pitschas, Allgemeine Rechtsgrundlagen, in: Bertram Schulin（Hrsg.）, Handbuch des Sozialversicherungsrechts, Bd. 3：Rentenversicherungsrecht, 1999, § 31 Rdnr. 41.
135) Köbl, a. a. O.（Fn. 10）, S. 355.
136) Kater, a. a. O.（Fn. 131）, Rdnr. 12.
137) Zabre, a. a. O.（Fn. 128）, Rdnr. 6.

金によって参加を達成することは、自らの稼得活動によって参加を達成することと基本的に等価値とは認められない。なぜなら、この優先関係の基礎には、自らの稼得活動を通じて職業の自由を行使して社会的分業に関与するという能動的な人間像があるからである。したがって、障害者の労働生活への参加は、障害年金によっては完全に代替しえない[139]。

第4節　障害時基礎保障──障害者向けの扶助給付

第1項　障害時基礎保障の意義

　障害者が障害年金の要件を満たすことができない場合や、障害年金によって障害者の最低生活水準が保障されない場合には、稼得不能の要扶助者に対する公的扶助としての社会扶助（Sozialhilfe）の対象となる。この場合の所得保障は、一般的な扶助給付としてではなく、障害者向けの扶助給付として行われる。これは、障害時基礎保障（Grundsicherung bei Erwerbsminderung）と呼ばれる。

　障害時基礎保障は、障害年金の受給権を取得することができず、かつ、それ以外の方法によっては生計を維持することができない障害者の必要な生計費を保障するため、老齢期基礎保障（Grundsicherung im Alter）とともに2003年に導入された。障害時基礎保障は、隠れた貧困を回避すること（Verhinderung verschämter Armut）を目的とする[140]。とりわけ、施設外で生活する若年障害者は、しばしば成人後も親と同居しており、親が扶養するための所得または資産を保有していた場合には、社会扶助法に基づく生計扶助（Hilfe zum Lebensunterhalt）の要件を満たすことができなかったので、しばしば親の扶養に依存していた[141]。したがって、障害時基礎保障は、特に若年障害者にとっては、親に依存しない最低生活保障とそれによる経済的自立

---

138) Felix Welti, in: Klaus Lachwitz/Walter Schellhorn/Felix Welti（Hrsg.）, Handkommentar zum Sozialgesetzbuch IX, 3. Aufl., 2010, §8 Rdnr. 1.
139) Welti, a. a. O.（Fn. 1）, S. 173.
140) BT-Drucks. 14/4595, S. 43.
141) Rademacker, a. a. O.（Fn. 94）, S. 261.

をもたらすことを目的とする[142]。

以上の目的を達成するため、ドイツでは年金保険の枠外での解決策が講じられた[143]。すなわち、障害者の尊厳ある自立した生存を社会扶助以外の制度によって保障するため、2001年老齢資産法（Altersvermögensgesetz）[144]により、障害者に対して生計費に関する基礎的な需要（Bedarf）を保障する独自の社会給付を定める法律として、連邦社会扶助法（Bundessozialhilfesgesetz）とは別の独立した基礎保障法（Grundsicherungsgesetz）が制定された[145]。したがって、障害時基礎保障は、当初、年金保険からも社会扶助からも独立した新たな社会給付として導入された[146]。

しかし、基礎保障法は、扶助の領域に属するにもかかわらず、連邦社会扶助法から部分的に解放されているものの、完全にそうなっているわけでないという意味で、中途半端な産物（Zwittergebilde）であり、体系的な検討が不十分であると指摘された[147]。そこで、基礎保障法は、2003年の連邦社会扶助法の社会法典への編入に関する法律[148]により、2005年から社会扶助法に相当する社会法典第12編（Sozialgesetzbuch（SGB）Zwölftes Buch（XII））に統合された（社会法典第12編第4章）。したがって、障害時基礎保障は、現在では社会扶助の枠内で支給されており（社会法典第12編8条2号）、生計扶助に優先する（社会法典第12編19条2項2文）。

障害時基礎保障は、本章**第4節第2節**および**第3節**で後述するように、給

---

142) Peter Trenk-Hinterberger, Sozialhilferecht, in: Bernd Baron von Maydell/Franz Ruland/Ulrich Becker (Hrsg.), Sozialrechtshandbuch, 5. Aufl., 2012, § 23 Rdnr. 114.
143) 松本勝明『社会保険改革』（旬報社、2017年）200頁。
144) Gesetz zur Reform der gesetzlichen Rentenversicherung und zur Förderung eines kapitalgedeckten Altersvorsorgevermögens（Altersvermögensgesetz – AVmG）vom 26. 6. 2001, BGBl. I S. 1310.
145) BT-Drucks. 14/5150, S. 48.
146) 松本勝明『ドイツ社会保障論Ⅱ』（信山社、2004年）228頁。
147) Walter Schellhorn, Sozialhilfe als Grundsicherung?, in: Winfried Boecken/Franz Ruland/Heinz-Dietrich Steinmeyer (Hrsg.), Sozialrecht und Sozialpolitik in Deutschland und Europa, FS für Bernd Baron von Maydell, 2002, S. 597 f.
148) Gesetz zur Einordnung des Sozialhilferechts in das Sozialgesetzbuch vom 27. 12. 2003, BGBl. I S. 3022.

付の需要充足性においても給付額においても一般的な社会扶助に依拠しているけれども、親および子に対する扶養請求に関して受給に際しての障壁を取り除いた独自の給付制度と評価される。その意味で、障害時基礎保障は、デラックスな社会扶助（Sozialhilfe de luxe）と呼ばれる[149]。

障害時基礎保障の受給者数は、2003年の18万1,097人から2022年の53万745人に増加している。また、障害年金と併給している障害時基礎保障の受給者数は、2003年の5万5,559人（期間の定めのない完全稼得能力減退年金受給者の4.1%）から2021年の18万6,720人（14.7%）に増加している[150]。したがって、障害時基礎保障は、障害年金を補完する役割を担っている。

障害時基礎保障は、租税を財源とする。障害時基礎保障の費用については、連邦が障害時基礎保障の実施主体（通常は自治体）に対して財政調整を行うため[151]、連邦が州に100%償還する（社会法典第12編46a条1項）[152]。これにより、障害時基礎保障の実施は、連邦が州に委託する行政（基本法85条）となるので、障害時基礎保障の実施主体は、州法によって定められる（社会法典第12編46b条1項）。

第2項　障害時基礎保障の受給権者

障害時基礎保障の受給権者（Leistungsberechtigte）は、国内に日常的な居所を有しており、所得および資産によって必要な生計費を十分に賄うことがで

---

149) Bieback, a. a. O. (Fn. 102), S. 638.
150) Deutsche Rentenversicherung Bund, a. a. O. (Fn. 40), S. 272 f.
151) Karen Krauß, in: Sabine Knickrehm/Gundula Roßbach/Raimund Waltermann (Hrsg.), Kommentar zum Sozialrecht, 8. Aufl., 2023, SGB XII § 46a Rdnr. 1.
152) 連邦が障害時基礎保障の費用を全額負担するのは、社会扶助の支出増による財政困難が続く自治体の負担を軽減するためである。田中耕太郎「社会扶助と基礎保障」松村祥子ほか編著『新・世界の社会福祉2　フランス／ドイツ／オランダ』（旬報社、2019年）282頁。また、連邦が州に費用償還するのは、仮に州法によると通常は自治体が障害時基礎保障の実施主体であるとしても、基本法は連邦と自治体との直接的な財政関係を予定していないので、州が受給者だからである。したがって、州は、自治体の負担軽減のために償還金を活用しなければならず、その限りにおいて連邦に対して責任を負う。Uwe Klerks, in: Renate Bieritz-Harder/Wolfgang Conradis/Ingo Palsherm (Hrsg.), Sozialgesetzbuch XII, Lehr- und Praxiskommentar, 13. Aufl., 2024, § 46a Rdnr. 1.

きず、かつ、永続的な完全稼得能力減退（dauerhafte volle Erwerbsminderung）の要件を満たす者である（社会法典第12編19条2項1文・41条1項）。永続的な完全稼得能力減退とは、満18歳以上であり、その時々の労働市場の状態にかかわらず社会法典第6編43条2項の意味で完全稼得能力減退の状態にあり、かつ、完全稼得能力減退が回復することができる見込みがないことをいう（社会法典第12編41条3項）。したがって、障害時基礎保障の人的範囲は、期間を定めずに支給される完全稼得能力減退年金の人的範囲と一致している。また、障害者作業所で就業する満18歳以上の障害者も、障害時基礎保障の受給権者である（社会法典第12編41条3a項）。

これに対して、1日3時間以上稼得活動に従事することができる、つまり稼得可能な要扶助者は、社会法典第2編に基づく求職者基礎保障（Grundsicherung für Arbeitssuchende）の対象となり（社会法典第2編7条1項・8条1項）、市民手当（Bürgergeld）という名称の定型的な扶助給付を受給しながら就労支援を受けることになる。求職者基礎保障は、失業者・生活困窮者の労働市場への統合を志向する就労支援型の公的扶助である[153]。

自らの稼得能力の活用、自らの所得および資産によって自助可能な者、または第三者とりわけ家族もしくはその他の社会給付主体から必要な給付を受けることができる者は、社会扶助を受けられない（社会法典第12編2条1項）。これは、社会扶助の後順位性（Nachrang der Sozialhilfe）と呼ばれる。したがって、障害時基礎保障の実施主体は、活用対象となる所得および資産の認定を行う。

ただし、障害時基礎保障の受給に際しての障壁を取り除くため、同居の配偶者または生活パートナーの所得および資産は考慮されるものの、それ以外の者との同居による生計費の獲得の推定は適用されない（社会法典第12編43条1項2文）。また、受給権者の親および子に対する扶養請求権は、年間所得が10万ユーロ以下である限り考慮されない（社会法典第12編94条1a項）。こうして、障害時基礎保障は、実際に成人の障害者に対する親の扶養義務を軽減した[154]。

---

153) 嶋田佳広『住宅扶助と最低生活保障』（法律文化社、2018年）79頁。

親および子に対する扶養請求の制限は、2019年家族負担軽減法（Angehörigen-Entlastungsgesetz）[155]により、社会扶助法により扶養義務を負う親および子の負担を軽減するとともに、社会扶助の給付間の不平等取扱いを回避するため[156]、障害時基礎保障の特別規定から所得および資産の活用に関する一般規定に移行した。これにより、社会扶助の後順位性が一般的な制限を受ける[157]。

　所得には、現金または金銭的価値を有するすべての収入が含まれるので、障害年金や扶養給付のみならず、稼得活動による収入も含まれる。ただし、所得税および社会保険料は、所得から控除されなければならない。また、障害時基礎保障の場合には、稼得活動に従事するインセンティブとして、受給権者の自営業および非独立的労働による所得のうち30％の額が控除されなければならない（社会法典第12編82条）。

第3項　障害時基礎保障の額

　社会扶助の給付は、個々の特殊性、とりわけ需要の性質に従って決定される（社会法典第12編9条1項）。これは、社会扶助の個別化（Individualisierung der Sozialhilfe）の原則と呼ばれる。したがって、障害時基礎保障の額は、受給権者の需要に即して算定される。この需要は、必要な生計費に関する基準需要段階（Regelbedarfsstufen）に基づく基準額（Regelsätze）、基準額ではカバーされない障害者に関する追加需要（Mehrbedarf）、疾病保険および介護保険のための保険料の引き受け、住居および暖房のための適切な実費などを含む（社会法典第12編42条・42a条・42b条）。

　このうち、基準額は、2024年で、居宅で単身生活する成人（基準需要段階1）の場合には1人あたり563ユーロ、居宅で配偶者または生活パートナー

---

154) Welti, a. a. O.（Fn. 1）, S. 621.
155) Gesetz zur Entlastung unterhaltsverpflichteter Angehöriger in der Sozialhilfe und in der Eingliederungshilfe（Angehörigen-Entlastungsgesetz）vom 10. 12. 2019, BGBl. I S. 2135.
156) BT-Drucks. 19/13399, S. 18.
157) Tobias Richter, in: Christian Grube/Volker Wahrendorf/Thomas Flint（Hrsg.）, SGB XII, Kommentar, 8. Aufl., 2024, § 43 Rdnr. 1.

と生活する成人（基準需要段階2）の場合には1人あたり506ユーロ、施設に入所する成人（基準需要段階3）の場合には1人あたり451ユーロである（社会法典第12編28条別表）。また、追加需要として、重度の移動障害を有する障害者については適用される基準需要段階の17％が認められ（社会法典第12編30条1項）、学校教育・訓練に対する援助を受ける障害者については35％が認められる（社会法典第12編42b条3項）。

障害時基礎保障の月額は、認定された1か月の需要を合計した1か月の総需要（monatlicher Gesamtbedarf）から、活用対象となる所得および資産を控除することによって算出される（社会法典第12編43a条）。

障害時基礎保障の平均総需要（durchschnittliche Bruttobedarf）は、2024年3月で月額1,060ユーロ（このうち、認定された住居費および暖房費は月額400ユーロ）であり、認定された所得を控除した後の平均支給額（durchschnittliche Nettobedarf）は、月額840ユーロである。

第4項　障害時基礎保障の行政手続と年金保険者の協力

障害時基礎保障は、受給権者の申請に基づき支給される。障害時基礎保障の支給は、申請が行われた月の初日から開始される。障害時基礎保障は、通常12か月間について承認される（社会法典第12編44条）。

障害時基礎保障の実施主体は、受給権者の申告および証明によると、要件が満たされ、かつ、考慮対象となる所得および資産が生計費を完全に賄うのに不十分であると思われる場合には、年金保険者に対して永続的な完全稼得能力減退の認定を要請する。年金保険者による決定は、認定を要請した実施主体を拘束する（社会法典第12編45条、社会法典第6編109a条2項）。これにより、同一の基準による永続的な完全稼得能力減退の認定が保障される[158]。

年金保険者は、障害時基礎保障の申請を容易にし、心理的障壁を取り除くため[159]、障害年金の受給権者であって障害時基礎保障の受給権を有する者

---

158) Jutta Siefert, Sozialhilferecht, in: Franz Ruland/Ulrich Becker/Peter Axer (Hrsg.), Sozialrechtshandbuch, 7. Aufl., 2022, § 23 Rdnr. 127.

159) Sylvia Dünn, in: Ralf Kreikebohm/Gundula Roßbach (Hrsg.), SGB VI, Kommentar, 6. Aufl., 2021, § 109a Rdnr. 3.

に対して、障害時基礎保障の要件および手続に関して情報を提供するとともに、助言を行う。障害年金の額が年金現在価値の27倍の額を下回る場合には、年金保険者は、情報提供に際して申請書を添付しなければならない。年金保険者は、提出された申請書を障害時基礎保障の実施主体に転送する。その際には、障害年金の額および障害時基礎保障の要件の存否に関して告知する（社会法典第12編46条、社会法典第6編109a条1項）。

第5節　本書の主題と構成──障害年金と労働市場

　ドイツの障害年金は、労働者および一部の自営業者という稼得活動に従事して所得を稼ぐ者が保険事故に遭遇した場合に、所得の喪失を補填することを目的として支給される賃金代替給付である。したがって、障害年金の保険事故は、健康状態が侵害されていることより、稼得活動に従事して所得を稼ぐことができないことに着目して、稼得能力の減退と構成されている。

　障害年金の保険事故は2段階の稼得能力減退であり、その認定基準は主として1日何時間稼得活動に従事することができるかである。1日3時間未満しか稼得活動に従事することができない被保険者は、完全稼得能力減退の状態にあり、一般労働市場において活用することができる稼得能力を有していないと考えられているので、完全な賃金代替給付を受給することができる。1日3時間以上6時間未満しか稼得活動に従事することができない被保険者は、一部稼得能力減退の状態にあり、残された稼得能力を一般労働市場において活用して所得を稼ぐことができると考えられているので、部分的な賃金代替給付を受給することができる。

　稼得能力減退は、このように具体的な時間数によって定義されているので、表面的には厳密に確定されているように見える。しかし、稼得能力減退は、不確定概念であるので、法秩序の不明確さと不完全性を除去するという意味での解釈論による具体化を必要とする[160]。すなわち、1日6時間以上稼得

---

[160] ウルズラ・ケーブル（木下秀雄訳）「社会保障法（Sozialrecht）における解釈論（Dogmatik）の意義」松本博之ほか編『法発展における法ドクマーティクの意義』（信山社、2011年）344-351頁。

活動に従事することができる被保険者は、障害年金を受給することができないので、残された稼得能力を一般労働市場において活用して所得を稼ぐことを求められる。また、一部稼得能力減退の被保険者は、一部稼得能力減退年金を受給することができるけれども、部分的な賃金代替給付だけでは生計を維持することができないので、残された稼得能力を一般労働市場において活用して所得を稼ぐことを求められる。しかし、いずれの場合であっても、残された能力にふさわしい職場が存在しなければ、実際に稼得活動に従事して所得を稼ぐことができない。この場合に、一方で障害年金の賃金代替機能を重視する立場は、稼得能力減退の認定に際して、稼得能力がどの程度残されているかだけではなく、残された能力にふさわしい職場が存在するかどうかも考慮されるという解釈を支持する。他方で、年金に対するリハビリテーションの優先を重視する立場は、残された能力にふさわしい職場が存在するかどうかは、障害年金の支給対象ではないとして、稼得能力減退の認定に際して考慮されないという解釈に傾く。この対立が、障害年金と労働市場という本書が取り上げる主題である。なぜなら、ここにドイツの障害年金の特徴が集約されているからである。

　この論点について、一般労働市場において活用することができる稼得能力を有する被保険者は、残された能力にふさわしい職場が存在しない場合に、完全な賃金代替給付を受給することができる。しかし、残された能力にふさわしい職場が存在するかどうかを認定するための基準は、法律上の規定ではなく、2001年障害年金改革法による改正前の障害年金の制度の下で連邦社会裁判所が形成した判例によって示されている。したがって、稼得能力減退の認定の全容を把握するためには、旧法に関する連邦社会裁判所の判例を分析する必要がある。また、連邦社会裁判所の判例が2001年障害年金改革法により障害年金が改正された理由であったことを踏まえると、障害年金の改革の必要性を理解するためにも、連邦社会裁判所の判例の分析は不可欠である。

　そこで、本書は、ここから、過去に遡って現在に向けて考察を進めるという構成を採用する。すなわち、**第3章**は、2001年障害年金改革法による改正前の障害年金の保険事故である職業不能の認定と稼得不能の認定を概観し、問題の所在を確認する。**第4章**は、職業不能・稼得不能の認定に際して残さ

れた能力にふさわしい職場が存在するかどうかを考慮する立場を採用し、残された能力にふさわしい職場の存在を考慮するための基準を形成した連邦社会裁判所の判例をその展開に即して分析する。**第5章**は、**第4章**で分析した連邦社会裁判所の判例が、障害年金の改革にいかなる影響を与え、2001年障害年金改革法による改正後の障害年金の保険事故である稼得能力減退の認定にどのように受け入れられたのかを検討する。それと併せて、ドイツの障害年金を相対化するため、障害年金の改革をめぐる現在の議論を確認する。**第6章**は、本書の考察から明らかになったドイツの障害年金の構造と特徴を要約するとともに、日本法への示唆を導き出し、もって日本の障害年金における障害等級を再検討することを目指す。

第3章
ドイツの障害年金における
職業不能・稼得不能の認定

第1節　職業不能年金と稼得不能年金の関係

　2001年障害年金改革法による改正前の障害年金は、職業不能年金と稼得不能年金から構成されていた。職業不能年金と稼得不能年金は、**第2章第2節第2項**で前述したように、1957年年金改革によって現業労働者に対する障害年金と職員に対する障害年金の両方で採用され、ライヒ保険法と職員保険法を社会法典第6編に統合した1992年年金改革法によって維持されたものの、2001年障害年金改革法によって廃止された。

　稼得不能年金は、被保険者が稼得不能の状態にあり、稼得不能の発生前の直近5年間のうちに3年間の強制保険料を納めており、かつ、稼得不能の発生前に一般受給資格期間を満たしている場合に支給された（2001年障害年金改革法による改正前の社会法典第6編旧44条1項[1]）。稼得不能の被保険者は、一般労働市場において活用することができる稼得能力をもはや有していないと考えられていたので、完全な賃金代替給付、すなわち老齢年金と同額の完全年金を受給することができた[2]（稼得不能年金の年金種別係数は1.0であった。2001年障害年金改革法による改正前の社会法典第6編旧67条3号）。その意味で、稼得不能年金は、健康上の理由に基づく稼得活動の終了によって生じる所得の喪失を完全に補填するという賃金代替機能を有した[3]。

---

1) 本章が検討し、または引用する2001年障害年金改革法による改正前の社会法典第6編の条文は、基本的には1992年年金改革法による法文である。
2) Franz Ruland, Rentenversicherung, in: Bernd Baron von Maydell/Franz Ruland (Hrsg.), Sozialrechtshandbuch, 2. Aufl., 1996, § 16 Rdnr. 119.
3) Michael Jörg, in: Ralf Kreikebohm (Hrsg.), SGB VI, Kommentar, 1. Aufl., 1997, § 44 Rdnr. 3.

これに対して、職業不能年金は、被保険者が職業不能の状態にあり、職業不能の発生前の直近5年間のうちに3年間の強制保険料を納めており、かつ、職業不能の発生前に一般受給資格期間を満たしている場合に支給された（2001年障害年金改革法による改正前の社会法典第6編旧43条1項）。職業不能の被保険者は、いずれかの稼得活動に従事することはできるものの、健康上の理由に基づき職業資格にふさわしい業務に従事することができないので、完全年金の3分の2の額を受給することができた（職業不能年金の年金種別係数は0.6667であった。2001年障害年金改革法による改正前の社会法典第6編旧67条2号）。その意味で、職業不能年金は、健康上の理由に基づく職業の終了によって生じる所得の喪失を部分的に補填するという賃金代替機能を有した[4]。職業不能年金が完全な賃金代替機能を有していなかったのは、職業不能の被保険者は、依然として残された稼得能力を一般労働市場で活用して所得を稼ぐことができると考えられていたからである[5]。したがって、職業不能年金と稼得不能年金は、一種の等級関係にあった[6]。

もっとも、年金保険では、健康上の理由に基づく稼得能力の制限によって生じる所得の喪失を補填するため、大まかな定型化が行われていた。すなわち、職業不能と稼得不能という2段階の稼得能力の制限が達成された場合に、稼得能力の制限の程度にかかわらず、年金給付が支給された。したがって、損失の算定（Schadensbemessung）は、もっぱら年金給付を支給するかどうかを決めるために行われていたけれども、個別の年金額を決めるためには行われていなかった[7]。

本章は、2001年障害年金改革法による改正前の障害年金の保険事故である職業不能の認定（第2節）と稼得不能の認定（第3節）を概観し、問題の所在を確認する（第4節）。

---

4) Michael Jörg, in: Ralf Kreikebohm (Hrsg.), SGB VI, Kommentar, 1. Aufl., 1997, § 43 Rdnr. 3.
5) Ruland, a. a. O. (Fn. 2), Rdnr. 119.
6) Bertram Schulin/Gerhard Igl, Sozialrecht, 7. Aufl., 2002, Rdnr. 629.
7) Ingwer Ebsen, Schadensbemessung im deutschen Sozialrecht als Bestimmung von Erwerbsminderung? – Kriterienunsicherheiten, Ungereimtheiten, Entscheidungsspielräume, in: Ingwer Ebsen (Hrsg.), Invalidität und Arbeitsmarkt – Die Kompensation teilweiser Leistungsminderung als Problem im sozialrechtlichen Schadenausgleich, 1992, S. 71.

第2節　職業不能の認定

第1項　職業不能の定義規定

　職業不能年金の保険事故である職業不能は、社会保険法全体の中でもっとも問題を内包した保険事故と指摘された[8]。なぜなら、職業不能の定義には、不確定概念が集積しており、とりわけ健康状態、職業資格、職業活動および賃金に関わる諸要素が結合していたからである[9]。職業不能は、2001年障害年金改革法による改正前の社会法典第6編旧43条2項1文により、次のように定義されていた[10]。

　「職業不能とは、被保険者の稼得能力が、疾病または障害を理由として、同様の訓練を受けて同程度の知識および能力を有する身体的、知的および精神的に健康な被保険者の稼得能力の半分未満に低下することをいう。」

　この規定によると、職業不能の認定の核心にあったのは、一方で被保険者の制限された稼得能力、つまり残された稼得能力と、他方で同様の訓練を受けて同程度の知識および能力を有する健康な被保険者の稼得能力、つまり完全な稼得能力（Vollerwerbsfähigkeit）との比較である[11]。

　なお、職業不能の場合であっても、稼得能力減退の場合と同じく、被保険者の稼得能力の制限が疾病または障害という健康侵害状態に起因していなければならなかった。また、被保険者の稼得能力の制限が長期にわたり存在し

---

8) Helmar Bley, Sozialrecht, 6. Aufl., 1988, S. 189.
9) Ursula Köbl, Berufsunfähigkeit, in: Bertram Schulin (Hrsg.), Handbuch des Sozialversicherungsrechts, Bd. 3: Rentenversicherungsrecht, 1999, § 23 Rdnr. 5.
10) 職業不能の定義は、1992年年金改革法による改正前においては、ライヒ保険法（RVO）旧1246条2項1文、職員保険法（AVG）旧23条2項1文により定められていた。その規定内容は、社会法典第6編旧43条2項1文とほとんど同じである。したがって、ライヒ保険法旧1246条および職員保険法旧23条の下で展開された職業不能の認定に関する連邦社会裁判所の判例は、社会法典第6編旧43条の下でも適用される。
11) Köbl, a. a. O. (Fn. 9), Rdnr. 8.

ていなければならないことは、明文で定められていなかったものの、一般的に認められていた。これらは、**第2章第3節第3項1(1)および(3)**で前述したところに委ね、本章は、**第2節**において、職業不能の認定に固有の問題について検討する。

第2項　完全な稼得能力の認定

　第1に、完全な稼得能力が認定された。完全な稼得能力は、被保険者がこれまで従事していた職業、つまり従来の職業により決定される職業区分（Berufsgruppe）の全構成員の平均的な稼得能力を意味した[12]。したがって、完全な稼得能力を認定するためには、従来の職業を認定する必要があった。

　従来の職業が問題となったのは、被保険者が過去に職業資格の異なる複数の職業に従事していた場合である。この場合には、被保険者がこれまで従事してきた職業のうち、いかなる業務が主たる職業（Hauptberuf）であるのかを認定しなければならなかった。主たる職業は、年金保険による保障の対象となったので、年金保険の加入義務を課せられた、つまり強制保険料を納付した就業または業務であることが必要であった[13]。また、主たる職業は、通常、保険事故が発生する直前に従事していた業務であったけれども、その業務が最も高度の職業資格を要する業務ではなかった場合には、個々の職業活動の期間を勘案しながら個別ケースの事情に応じて主たる職業の認定がなされた[14]。主たる職業の認定にとって、従来の職業を退職したことは決定的な問題でなく、被保険者が別の年金保険加入義務を課せられた職業に転職してそれまで従事していた職業から完全に離職した、例えば従来の職業に再就職する努力を止めたかどうかが重要であった[15]。その際、別の職業への転職が

---

12) 職業区分は、従来の職業に限らず、従来の職業と同様の訓練ならびに同程度の知識および能力を条件とする職業も含んでいた。BSGE 9, 254, 256 f. 職業区分を決定する際に実務で用いられていたのが、労働協約上の賃金区分（Tariflohngruppe）である。なぜなら、労働協約上の賃金区分に属する業務は通常、従来の職業と同様の訓練ならびに同程度の知識および能力を条件とするものであったからである。Helmar Bley/Ralf Kreikebohm/Andreas Marschner, Sozialrecht, 8. Aufl., 2001, Rdnr. 532.
13) BSGE 7, 66, 68 f.; BSGE 41, 129, 130; BVerfGE 47, 168, 177 ff.
14) BSGE 2, 182, 185; BSG SozR 2200 § 1246 Nr. 130.

健康上の理由に基づかないことが必要であった。なぜなら、健康上の理由に基づき退職せざるを得ない職業は、まさに年金保険による保障の対象となったからである[16]。

第3項　残された稼得能力の認定

1　職業保護

　第2に、残された稼得能力が認定された。職業不能年金は、健康上の理由に基づく職業の終了によって生じる所得の喪失を部分的に補填するものであり、賃金代替機能を有していた。それとともに、職業不能年金は、従来の職業より社会的に低く評価されている業務でしか所得を稼ぐことができないことによって生じる非財産的な損失（immaterielle Einbuße）も補填するものであった[17]。後者の機能は、職業保護（Berufsschutz）と呼ばれた。したがって、従来の職業の認定は、残された稼得能力の認定の出発点であった。もっとも、健康上の理由に基づき従来の職業に従事することができない被保険者は、常に職業不能年金を受給することができるわけではなかった。なぜなら、職業不能において残された稼得能力を認定するための基準は、従来の職業より広く定められていたからである。

　2001年障害年金改革法による改正前の社会法典第6編旧43条2項2文および3文は、職業不能において被保険者の稼得能力を認定するための基準を次のように定めていた[18]。

「被保険者の稼得能力を認定するための基準である業務の範囲は、その者の健康上および職業上の能力（Kräften und Fähigkeiten）に適しており、かつ、その者の訓練の期間および規模ならびに従来の職業および従来の職

15）BSGE 2, 182, 186; BSGE 46, 121, 122 ff.
16）BSGE 32, 242, 243 f.
17）Köbl, a. a. O.（Fn. 9）, Rdnr. 5.
18）職業不能において被保険者の稼得能力を認定するための基準は、1992年年金改革法による改正前においては、ライヒ保険法旧1246条2項2文および3文、職員保険法旧23条2項2文および3文により定められていた。その規定内容は、社会法典第6編旧43条2項2文および3文とほとんど同じである。

業活動の特別な要求を考慮してその者に期待することができるあらゆる業務を含む。被保険者が職業リハビリテーション給付によって訓練または再教育の成果を収めた業務は、常に期待可能である。」

社会法典第6編旧43条2項2文によると、残された稼得能力を認定するための基準は、被保険者の訓練の期間および規模ならびに従来の職業およびその者の従来の職業活動の特別な要求を考慮してその者に期待することができるあらゆる業務、つまり期待可能な業務であった。そうすると、被保険者は、従来の職業にのみ従事することを求められるという意味での完全な職業保護を享受することはできず、期待可能な社会的地位の低下（sozialer Abstieg）を甘受しなければならなかった。しかし、被保険者は、期待不可能な社会的地位の低下、言い換えると名誉の喪失（Prestigeverlust）をもたらす業務に従事することを拒否したとしても、職業不能年金を受給することができた。その限りで、被保険者は職業保護を享受することができた[19]。つまり、職業不能年金は、健康上の理由に基づく期待不可能な社会的地位の低下というリスクから被保険者の職業資格を保障するものであった[20]。

したがって、残された稼得能力の認定においては、被保険者は従来の職業以外にどのような業務に従事することを求められるのかが主要な問題であった。これは、従事することを求められる期待可能な業務（zumutbare Verweisungstätigkeit）の認定と呼ばれた。

なお、社会法典第6編旧43条2項3文によると、被保険者が職業リハビリテーション給付によって訓練または再教育の成果を収めた業務は、常に期待可能であった。この規定は、従来の職業に対する職業保護を失わせるものではなく、従事することを求められる可能性のある業務の範囲を広げるものであった[21]。被保険者は、訓練または再教育によって、新たな職業活動を可能にする新たな知識および能力を獲得する必要があった。訓練または再教育の成果を収めた新たな職業は、従来の職業より低い職業資格を要するとしても、

---

19) BSGE 66, 226, 227; Köbl, a. a. O.（Fn. 9）, Rdnr. 9; Schulin/Igl, a. a. O.（Fn. 6）, Rdnr. 642.
20) Jörg, a. a. O.（Fn. 4）, Rdnr. 3.
21) Jörg, a. a. O.（Fn. 4）, Rdnr. 69.

期待可能であるとして、従事することを求められた[22]。

2　健康上および職業上の能力にふさわしい業務の認定

　従事することを求められる期待可能な業務は、そもそも、被保険者の健康上および職業上の能力にふさわしい業務である必要があった。この規定は、健康上および職業上の能力の観点からの過剰な要求の禁止（Überforderungsverbot）、すなわち、被保険者は健康上および職業上の能力を超える業務に従事することを求められてはならないことを意味した[23]。したがって、肉体的に軽度の労働にしか従事することができない被保険者は、肉体的に重度の労働に従事することを求められてはならなかった[24]。しかし、職業上の能力がどのようにして獲得されたのかは問題とされなかったので、職業上の能力には、従来の職業や訓練によって獲得された能力のみならず、これまでに一度でも従事したことのある業務や年金保険の加入義務を課されていない業務、さらには完全に離職した職業により獲得された能力も含む。したがって、被保険者は、必要な職業上の能力を有するのであれば、長年従事していなかった職業にも従事することを求められた[25]。

3　従事することを求められる期待可能な業務の認定

(1)　現業労働者に関する多段階図式

　その上で、従事することを求められる期待可能な業務の認定が行われた。連邦社会裁判所により形成された原則によると、重大な社会的地位の低下（wesentlicher sozialer Abstieg）をもたらす業務、とりわけ周囲の人の評価では従来の職業よりはるかに低い評価を伴う業務に従事することを求めることは、期待不可能であるとされた[26]。

　そうすると、重大な社会的地位の低下を個別ケースで認定するための客観

---

22) BSG SozR 2200 § 1246 Nr. 25.
23) BSGE 9, 254, 257.
24) Bley/Kreikebohm/Marschner, a. a. O.（Fn. 12）, Rdnr. 514.
25) BSGE 19, 57, 61; Bley/Kreikebohm/Marschner, a. a. O.（Fn. 12）, Rdnr. 515.
26) BSGE 9, 254, 258.

的な基準が問題となった。連邦社会裁判所は、判例の展開の中で、社会的地位を被保険者の受けた職業訓練と関連づけるようになり[27]、法的安定性、平等取扱および実務での運用可能性を確保するため、職業を職業訓練の期間に応じて熟練業（Lehrberuf）、半熟練業（Anlernberuf）、未熟練業（ungelernter Beruf）に区分する1969年職業訓練法（Berufsbildungsgesetz）[28]に依拠して、現業労働者に関して3段階図式（Drei-Stufen-Schema）と呼ばれる基準を形成した[29]。3段階図式によると、上級の区分は2年を超える職業訓練期間を要する熟練業であり、中級の区分は1年以上2年以下の職業訓練期間を要する半熟練業であり、下級の区分はそれ以外の未熟練業であった[30]。

連邦社会裁判所は3段階図式を次第に精緻化していき[31]、最終的には多段階図式（Mehrstufenschema）と呼ばれる基準が現業労働者に関して一般的に認められるようになった[32]。ここでの職業の序列の基準は、まずは職業訓練の期間であった。なぜなら、職業訓練の期間は、どの程度の知識、能力および技能が獲得されなければならないかを示すと同時に、多様な職業相互を比較しうる客観的な基準を提供したからである[33]。

現業労働者に関する多段階図式は、次の通りであった（**図表2参照**）。

第1段階は、主たる職業を上司の役割を担う職長（Vorarbeiter mit Vorgesetztenfunktion）および特に高度の専門現業労働者（besonders hoch qualifizierte Facharbeiter）とする区分であった。上司の役割を担う職長は、

---

27) Rudolf Kolb, Der Zumutbare Verweisungsberuf in der gesetzlichen Rentenversicherung – Standortbestimmung und Perspektiven, in: Wolfgang Gitter/Werner Thieme/Hans F. Zacher (Hrsg.), Im Dienst des Sozialrechts, FS für Georg Wannagat, 1981, S. 231.
28) Berufsbildungsgesetz vom 14. 8. 1969, BGBl. I, S. 1112.
29) BSGE 19, 57, 59 f.; Georg Wannagat, Lehrbuch des Sozialversicherungsrechts, Bd. 1, 1965, S. 272.
30) BSGE 41, 129, 132 f.
31) BSGE 38, 153, 154 f.; BSGE 43, 243, 245 ff.; BSGE 45, 276, 278.
32) Jörg, a. a. O. (Fn. 4), Rdnr. 28 ff.; Köbl, a. a. O. (Fn. 9), Rdnr. 50 ff.; Ruland, a. a. O. (Fn. 2), Rdnr. 141 ff.; Schulin/Igl, a. a. O. (Fn. 6), Rdnr. 647; Klaus Wilde/Ruth Schimmelpfeng-Schütte, Das Mehrstufenschema der Berufsunfähigkeitsrente – Zum aktuellen Stand der Rechtsprechung, NZA 1989, S. 95 ff.
33) BSGE 68, 277, 279; Köbl, a. a. O. (Fn. 9), Rdnr. 43.

図表 2　現業労働者に関する多段階図式

第1段階	上司の役割を担う職長および特に高度の専門現業労働者
第2段階	専門現業労働者
第3段階	半熟練の現業労働者 a）上級の領域に属する業務 b）下級の領域に属する業務
第4段階	未熟練の現業労働者 a）通常の未熟練業 b）最も単純な未熟練業

労働関係にある親方（Meister）や親方補佐（Hilfsmeister）、職場監督補佐（Hilfspolier）のように、特別な知的および人的要求のために専門現業労働者を質の面で明らかに凌駕している被保険者であった[34]。特に高度の専門現業労働者は、専門現業労働者より高い価値の労働に従事しており、賃金支払に関してだけでなく特別な知的および人的要求のために質の面でも専門現業労働者を凌駕している被保険者であった[35]。

第2段階は、主たる職業を専門現業労働者（Facharbeiter）とする区分であった。専門現業労働者は、2年を超える職業訓練期間を要する公認の訓練業（Ausbildungsberuf）に従事する者であった。第2段階の要件として、2年を超える（通常は3年の）職業訓練期間が必要であったので、例えば33か月の職業訓練期間を要する（鉄筋）コンクリート建築従事者（Beton- und Stahlbetonbauer）は第2段階に分類されたものの、24か月の職業訓練期間を要する地上建築専門の現業労働者（Hochbaufacharbeiter）は第2段階に分類されなかった[36]。

---

34) BSG SozR 2200 § 1246 Nr. 102. 上司の役割を担う職長の要件として、年齢や長期勤続だけに基づくことなく賃金等級の最高区分に属していることが必要であった。BSG SozR 2200 § 1246 Nr. 37. また、その他の複数の現業労働者に対して指揮命令権を有していなければならず、労働関係にあるその他の労働者の指揮命令に拘束されてはならなかった。BSG SozR 3-2200 § 1246 Nr. 34.
35) BSG SozR 2200 § 1246 Nr. 102. 特に高度の専門現業労働者は、とりわけ、例えば機関士（Lokomotivführer）のように、専門現業労働者としての通常の職業訓練以外に、特別の職業訓練を修了した専門現業労働者であった。BSGE 62, 74, 76.

第3段階は、主たる職業を半熟練の現業労働者（angelernter Arbeiter）とする区分であった。半熟練の現業労働者の業務は、職業運転手（Berufskraftfahrer）のような2年の職業訓練期間を要する公認の訓練業[37]から、少なくとも3か月の事業所での訓練期間を要する業務までを含んでいた[38]。第3段階は2つの下位区分に分けられた。一方で、第3段階の上級の領域に属する業務であり（第3a段階）、これは12か月以上24か月以下の職業訓練期間を要件とした。他方で、第3段階の下級の領域に属する業務であり（第3b段階）、これは3か月以上12か月未満の職業訓練期間を要件とした。したがって、12か月から18か月の職業訓練期間を要する鋳造業（Schmiedehandwerk）は、第3a段階に分類された[39]。

　第4段階は、主たる職業を未熟練の現業労働者（ungelernter Arbeiter）とする区分であった。第4段階は、2つの下位区分に細分化された。一方で、通常の未熟練業であり（第4a段階）、これは一定程度の実習を要件とした。他方で、清掃員（Reiniger）、使者（Bote）、管理人（Wächter）、守衛（Pförtner）などの最も単純な未熟練業であり（第4b段階）、これは実習を要件としなかった。

(2) 多段階図式における期待可能性

　確立した判例によると、多段階図式においては、1段階の社会的地位の低下をもたらす業務に従事することを求めることは、健康上および職業上の能力を超えない限りで期待可能であるものの、2段階以上の社会的地位の低下を求めることは期待不可能であると考えられた[40]。したがって、上司の役割

---

36) BSG SozR 2200 § 1246 Nr. 140.
37) BSG SozR 2200 § 1246 Nr. 143.
38) BSG SozR 2200 § 1246 Nr. 109.
39) BSG SozR 3-2200 § 1246 Nr. 45.
40) BSGE 55, 45, 47. 1段階の社会的地位の低下のみが期待可能であるという原則のために、多段階図式を何段階と理解するのかが重要な意味を持っていた。連邦社会裁判所の判例では、4段階と理解されていたものの、例外的に上級の半熟練の現業労働者（第3a段階）は、例外的に最も単純な未熟練業（第4b段階）に従事することを求められなかった。これに対して、第3段階の上級と下級の領域には決定的な相違があるとして、職業訓練の期間が1年以上であるかどうかで区別して、5段階と理解すべきという異論が提起されていた。Edzard Ockenga/Elmar Weiler, Das Mehr-Stufen-Schema im Umbruch, SGb 1991, S. 178 f.

を担う職長と特に高度の専門現業労働者は、同一区分の業務と専門現業労働者の区分の業務に従事することを求められた。専門現業労働者は、同一区分の業務と半熟練の現業労働者の区分の業務に従事することを求められた。これに対して、半熟練の現業労働者と未熟練の現業労働者は、すべての未熟練業、つまり一般労働市場のあらゆる業務に従事することを求められたので、職業保護を一切享受できなかった。ただし、上級の半熟練の現業労働者は、例外的に最も単純な未熟練業に従事することを求められなかった[41]。

　従事することを求められる業務は、本章**第2節第3項2**で前述したように、被保険者の健康上および職業上の能力にふさわしいものでなければならなかった。したがって、期待可能な業務に従事することが健康上および職業上の能力を超える場合には、職業不能が認められた。

（3）多段階図式の適用

　多段階図式が個別ケースに適用される際、被保険者が必要な職業訓練を修了して、それにふさわしい職業に従事していた場合には、職業訓練の期間に従ってアプリオリに判断できた。しかし、被保険者が必要な職業訓練を修了することなく専門現業労働者や半熟練の現業労働者と同程度の業務に従事していた場合には、従来の職業の評価を行う必要が生じた。その際に連邦社会裁判所が重視したのは、従来の職業の質である。確かに、職業訓練の期間は、職業の質を示す指標として重要な意義を有した。しかし、法律は職業訓練の期間にとどまらない多様な要素、すなわち訓練の期間および規模、従来の職業、従来の職業活動の特別な要求を挙げていた。したがって、これらすべての要素により描かれる全体像が決定的に重要であった[42]。例えば、被保険者は、実際に専門現業労働者と同程度の業務に長期にわたり従事していて、かつ、それにふさわしい職業上の能力を有している場合には、2年を超える職業訓練を修了していなくても専門現業労働者の区分に分類された[43]。

　連邦社会裁判所は、従来の職業の質を評価する際に、重要な指標として職業訓練の期間の他に挙げていたのが、労働協約上の格づけ（tarifliche

---

41) BSGE 59, 201, 206.
42) BSGE 73, 159, 161.
43) BSGE 70, 56, 58.

Einstufung) である。連邦社会裁判所は、判例の展開の中で、客観化が可能でかつ運用が容易であると考えられ、しかも職業の社会的評価を反映している労働協約上の格づけに特別な意義を認めるようになった[44]。したがって、労働協約上の格づけは、原則的に職業の質を反映するものとして、職業の質的評価を決定する重要な指標であった[45]。

(4) 職員に関する多段階図式

以上の多段階図式は、現業労働者に関して形成されたものであった。これに対して、連邦社会裁判所は、当初、職員に多段階図式を適用しなかった。その理由は、職員の採用条件が現業労働者の採用条件と異なるので、現業労働者について典型的な職業の基本構造が職員には欠けているというものであった[46]。

しかし、その後、職員に関しても、賃金が年金保険による保障の限界を示す保険料算定限度額を超えない限りで、次のような多段階図式が認められた[47]。ここでの職業の序列の基準は、現業労働者の場合と同じく職業訓練の期間であった。第1段階は、高度の職業資格（通常は大学修了またはそれと同等の職業資格）を有する職員の区分であった。第2段階は、2年を超える（通常は3年の）職業訓練期間を要する職員の区分であった。第3段階は、2年以下の職業訓練期間を要する職員の区分であった。第4段階は、職業訓練を受けていない職員の区分であった。

第4項 残された稼得能力と完全な稼得能力の比較

第3に、残された稼得能力と完全な稼得能力との比較が行われた。すなわち、被保険者の稼得能力が、従来の職業により決定される職業区分の全構成員の平均的な稼得能力の半分未満に低下しているかどうかが認定された。残

---

44) Kolb, a. a. O. (Fn. 27), S. 232 f.
45) ただし、労働協約上の格づけが従事していた労働の質とは無関係な要素、例えば請負労働、深夜業や汚れ仕事などの労働に付随する不利益な条件または困難な条件に依拠していた場合には、職業の質的評価を決定する意義は認められなかった。BSGE 56, 72, 74.
46) BSGE 49, 54, 56.
47) BSGE 66, 226, 228; Jörg, a. a. O. (Fn. 4), Rdnr. 35 f.; Köbl, a. a. O. (Fn. 9), Rdnr. 72; Ruland, a. a. O. (Fn. 2), Rdnr. 147; Schulin/Igl, a. a. O. (Fn. 6), Rdnr. 653.

された稼得能力と完全な稼得能力の比較は、被保険者が従来の職業で稼いでいた賃金が保険料算定限度額を超えない限りで行われた。なぜなら、保険料算定限度額を超える賃金については、保険料が納付されなかったので、年金保険による保障も終了したからである[48]。

　稼得能力の比較のための基準は、1日何時間稼得活動に従事することができるのかと、どれぐらいの賃金を稼ぐことができるかであった。ここで賃金が基準であったのは、職業不能年金が賃金代替機能を有していたからである[49]。したがって、被保険者が、健康上の理由に基づき従来の職業または期待可能な業務にフルタイム（vollschichtig）の半分未満、つまりハーフタイム未満（unter halbschichtig）しか従事することができない場合には、職業不能が認められた。また、被保険者が、従来の職業または期待可能な業務に従事して、従来の職業により決定される職業区分の全構成員の平均報酬の半分未満しか稼ぐことができない場合にも、職業不能が認められた。

　なお、フルタイムは平均して1日7時間から8時間（＝1週35時間から40時間）、ハーフタイム以上フルタイム未満（halbschichtig bis unter vollschichtig）は1日4時間以上7時間から8時間未満、ハーフタイム未満は1日4時間未満に相当する[50]。

第3節　稼得不能の認定

第1項　稼得不能の定義規定

　稼得不能年金の保険事故である稼得不能は、2001年障害年金改革法による改正前の社会法典第6編旧44条2項1文により、次のように定義されていた[51]。

---

[48] BSGE 66, 226, 228 f.
[49] Schulin/Igl, a. a. O.（Fn. 6），Rdnr. 634.
[50] Schulin/Igl, a. a. O.（Fn. 6），Rdnr. 634.
[51] 稼得不能の定義は、1992年年金改革法による改正前においては、ライヒ保険法旧1247条2項、職員保険法旧24条2項により定められていた。その規定内容は、社会法典第6編旧44条2項1文とほとんど同じである。したがって、ライヒ保険法旧1247条および職員保険法旧24条の下で展開された連邦社会裁判所の判例は、社会法典第6編旧44条の下でも適用される。

「稼得不能とは、被保険者が、疾病または障害を理由として、稼得活動に一定程度定期的に従事すること、または平均報酬月額の7分の1を超える賃金または所得を稼ぐことが長期にわたりできないことをいう〔後段略〕。」

稼得不能の場合にも、稼得能力減退の場合と同じく、被保険者の稼得能力の制限が疾病または障害という健康侵害状態に起因していなければならず、被保険者の稼得能力の制限が長期に渡って存在していなければならなかった。本章は、**第3節**において、稼得不能の認定に固有の問題について検討する。

第2項　残された稼得能力の認定

第1に、残された稼得能力の認定が問題となる。職業不能の場合には、本章**第2節第3項**1で前述したように、職業保護が保障されていたので、残された稼得能力の認定において、被保険者は従来の職業または期待可能な業務にのみ従事することを求められた。これに対して、稼得不能の場合には、職業保護が保障されなかったので、すべての被保険者が一般労働市場のあらゆる業務に従事することを求められた。したがって、稼得不能の場合には、被保険者が広範囲の業務に健康上および職業上の能力によって従事することができるかどうかが問題となった。もっとも、一般労働市場には、とりわけ未熟練業および補助的労働（Hilfsarbeiten）が含まれる[52]ので、稼得不能の場合には、職業上の能力は健康上の能力と比べて重要でなかった[53]。

ただし、被保険者と保険者との間の法関係を支配する信義誠実の原則（Grundsatz von Treu und Glauben）により、従事することを求められる業務の範囲の外延は限定された。したがって、個別ケースで、社会的に特に低く評価されている業務、つまり主たる職業の社会的評価と明らかに釣り合いがとれない業務[54]に従事することを求めることは排除された[55]。

---

52) BSGE 80, 24, 31 f.
53) Bley/Kreikebohm/Marschner, a. a. O.（Fn. 12）, Rdnr. 538.
54) Ruland, a. a. O.（Fn. 2）, Rdnr. 130.
55) BSGE 19, 147, 150.

第3項　残された稼得能力の程度

　第2に、残された稼得能力が、稼得活動に一定程度定期的に従事するのに足りない場合には、稼得不能が認められた。ここでの稼得活動とは、収益を目指す活動、つまり有償で従事する労働をいうと解される[56]。また、一定程度定期的な稼得活動には、一定の時間的周期で従事されることのない時々の臨時的な活動は含まれなかった。これに対して、被保険者が毎日繰り返し稼得活動に従事することができる場合には、一定程度定期的に従事することができるとされた[57]。他方で、臨時的な活動が数か月にわたる中断を経ずに続いており、労働が平均して平日に1日2時間から3時間に達する場合には、一定程度定期的に従事することができるとされた[58]。したがって、稼得活動に一定程度定期的に従事することができることは、1日2時間を超える労働が可能である場合に認められたので、被保険者が少なくとも1日2時間稼得活動に従事することができない場合には、稼得不能が認められた[59]。

　仮に被保険者が稼得活動に一定程度定期的に従事することができる場合であっても、残された稼得能力が全被保険者の平均報酬月額の7分の1を超える賃金を稼ぐことができない場合には、稼得不能が認められた。平均報酬月額の7分の1は、社会保険の加入義務に関する僅少賃金に相当した[60]。

　ただし、被保険者が自営業に従事する場合には、稼得不能は認められなかった（社会法典第6編旧44条2項2文1号）。この規定は、被保険者が、稼得不能年金を受給すると同時に、自営業に従事することにより報酬を得ることを防ぐことを目的としていた[61]。なぜなら、自営業は、容易に収益可能性をもたらすので、労働生活からの排除、つまり所得の完全な喪失を認めることと矛盾すると考えられたからである[62]。

---

56) BSGE 19, 147, 149.
57) BSG SozR 3-2200 § 1247 Nr. 14.
58) BSG SozR 2200 § 1247 Nr. 24.
59) David Kemper, Die Reform der Renten wegen verminderter Erwerbsfähigkeit, 2006, S. 87 und 112.
60) Jörg, a. a. O.（Fn. 3）, Rdnr. 18.
61) BSGE 45, 238, 240.

第 4 節　問題の所在――残された能力にふさわしい職場の問題

　職業不能年金は、稼得活動に従事して所得を稼ぐ者が保険事故に遭遇した場合に、所得の喪失を部分的に補填するという賃金代替機能とともに、従来の職業より社会的に低く評価されている業務でしか所得を稼ぐことができないことによって生じる非財産的な損失を補填するという職業保護を有していた。したがって、職業不能年金の保険事故である職業不能は、被保険者の従来の職業または期待可能な業務に従事する能力が、健康上の理由に基づき従来の職業により決定される職業区分の全構成員の稼得能力の半分未満に低下することと構成されていた。実際には、被保険者が健康上の理由に基づき従来の職業または期待可能な業務にハーフタイム（＝ 1 日 4 時間）未満しか従事することができない場合には、職業不能が認められたので、職業不能年金を受給することができた。

　これに対して、稼得不能年金は、稼得活動に従事して所得を稼ぐ者が保険事故に遭遇した場合に、所得の喪失を完全に補填するという賃金代替機能を有していた。したがって、稼得不能年金の保険事故である稼得不能は、被保険者が健康上の理由に基づき一般労働市場のあらゆる業務に一定程度定期的に従事することまたは平均報酬月額の 7 分の 1 を超える賃金を稼ぐことができないことと構成されていた。実際には、健康上の理由に基づき 1 日 2 時間未満しか稼得活動に従事することができない場合には、稼得不能が認められたので、稼得不能年金を受給することができた。

　職業不能と稼得不能の決定的な相違は、被保険者が期待可能な業務にのみ従事することを求められるという意味での職業保護が保障されるかどうかであった。もっとも、すべての被保険者が職業保護を享受しているわけではなかった。すなわち、連邦社会裁判所により形成された多段階図式によると、被保険者の従来の職業が高度の職業資格を要するものであれば、期待可能な業務の範囲は狭くなるので、職業不能が認められる傾向にあった。これに対

---

62) BSG SozR 2200 § 1247 Nr. 34.

して、これまで未熟練業にのみ従事してきた被保険者は、一般労働市場のあらゆる業務に従事することを求められたので、職業保護を享受することができなかった。したがって、実際には、高度の職業資格を有する被保険者のみが職業不能年金を受給することができた。

　職業不能の被保険者は、依然として期待不可能な業務であれば所得を稼ぐことができると考えられていたので、部分的な賃金代替給付を受給することができた。また、稼得不能の被保険者は、一般労働市場において活用することができる稼得能力をもはや有しておらず、労働市場から排除されていると考えられていたので、完全な賃金代替給付を受給することができた。

　これに対して、健康上の理由に基づき稼得能力を制限されているけれども、依然として従来の職業または期待可能な業務にハーフタイム以上従事することができる被保険者は、職業不能に該当せず、障害年金を受給することができなかったので、残された稼得能力を労働市場で活用して所得を稼ぐことを求められた。また、職業不能の被保険者は、職業不能年金を受給することができたけれども、部分的な賃金代替給付だけでは生計を維持することができなかったので、期待不可能な業務に従事して所得を稼ぐことを求められた。しかし、いずれの場合であっても、残された能力にふさわしい職場が存在しなければ、実際に稼得活動に従事して所得を稼ぐことができなかった。したがって、障害年金の賃金代替機能を重視する立場から、職業不能・稼得不能の認定に際して、稼得能力がどの程度残されているかだけでなく、残された能力にふさわしい職場が存在するかどうかも考慮されるべきではないかという問題が提起された。

第4章
ドイツの障害年金と労働市場

第1節 パートタイム労働しかできない場合の労働市場の考慮

　本章は、職業不能・稼得不能の認定に際して残された能力にふさわしい職場が存在するかどうかを考慮する立場を採用し、残された能力にふさわしい職場の存在を考慮するための基準を形成した連邦社会裁判所の判例をその展開に即して分析する。すなわち、本章は、連邦社会裁判所の判例に従い、被保険者が健康上の理由に基づきパートタイム労働にしか従事することができない場合（**第1節**）と依然としてフルタイムで労働することができる場合（**第2節**）に分けて、それぞれの場合にどのようにして残された能力にふさわしい職場の存在が考慮されたのかを時系列に検討する。

第1項　連邦社会裁判所による具体的考察方法の採用

1　抽象的考察方法と具体的考察方法

　連邦社会裁判所は、職業不能・稼得不能の認定に際して、被保険者が健康上の理由に基づき稼得能力を制限されているけれども、一般労働市場において活用することができる稼得能力を有する場合には、被保険者の稼得能力がどの程度残されているかだけでなく、残された能力にふさわしい職場が存在するかどうかも考慮されるべきではないかという問題に取り組んできた。なぜなら、残された能力にふさわしい職場が存在しなければ、被保険者は稼得活動に従事して所得を稼ぐことが実際にできないので、稼得能力が失われているに等しいからである[1]。

　個人の生計が主として稼得活動によって維持される社会において、稼得可能性の制限に対する援助は、焦眉の社会的関心事である。その際、稼得可能

性の制限というリスクは、基本的には、稼得能力の減退としての障害リスクと労働機会の喪失としての失業リスクに区別される[2]。職業不能・稼得不能の法律上の定義規定に目を通すと、健康上および職業上の能力、訓練、従来の職業活動といった個人に関わる要素が列挙されているので、障害リスクと失業リスクの区別を重視する者は、職業不能・稼得不能の認定に際して、能力にふさわしい職場の存在を考慮することを認めない解釈に傾く。しかし、稼得能力の概念は、言葉の可能な意味の範囲内で、個人の能力だけでなく、稼得活動に従事して所得を稼ぐ実際の可能性も含むと理解することができるので、能力にふさわしい職場の存在を考慮することも認めていると解釈することができる[3]。職業不能・稼得不能の認定に際して、被保険者の稼得能力の程度のみを問題とし、残された能力にふさわしい職場が存在するかどうかを全く考慮しない立場は、抽象的考察方法（abstrakte Betrachtungsweise）と呼ばれる。これに対して、被保険者が稼得活動に従事して所得を稼ぐ実際の可能性を有しているかどうか、つまり残された能力にふさわしい職場が労働市場において存在するかどうかを考慮する立場は、具体的考察方法（konkrete Betrachtungsweise）と呼ばれる[4]。

　抽象的考察方法と具体的考察方法のいずれが採用されるのかという問題は、ドイツの障害年金の創設当初から存在していた。1889年障害・老齢保険法は、**第2章第2節第1項**で前述したように、障害年金の保険事故として稼得不能の概念を導入した。稼得不能の定義を最初に公表した政府案である1887年の労働者の老齢・障害保険法要綱では、稼得不能は、健康上の理由に基づき、従来の職業活動を含む通常の労働に定期的に従事することも、能力および現

---

1) Kurt Maier, Rentenversicherung, in: Deutscher Sozialrechtsverband/Hans F. Zacher (Hrsg.), Sozialrechtsprechung – Verantwortung für den sozialen Rechtsstaat, FS zum 25järigen Bestehen des Bundessozialgerichts, Bd. 1, 1979, S. 287.

2) Peter Krause, Die Rente wegen verminderter Erwerbsfähigkeit in der gesetzlichen Rentenversicherung im Lichte des Gesetzes- und Richterrechts, SDSRV 26, 1985, S. 60 f.

3) Ursula Köbl, Rente vor Rehabilitation? – Zur Aufgaben- und Risikoverteilung zwischen Rentenversicherungsträgern und Bundesanstalt für Arbeit, VSSR 1979, S. 9 f.

4) Felix Welti, Behinderung und Rehabilitation im sozialen Rechtsstaat – Freiheit, Gleichheit und Teilhabe behinderter Menschen, 2005, S. 28.

存する労働機会にふさわしいその他の労働によって障害年金の最低額を稼ぐこともできないことと定義され、稼得不能が現存する労働機会によっても認定されることが明示された。しかし、その後の1888年老齢・障害保険法案では、現存する労働機会という文言は削除された。立法趣旨では、労働機会の多寡は稼得活動を継続するための能力と概念上無関係であることと、障害年金の目的は失業に対する保障ではなく稼得不能に対する保障であることが挙げられた[5]。したがって、もともとは抽象的考察方法が妥当していた[6]。

　抽象的考察方法によると、被保険者が健康上の理由に基づき従来の職業または期待可能な業務にハーフタイム（＝1日4時間）未満しか従事することができない場合には、職業不能が認められたので、職業不能年金を受給することができた。また、被保険者が1日2時間未満しか稼得活動に従事することができない場合には、稼得不能が認められたので、稼得不能年金を受給することができた。これに対して、被保険者がもはやフルタイム（＝1日7時

---

5) Florian Tennstedt, Berufsunfähigkeit im Sozialrecht – Ein soziologischer Beitrag zur Entwicklung der Berufsunfähigkeitsrenten in Deutschland, 1972, S. 25 f.
6) もっとも、抽象的考察方法は、裁判において常に妥当していたわけではなかった。ライヒ保険庁（Reichsversicherungsamt）は、稼得不能の認定に際して、さしあたり立法趣旨に従って、障害リスクと失業リスクとの間を厳密に区別することから出発したものの、稼得能力の存在を肯定するためには、単なる抽象的な能力では足りず、被保険者が依然として可能な労務給付を労働市場において賃金の対価として提供しうる見込みが少しでもあることを要求した。これは、被保険者が職場を有している場合、または一般労働市場において実際に残された能力にふさわしい需要が存在する場合に認められた。具体的には、使者、守衛および管理人といったポストのように、通常は事業所自身の障害者のためにのみ残されている業務は、一般労働市場には限られた数しか存在しなかったので、被保険者への需要は否定され、結果として稼得能力の存在は否定された。具体的考察方法を例外的に許容するライヒ保険庁の判例は、異論なく認められており、立法者によっても修正されなかった。
　ライヒ保険庁の判例は、1953年に創設された連邦社会裁判所によって確認された。すなわち、稼得不能の認定に際して、被保険者は実際には競争の余地がある業務にのみ従事することを求められた。これは、残された能力にふさわしい職場が、未配置か配置済みかにかかわらず、少なくとも挙げるに値する数だけ存在している場合に認められた（BSGE 19, 147, 150 f.）。こうして、連邦社会裁判所は、障害リスクと失業リスクとの間の厳密な区別が可能になると考えた。Peter Krause, Die teilweise Leistungsminderung als Grenzproblem der Arbeitslosen- und der Invaliditätsversicherung in der Bundesrepublik Deutschland, in: Ingwer Ebsen (Hrsg.), Invalidität und Arbeitsmarkt – Die Kompensation teilweiser Leistungsminderung als Problem im sozialrechtlichen Schadenausgleich, 1992, S. 192 ff.

図表3　抽象的考察方法と具体的考察方法[10]

残された稼得能力の程度	抽象的考察方法	具体的考察方法
フルタイム	障害年金なし	障害年金なし（例外あり）
ハーフタイム以上フルタイム未満		パートタイム労働市場の閉鎖性による稼得不能年金
2時間以上ハーフタイム未満	職業不能年金	
2時間未満	稼得不能年金	

間から8時間）で労働することができないけれども、依然として従来の職業または期待可能な業務にハーフタイム以上従事することができる場合には、労働市場における斡旋可能性が認められたので、失業状態にあれば失業保険法上の失業手当を受給することはできたものの、障害年金を受給することができなかった（**図表3参照**）。このことは、確かに50％の稼得能力の制限は年金給付なしで甘受されるという職業不能・稼得不能年金の考え方に適っていた[7]。しかし、1960年代の終わりに失業率が上昇し始め、労働市場が失業者に新たな労働を斡旋することが難しくなったので、抽象的考察方法に対する批判が次第に増えていった[8]。

　抽象的考察方法と具体的考察方法の支持者は、それぞれの論拠を次のように主張した。抽象的考察方法の支持者は、残された能力にふさわしい職場の存在を実務において正確に認定することは不可能であることを論拠とした。これに対して、具体的考察方法の支持者は、1957年年金改革の立法者によって定められた障害年金の目的を論拠とした。すなわち、職業不能・稼得不能年金は賃金代替機能を有するので、職業不能・稼得不能の認定は実際に稼得活動に従事して所得を稼ぐことができるかどうかに左右されると主張した[9]。

---

7) Gerhard Dapprich, Die Versicherungsfälle der Berufsunfähigkeit und der Erwerbsunfähigkeit in der gesetzlichen Rentenversicherung, SGb 1966, S. 390.
8) David Kemper, Die Reform der Renten wegen verminderter Erwerbsfähigkeit, 2006, S. 87.; Friederike Schleicher, Renten bei verminderter Erwerbsfähigkeit, BArbBl. 2/1998, S. 25.
9) Maier, a. a. O. (Fn. 1), S. 287 f.

2 1969年連邦社会裁判所大法廷決定
(1) 1969年連邦社会裁判所大法廷決定の諸原則

このような中、連邦社会裁判所第12法廷は、その解釈によると法の継続形成および判例の統一の確保のために大法廷による判断が必要であるとして、稼得不能の認定に際して被保険者は原則として職場が少なくとも挙げるに値する数だけ存在する業務にのみ従事することを求められるという従来の判例[11]が変更され、職業不能・稼得不能の認定に際して具体的考察方法が採用されるのかという問題を大法廷に付託し、その判断を求めた。これを受けて、大法廷は、1969年12月11日の2つの決定、すなわち職業不能の認定に関する決定[12]と稼得不能の認定に関する決定[13]（以下「1969年決定」）において、次の諸原則を定立し、具体的考察方法を採用した。

第1に、もはやフルタイムで労働することができない被保険者が職業不能・稼得不能の状態にあるかどうかを認定する場合には、働くことが被保険者に期待され、かつ、被保険者が残された能力によって依然として職責を果たすことができるパートタイム職場が存在することが重要である。

第2に、このようなパートタイム職場がどれくらいの数だけ存在するのかも重要である。

第3に、被保険者がパートタイム業務に従事することを求められるのは、労働市場がパートタイム業務について被保険者を実質的に排除していない場合に限られる。

第4に、労働市場が被保険者を実質的に排除しているのは、被保険者にとって問題となるパートタイム職場の数とパートタイム労働希望者の数との比率が、75対100を下回る場合である。

第5に、被保険者は、原則としてドイツ連邦共和国全体の労働分野に従事することを求められる。しかし、被保険者がハーフタイム未満しか労働することができない場合には、原則として、パートタイム職場が居住地または居

---

10) Schleicher, a. a. O.（Fn. 8）, S. 26.
11) BSGE 19, 147, 150 f.
12) BSG, Beschluß vom 11. 12. 1969 – GS 4/69, BSGE 30, 167.
13) BSG, Beschluß vom 11. 12. 1969 – GS 2/68, BSGE 30, 192.

住地に比較的近くの毎日通勤可能な近郊にある業務にのみ従事することを求められる。

第6に、パートタイム職場の存在に関する調査を労働行政への照会に限定することは、一般的には許容されないものの、個別ケースでは是認できる。

(2) 具体的考察方法の採用とその理由

連邦社会裁判所大法廷は、まず、1957年年金改革に至るまでの障害年金の保険事故に関する法律上の定義規定を概観すると、年金保険において、稼得能力の減退、すなわち稼得活動に従事することを通じて生計を支える賃金を稼ぐ能力が減退することを理由とする、特定の年齢と無関係の障害年金が保障されており、障害年金の目的は、被保険者とその家族の生計を保障するため、稼得能力の減退により生ずる賃金の喪失を一定の限度で補填することであると判示した[14]。これに続けて、大法廷は、1957年年金改革の立法者が、一方で職業不能・稼得不能年金が賃金代替機能を有することを認め、他方で抽象的考察方法を採用することを法律上明示しなかったことを指摘した[15]。

その上で、連邦社会裁判所大法廷は、被保険者が健康上の理由に基づきもはやフルタイムで労働することができない、つまりパートタイム労働にしか従事することができない場合に、職業不能・稼得不能の認定に際して残された能力にふさわしいパートタイム職場が存在するかどうかを考慮する立場、つまり具体的考察方法を採用した。なぜなら、パートタイム職場の数は、その当時増えつつあったパートタイム労働力の数に比べて少なく、健康上の理由に基づきパートタイム労働にしか従事することができない者がパートタイム職場を見つけることができるかどうかは、偶然に左右された[16]ので、この場合には稼得活動に従事して生計を支える賃金を稼ぐ能力、つまり稼得能力が喪失していると認められたからである[17]。具体的考察方法を支持するそ

---

14) BSGE 30, 167, 172 ff.
15) BSGE 30, 167, 175 f.; BSGE 30, 192, 197 ff.
16) 連邦雇用庁によると、1969年において、40歳未満のパートタイム労働力の80％、40歳以上50歳未満のパートタイム労働力の30％が未配置のパートタイム職場を見つけることができた。BSGE 30, 167, 181.
17) BSGE 30, 167, 176 f.

の他の理由として、大法廷は、具体的考察方法が、被保険者の健康状態のみを考慮する抽象的考察方法と比べて、年金保険と失業保険との間のシームレス（Nahtlosigkeit）を実現することに適していることを挙げた[18]。

具体的考察方法に反対する重要な論拠として、裁判所はパートタイム職場の存在を正確に認定することができないことが挙げられていた。しかし、連邦社会裁判所大法廷は、この問題は、専門機関からの証言の聴取によって解決されると考えていた。このような専門機関として、まずは法律上労働市場を監視する義務を負う労働行政、とりわけ連邦雇用庁（Bundesanstalt für Arbeit）が問題になるとした。したがって、大法廷は、パートタイム職場の存在についての労働行政への照会に懐疑的な立場には与しなかった[19]。

(3) パートタイム労働市場の閉鎖性とその認定方法

職業不能・稼得不能の認定に際してパートタイム職場がどれくらいの数だけ存在することが重要なのかという問題は、裁判所による法創造（richterliche Rechtsfortbildung）に委ねられていた[20]。連邦社会裁判所大法廷は、まず、従事することを求められる職場の数が、労働市場が能力の減退した被保険者を実質的に排除しているとはいえないほどの規模でなければならないという原則を定立した[21]。その上で、（パートタイム）労働市場の閉鎖性（Verschlossenheit des (Teilzeit-) Arbeitsmarktes）という概念を、実務で使えるようにするため、パートタイム職場の数とパートタイム労働希望者の数との比率によって具体化した。具体的には、被保険者にとって問題となるパートタイム職場の数とパートタイム労働希望者の数との比率が75対100を下回る場合、すなわち75の未配置および配置済みのパートタイム職場が100人を超えるパートタイム労働希望者（パートタイム職場の保有者を含む）と相対しており、したがってパートタイム職場を有しないパートタイム求職者の数がパートタイム労働希望者の数の25％を超えている場合に、労働市場が被保険者を実質的に排除しているとした[22]。

---

18) BSGE 30, 167, 179.; BSGE 30, 192, 200.
19) BSGE 30, 167, 179 ff.; BSGE 30, 192, 202 ff.
20) Maier, a. a. O. (Fn. 1), S. 290 f.
21) BSGE 30, 167, 182.

連邦社会裁判所大法廷は、パートタイム職場の数とパートタイム労働希望者の数との比率が不安定であり、景気の変動がパートタイム職場の数に影響を及ぼすことを自覚していた[23]。しかし、大法廷は、稼得活動に従事して所得を稼ぐ能力を問題とする年金保険の役割と、労働市場に統合されることにより所得を実際に稼いでいるかどうかを問題とする失業保険の役割が異なり、職業不能・稼得不能の認定に際しては、被保険者が労働市場から永続的に排除されているかどうかが重要であると考えていたので、永続的な労働市場の状況のみを考慮し、景気の変動による労働市場の状況を考慮の外に置いた[24]。具体的には、一時的な就業の喪失としての失業が問題となる場合を除外するため、パートタイム労働市場の閉鎖性が認められない限界値が、通常の失業率、具体的には年間平均で5％まで、最高で1950年の13％の約2倍になるように設定された[25]。

　被保険者がいかなる場所の労働分野に従事することを求められるのかという問題も、法律からは裁判所による法創造に相当の余地が残されていた[26]。連邦社会裁判所大法廷は、とりわけ交通状況の改善を理由とする現代の産業社会の流動性と全国での生活状況の一層の適合化という観点から、原則として、被保険者はドイツ連邦共和国の全労働分野に従事することを求められるので、毎日の通勤、週末のみの帰宅、さらにその他の都市への引っ越しが被保険者に期待されるとした。しかし、とりわけ社会的理由から、週末のみの帰宅や引っ越しが除外される一定の例外が認められなければならないとした。まさにパートタイム労働にしか従事することができない場合には、被保険者はそれにより僅少の賃金しか稼げないことが問題となるとして、大法廷は、1日3時間まで、つまりハーフタイム未満しか労働することができない被保険者には、二重の家計のために負担増を伴う週末のみの帰宅と、特別の負担と出費を伴う引っ越しは期待できず、毎日の通勤だけが期待できるとした。

---

22) BSGE 30, 167, 183 f.
23) BSGE 30, 167, 184.
24) BSGE 30, 167, 185 f.
25) Maier, a. a. O.（Fn. 1）, S. 291.
26) Maier, a. a. O.（Fn. 1）, S. 291.

これに対して、ハーフタイム以上フルタイム未満労働することができる被保険者の場合には、それによって、完全ではないものの、少なからぬ額の賃金を稼ぐことができるので、原則としてドイツ連邦共和国の全経済分野が考慮されるとした[27]。

第2項　パートタイム労働市場の閉鎖性の認定方法

1　1969年連邦社会裁判所大法廷決定の問題

1969年決定は、被保険者が健康上の理由に基づきパートタイム労働にしか従事することができない場合に、職業不能・稼得不能の認定に際して残された能力にふさわしいパートタイム職場が存在するかどうかを考慮するという具体的考察方法を採用した。その当時、ドイツの経済は景気のよい時代にも男性をパートタイム労働に採用しなかったので、パートタイム労働にしか従事することができない者は、労働市場において実際の活用可能性を有しなかった。このことを考慮すると、抽象的考察方法の正当性が疑われる[28]。具体的考察方法は、パートタイム職場は十分な数だけ存在せず、パートタイム労働にしか従事することができない者には稀にしかパートタイム労働が斡旋されなかったことから、稼得能力の減退により生ずる所得の喪失を補填するという障害年金の目的によって正当化された。1969年決定は、実務に大きな影響を与えたと同時に、次の問題をもたらした。

第1に、残された能力にふさわしいパートタイム職場が存在しないのは、1969年決定によると、労働市場が被保険者を実質的に排除している場合であるものの、パートタイム労働市場の閉鎖性は、パートタイム職場の数とパートタイム希望者の数との比率が75対100を下回っている場合に認められた。しかし、この比率を個別ケースにおいて具体的に認定するのは困難であった。なぜなら、必要な統計資料を労働行政が有していなかったため、パートタイム職場の数やパートタイム労働希望者の数の調査が容易ではなかったからである。したがって、労働行政がパートタイム職場の数およびパートタイム労

---

27) BSGE 30, 167, 186 f.
28) Köbl. a. a. O. (Fn. 3), S. 11.

働希望者の数に関する情報を有していることを前提としていた1969年決定の正当性が疑われただけでなく、パートタイム労働市場の閉鎖性をどのように認定するのかという問題も生じた[29]。この点については、連邦社会裁判所の各法廷で見解が分かれていた。すなわち、第5法廷は、1970年9月29日判決[30]において、労働行政が必要な情報を提供することができない場合には、労働市場が実質的に閉鎖的であるとみなされると判断した。これに対して、第4法廷は、1973年8月16日判決[31]において、労働行政が信頼できる情報を提供できないことは、パートタイム職場が存在しないことを推定しないとして、下級審裁判所がさらなる調査をしなければならないと判断した。

　第2に、1969年決定は、具体的考察方法を支持する理由として、具体的考察方法が年金保険と失業保険との間のシームレスを実現することを挙げていた。年金保険と失業保険との間のシームレス、すなわち被保険者が年金保険者と労働行政による能力の認定のズレが原因で給付のない谷間に陥らないこと[32]は、1969年に制定された雇用促進法（Arbeitsförderungsgesetz）[33]の1972年当時の規定において、次のように定められていた。失業手当の主な要件は、一時的に就業関係にないこと、つまり失業の状態にあることと、職業紹介の対象となっていること、つまり斡旋可能な状態にあることであった（雇用促進法旧100条・旧101条）。斡旋可能性の要件は、雇用促進法旧103条で定められていた。この規定によると、一般労働市場の通常の条件の下で就業することができ、かつ、期待可能な就業を引き受ける用意がある者は、斡旋可能な状態にあるものの、僅少の就業、すなわち1週20時間（＝1日4時間）未満の就業（雇用促進法旧102条）にのみ従事することができる者は、健康上の理由に基づき従来の職業または期待可能な業務にハーフタイム未満しか従事することができず、年金保険の意味での職業不能の状態にある場合には、斡旋

---

29) Walter Bogs, Zum Streit über die Feststellung im Rentenverfahren ob der Arbeitsmarkt für Teilzeitarbeiten praktisch verschlossen ist, SGb 1974, S. 334 ff.
30) BSG, Urteil vom 29. 9. 1970 – 5 RKn 26/69, SozR Nr. 28 zu § 1247 RVO.
31) BSG, Urteil vom 16. 8. 1973 – 4 RJ 361/72, SozR Nr. 114 zu § 1246 RVO.
32) Ursula Köbl, Übergreifende soziale Risiken – übergreifender sozialer Schutz - erläutert am Beispiel der Arbeitslosigkeit, SDSRV 33, 1990, S. 55.
33) Arbeitsförderungsgesetz（AFG）vom 25. 6. 1969, BGBl. I S. 582.

可能な状態にないとされていた。職業不能が存在するかどうかの認定は、年金保険者と労働行政による認定のズレを防ぎ、斡旋可能性と職業不能との間のシームレスを保障するため、年金保険者によって行われると定められていた。加えて、失業手当から職業不能年金へのシームレスな移行を保障するため、年金保険者が職業不能の存在を認定するまでは、失業者は法律上職業不能の状態にないとみなされ、斡旋可能性のフィクションが認められていた。

そうすると、健康上の理由に基づきハーフタイム未満しか労働することができない被保険者は、失業状態にある場合には、年金保険者により職業不能の存在が認定されるまでは、失業手当を受給することができた。しかし、雇用促進法旧103条による年金保険と失業保険との間のシームレスは、実務において常に保障されていなかった。なぜなら、斡旋可能性のフィクションは、法律上の文言からは、依然として僅少の就業に従事することができることを要件としていると解釈することができたので、労働行政が健康上の理由に基づき僅少の就業に従事することができないと認定した場合には、年金保険者の関与なしに失業手当の支給が拒否され、失業手当から職業不能年金へのシームレスな移行が保障されなかったからである。これは、保障の谷間のケース（Nullfälle）と呼ばれた[34]。

2 1976年連邦社会裁判所大法廷決定
(1) 1976年連邦社会裁判所大法廷決定の諸原則

1969年決定の問題を解決するため、連邦社会裁判所第4法廷、第5法廷および第12法廷は、それぞれ1969年決定の諸原則が維持されるのかという問題を大法廷に付託し、その判断を求めた。これを受けて、大法廷は、1976年12月10日決定[35]（以下「1976年決定」）において、1969年決定を一部変更し、次の諸原則を新たに定立した。

第1に、健康上の理由に基づきパートタイム労働にしか従事することができない被保険者が職業不能・稼得不能の状態にあるかどうかの認定に際して

---

34) Erwin Schönefelder/Günter Kranz/Richard Wanka, Kommentar zum Arbeitsförderungsgesetz - AFG, 1972, § 103 Rdnr. 18.
35) BSG, Beschluß vom 10. 12. 1976 - GS 2/75, BSGE 43, 75.

は、問題となる稼得活動について、被保険者が健康上および職業上の能力によって依然として職責を果たすことができるパートタイム職場が存在することが重要である。

第2に、被保険者がパートタイム労働に関する業務に従事することを求められてはならないのは、労働市場がパートタイム業務について被保険者を実質的に排除している場合である。

第3に、労働市場が被保険者を実質的に排除しているのは、年金保険者も労働局（Arbeitsamt）も、年金申請がなされてから1年以内に、被保険者について問題となるパートタイム職場を被保険者に供給することができない場合である。

第4に、被保険者は、原則として住居から毎日通勤可能なパートタイム職場にのみ従事することを求められる。

(2) パートタイム労働市場の閉鎖性に関する認定方法の変更

連邦社会裁判所大法廷は、障害年金の目的が稼得能力の減退により生ずる所得の喪失を補填することにあることを理由に、職業不能・稼得不能の認定に際しては、パートタイム労働にしか従事することができない被保険者が稼得活動に従事して所得を稼ぐ実際の可能性を有するかどうか、すなわち残された能力にふさわしいパートタイム職場が存在するかどうかが重要であるとして、具体的考察方法を維持した。しかし、大法廷は、パートタイム労働市場の閉鎖性がパートタイム職場の数とパートタイム労働希望者の数との比率が75対100を下回っている場合に認められるという原則を維持しなかった。大法廷は、その理由として、実務において、パートタイム職場の数とパートタイム労働希望者の数、特に相互の比率が、適切な統計資料がなかったため、十分な確実性をもって調査することができなかったことを挙げた[36]。

それでは、パートタイム労働市場の閉鎖性をどのように認定するのか。連邦社会裁判所大法廷は、この問題に答えるため、障害者を長期にわたり労働、職業および社会に統合するという年金保険者の職業リハビリテーションの役

---

[36] BSGE 43, 75, 79 f.

割に着目した。すなわち、大法廷は、1974年のリハビリテーション調整法における職業リハビリテーションに関する法律上の規定からすると、年金保険者は、年金に対してリハビリテーションを優先し、自らの義務に基づき被保険者の職業リハビリテーションのあらゆる可能性を利用し尽くさなければならず、それには障害のある被保険者に職場を調達する取り組みが含まれるとした。そして、職業リハビリテーションの役割が、年金保険者に、労働市場が稼得能力の減退した年金申請者を実質的に排除しているかどうかを審査することを義務づけるとした[37]。

その上で、パートタイム労働市場の閉鎖性は、年金保険者が、被保険者を所管する労働局と協働して、被保険者に一定の期間内において健康上の能力および職業上の能力にふさわしいパートタイム職場を供給することに成功するかどうかによって認定されるとした。その際には、原則として、年金申請が行われてから1年という期間が時間的基準として考えられるとし、この期間内に被保険者にパートタイム労働が斡旋されない場合には、このことが、被保険者についてパートタイム労働市場が実質的に閉鎖的であるという仮定を理由づけ、1年の期間が成果なく経過すれば、パートタイム労働市場の閉鎖性は年金申請の時点に遡って認められるとした[38]。もっとも、年金申請の前に既に失業の届出が行われていた場合には、それに応じて1年の期間は減じられ、また、年金保険者や労働行政の経験によると、被保険者に1年の期間内に能力にふさわしい職場が供給されえないことが早い時点にかなりの蓋然性をもって予想される場合には、1年の期間が経過する前に障害年金の支給が認められるとした[39]。

他方で、連邦社会裁判所大法廷は、被保険者が残された能力にふさわしい職場を有している場合、または被保険者が1年の期間が経過した後もしくは障害年金の支給が認められた後に残された能力にふさわしい職場を取得した場合には、労働市場が実質的に閉鎖的であるとみなされないと判断した。後者の場合には、既に支給された障害年金は職場を取得した時点から支給停止

---

37) BSGE 43, 75, 81.
38) BSGE 43, 75, 81 f.
39) BSGE 43, 75, 82 f.

されるものの、このことは、被保険者がその後の時点で再度パートタイム労働市場の閉鎖性を主張することを排除しないとした[40]。

(3) 年金保険と失業保険との間のシームレスの保障

具体的考察方法は、年金保険と失業保険との間のシームレスを保障することに貢献するけれども、従来の実務では、労働行政が健康上の理由に基づき僅少の就業に従事することができないとして年金保険者の関与なしに認定することによって失業手当の支給が拒否された場合に、年金保険と失業保険との間のシームレスが十分に保障されていなかった。いわゆる保障の谷間のケースについて、連邦社会裁判所大法廷は、雇用促進法旧103条の目的が失業手当と職業不能年金との間の完全なシームレスを保障することにあったので、連邦雇用庁は、保障の谷間のケースを含むあらゆるケースにおいて、さしあたり斡旋可能性を仮定して、年金保険者を職業不能・稼得不能の認定のために関与させなければならないとした。その上で、大法廷は、雇用促進法旧103条とリハビリテーション調整法の規定に基づき年金保険者と連邦雇用庁相互の義務を認めた。すなわち、年金保険者の関与義務が、雇用促進法旧103条の枠内で、連邦雇用庁の役割への年金保険者の協力を対象とする場合には、年金保険者が被保険者について労働市場が実質的に閉鎖的であるかどうかを認定する際に連邦雇用庁が協力する義務に、対となるものを見いだすとした[41]。

最後に、連邦社会裁判所大法廷は、ハーフタイム以上フルタイム未満労働することができる被保険者はドイツ連邦共和国の労働市場にある業務に従事することを求められるという原則を維持しなかった。なぜなら、引っ越しや週末のみの帰宅に伴う負担や不利益は、人的結合を絶つことになるために酷だからである。したがって、そのような被保険者の場合にも、原則として、被保険者が毎日の往復によって住居から通勤することができる局地的な労働市場が問題となるとした[42]。

---

40) BSGE 43, 75, 84 f.
41) BSGE 43, 75, 83 f.
42) BSGE 43, 75, 85.

3 パートタイム労働市場の閉鎖性のフィクション

1976年決定は、被保険者が健康上の理由に基づきパートタイム労働にしか従事することができない場合には、職業不能・稼得不能の認定に際して残された能力にふさわしいパートタイム職場が存在するかどうかが考慮されるという具体的考察方法を維持し、パートタイム労働にしか従事することができない被保険者は労働市場が実質的に閉鎖的なパートタイム業務に従事することを求められてはならないという原則を維持した。しかし、1976年決定は、1969年決定にいくつかの重要な変更を加えた[43]。

第1に、パートタイム職場の数とパートタイム労働希望者の数を調査するために必要な統計資料を労働行政が有しておらず、労働市場が実質的に閉鎖性であるかどうかを個別ケースにおいて具体的に認定するのが困難であったので、パートタイム労働にしか従事することができない被保険者に年金申請から1年以内に残された能力にふさわしいパートタイム職場が供給されない場合には、労働市場は実質的に閉鎖的であるとみなされた。これは、パートタイム労働市場の閉鎖性のフィクション（Fiktion der Verschlossenheit des Teilzeitarbeitsmarktes）と呼ばれた。これにより、パートタイム労働市場の閉鎖性が審査される場合には、被保険者が実際に労働市場から永続的に排除されているかどうかは重要でなくなり、結果として、永続的な労働市場の状況のみならず、景気の変動による労働市場の状況も考慮されることになった。

第2に、年金保険者は、年金に対するリハビリテーションの優先という法律上の義務から、健康上の理由に基づきパートタイム労働にしか従事することができない被保険者に残された能力にふさわしいパートタイム職場を供給することについて一定の責任を負うとされた。この責任は、年金保険者がパートタイム労働市場の閉鎖性を審査する場合に景気の変動による労働市場の状況も考慮することを正当化すると同時に、雇用促進法旧103条と相まって、年金保険者と労働行政相互の協力義務を導き出した。すなわち、年金保険者の側は、連邦雇用庁による斡旋可能性の認定に協力することを義務づけられ、

---

43) Werner Burger, Die Begriffe Berufs- und Erwerbsunfähigkeit nach der Entscheidung des Großen Senats des BSG vom 10. 12. 1976, SozSich 1977, S. 199 ff.; Maier, a. a. O.（Fn. 1), S. 298 f.

労働行政の側は、年金保険者によるパートタイム労働市場の閉鎖性の認定に協力することを義務づけられた。

1976年決定に基づく手続に関して、1978年に年金保険者と労働行政との間で協定が締結された[44]。この協定によると、パートタイム労働市場が稼得能力の減退した被保険者を排除しているかどうかは、年金保険者によって認定され、パートタイム労働市場の閉鎖性の認定においては、労働行政が年金保険者を支援するとされた。そして、原則として、年金申請が行われてから1年という期間が斡旋の取り組みが行われるための時間的基準として考えられるものの、既に失業の届出時において、または斡旋の取り組みの中で、能力にふさわしいパートタイム労働が1年の期間内に斡旋されないことがかなりの蓋然性をもって認定される場合には、1年の期間が経過することを待つ必要はないとされた。

第3に、年金保険と失業保険との間の完全なシームレスの保障が目指され、年金保険者が職業不能・稼得不能が存在するかどうかを認定するまでは、常に斡旋可能性のフィクションが認められるので、労働行政は失業手当を支給しなければならないとされた。

第3項　具体的考察方法の確立

1　具体的考察方法による職業不能・稼得不能の認定

1969年決定により採用され、1976年決定により一部変更された具体的考察方法によると、職業不能・稼得不能は次のように認定された[45]（**図表3参照**）。

1969年決定により、被保険者が健康上の理由により稼得能力を制限されたけれども、労働市場において活用することができる稼得能力を有する場合には、職業不能・稼得不能の認定に際して被保険者が依然として稼得活動に従

---

44) Vereinbarung vom 7. 12. 1978 zwischen dem Verband Deutscher Rentenversicherungsträger (VDR) und der Bundesanstalt für Arbeit (BA) über das Verfahren nach dem Beschluß des Großen Senats des Bundessozialgerichts vom 10.12.1976 (GS 2/75, 3/75, 4/75, 3/76), DRV 1993, S. 618 ff.

45) Monika Bechmann u.a., Grundsätze zur Berufs- und Erwerbsunfähigkeit in der gesetzlichen Rentenversicherung, DRV 1993, S. 529 ff.

事して所得を稼ぐ実際の機会を有しているかどうか、つまり残された能力にふさわしい職場が存在するかどうかが考慮されることになり、被保険者が労働市場から実質的に排除されている場合には、職業不能・稼得不能が認められたので、障害年金が支給された。これは、稼得能力の減退により被保険者に生ずる所得の喪失を補填するという障害年金の目的により正当化された。その際、被保険者がフルタイムで労働することができるかどうかで区別された。

　被保険者が依然としてフルタイムで労働することができる場合には、原則として、残された能力にふさわしいフルタイム職場が存在するかどうかは考慮されなかった。なぜなら、連邦社会裁判所第5法廷の1977年5月27日判決[46]によると、フルタイム職場は、労働協約の対象とされているので、原則としてあらゆる業務について十分な数だけ存在することが想定されたからである。1974年前後の労働市場の動向によると、パートタイム労働しかできない労働者の失業率は通常、フルタイムで労働可能な労働者の失業率の2倍を超えていた[47]。ただし、例外的に残された能力にふさわしいフルタイム職場の存在が考慮される場合が連邦社会裁判所の判例により認められていた。詳細は、本章**第2節第2項**で後述する。

　これに対して、被保険者がもはやフルタイムで労働することができない、つまりパートタイム労働にしか従事することができない場合には、パートタイム職場は十分な数だけ存在せず、パートタイム労働にしか従事できない者はパートタイム職場を稀にしか供給されなかったので、職業不能・稼得不能の認定の際に残された能力にふさわしいパートタイム職場が存在するかどうかが考慮された。パートタイム労働市場の閉鎖性の審査は、被保険者がハーフタイム以上フルタイム未満労働することができるか、それともハーフタイム未満しか労働することができないかによって異なっていた。

　被保険者がハーフタイム以上フルタイム未満労働することができる場合に

---

46) BSG, Urteil vom 27. 5. 1977 – 5 RJ 28/76, BSGE 44, 39.
47) Karl-Jürgen Bieback, Rentenversicherung und die Absicherung des Risikos der Arbeitslosigkeit, in: Winfried Hassemer/Wolfgang Hoffmann-Riem/Manfred Weiss (Hrsg.), Arbeitslosigkeit als Problem der Rechts- und Sozialwissenschaften, 1980, S. 160.

は、労働市場が個々の被保険者を実質的に排除しているかどうかが審査された。労働市場が実質的に閉鎖的であると認められたのは、1976年決定により、パートタイム労働にしか従事することができない被保険者に年金申請から1年以内に残された能力にふさわしいパートタイム職場が供給されない場合である。1年の期間が経過してもそのような職場が供給されなければ、年金申請の時点に遡って労働市場は実質的に閉鎖的であるとみなされ、したがってその時点から職業不能・稼得不能が認められた。しかし、年金保険者や労働行政の経験によると、被保険者に1年の期間内に残された能力にふさわしい職場が供給されえないことがかなりの蓋然性をもって予想される場合には、1年の期間が経過するのを待つ必要はないとされた。実際には、ほとんどのケースにおいて、高い失業率を理由に稼得能力の減退した者への斡旋の取り組みが成果を収めないことが予見されたので、1年の期間が経過する前に労働市場が実質的に閉鎖的であるとみなされ、かつ、一般労働市場のあらゆる業務についてそうであったので、通常は稼得不能が認められた。

　被保険者がもはやハーフタイム未満しか労働することができない場合には、パートタイム労働市場の閉鎖性とは無関係に職業不能が認められた。なぜなら、この場合、被保険者は、従来の職業または期待可能な業務にハーフタイム未満しか従事することができないからである。同時に、ハーフタイム未満しか労働することができない被保険者にパートタイム労働が斡旋されることが実際のところほとんどなかったので、通常はパートタイム労働市場の閉鎖性が審査されることなく稼得不能の状態にあった。

　したがって、被保険者がパートタイム労働にしか従事することができない場合には、残された能力にふさわしいパートタイム職場が欠如しており、労働市場への統合が依然として困難であったことを理由に、通常は1年の期間が経過する前に稼得不能が認められたので、職業不能年金の意義が大きく失われることになった[48]。実際に、1969年決定および1976年決定以降、職業不能年金の受給者数は大きく減少した。具体的には、職業不能年金と稼得不能年金の新規裁定者数は、1960年には12万127人と13万8,856人であったものの、

---

48) Bieback, a. a. O.（Fn. 47）, S. 160.

1970年には7万6,368人と20万7,624人に、1975年には3万5,923人と24万7,968人に、1980年には2万3,156人と28万5,528人に変化した[49]。この現象は、職業不能から稼得不能への浸出（Durchschlagen von Berufsunfähigkeit auf Erwerbsunfähigkeit）と呼ばれた[50]。

2　具体的考察方法をめぐる学説での議論
(1)　年金保険による労働市場リスクの負担

具体的考察方法は、クルト・マイアー（Kurt Maier）によって、年金保険法における社会的現実の変化の中での裁判所による法創造の典型例と評された[51]。なぜなら、社会保障法は、率直に表現すれば、生存配慮と事前配慮という特別な役割を果たすことによって社会正義と社会保障に仕えるので、社会的現実とその生活実態を考慮しない社会保障法は、考えることができないからである[52]。

連邦社会裁判所により具体的考察方法が採用されたことで、労働市場の動向がいわば年金保険における障害年金の要件として取り込まれ[53]、年金保険は、被保険者が健康上の理由に基づき稼得能力を制限されるという障害リスクのみならず、稼得能力を制限された被保険者が残された能力にふさわしい職場を見つけられないという労働市場リスクも負担することになった。確かに、健康上の理由に基づく稼得能力の制限という障害リスクと、労働機会の欠如を理由とする労働力の不活用という失業リスクは、一見したところ両立しない。なぜなら、失業が存在するのは稼得能力がある場合に限られるけれ

---

49) Deutsche Rentenversicherung Bund (Hrsg.), Rentenversicherung in Zeitreihen, 29. Aufl., 2023, S. 92.
50) Ursula Köbl, Berufsunfähigkeit, in: Bertram Schulin (Hrsg.), Handbuch des Sozialversicherungsrechts, Bd. 3: Rentenversicherungsrecht, 1999, § 23 Rdnr. 10.
51) Maier, a. a. O. (Fn. 1), S. 286.
52) Bruno Rauscher, Rechtsfortbildung durch Richterrecht in den Rentenversicherungen der Arbeiter und der Angestellten, in: Deutscher Sozialrechtsverband/Georg Wannagat (Hrsg.), Entwicklung des Sozialrechts, Aufgabe der Rechtsprechung: Festgabe aus Anlaß des 100jährigen Bestehens der sozialgerichtlichen Rechtsprechung, 1984, S. 394.
53) Bieback, a. a. O (Fn. 47), S. 159.

どと、障害が存在する場合には稼得能力がないからである[54]。しかし、障害リスクが完全な稼得不能と定義されない限り、障害リスクと失業リスクは明確に区別されえない。職場の喪失は、健康上の理由に基づく稼得能力の制限に起因しているかもしれないし、稼得能力の制限は、失業の過程の中で発生したり悪化したりするかもしれない[55]。具体的考察方法は、稼得能力の減退が健康上の要因と労働市場における要因の相互作用によって生じ[56]、その限りで障害リスクと失業リスクが複合事由（Mischtatbestand）を構成する[57]ことを示している。

(2) 具体的考察方法に対する批判

具体的考察方法により、パートタイム職場はわずかしか存在せず、障害者向けのパートタイム職場が全くなかったので、障害者の失業リスクの大部分は年金保険によって受け止められた[58]。しかし、年金保険は、労働市場リスクの結果を金銭的に補填するけれども、その原因に予防的に介入することはできない[59]。そうすると、稼得能力を制限された被保険者に残された能力にふさわしい職場が斡旋されないことは、年金保険が負担すべきリスクではなく、労働行政の問題ではないか。また、残された能力にふさわしい職場が斡旋されない被保険者に年金保険が障害年金を支給することは、斡旋の難しい障害者を社会的に周辺化し、障害者の労働市場への統合という課題を覆い隠すことになるのではないか[60]。このような問題意識から、ドイツ年金保険の代表者として、そして法学者として障害年金の研究に批判的かつ建設的に取

---

54) Angelika Pflüger-Demann, Soziale Sicherung bei Invalidität in rechtsvergleichender und europarechtlicher Sicht – Eine auf die Bundesrepublik Deutschland und Frankreich bezogene Darstellung, 1991, S. 77.
55) Köbl, a. a. O.（Fn. 32）, S. 48.
56) Günter Offczors, Abschied von der gesetzlichen Invaliditätssicherung – Überlegungen zu den Vorschlägen der Rentenreformkommission und der derzeitigen Rechtspraxis, SGb 1997, S. 295 f.
57) Kemper, a. a. O.（Fn. 8）, S. 141 und 338.
58) Franz Ruland, Aktuelle Probleme der Rentenversicherung im Wandel der letzten 100 Jahre, SGb 1981, S. 400.
59) Bieback, a. a. O（Fn. 47）, S. 161.
60) Franz Ruland/Herbert Rische, Die »Erwerbsminderungsrente« als Möglichkeit zur Reform der Sicherung bei Berufs- und Erwerbsunfähigkeit, DRV 1980, S. 16.

り組んできたフランツ・ルーラント（Franz Ruland）は[61]、具体的考察方法により、障害者の失業リスクが年金保険に誤って分配されるとともに、斡旋の難しい障害者が年金に追いやられるので、障害者が労働市場から退出させられると批判した[62]。

具体的考察方法に対する批判の代表例として、ウルズラ・ケーブル（Ursula Köbl）は、「リハビリテーションに対する年金の優先？」という論文のタイトルが示すように、具体的考察方法が年金に対するリハビリテーション優先の原則を空洞化すると批判した。すなわち、1976年決定は、具体的考察方法の論拠として年金に対するリハビリテーション優先の原則を挙げて、年金保険者が職業リハビリテーションのあらゆる可能性を利用し尽くす義務を負い、それには稼得能力を制限された被保険者に職場を調達する取り組みが含まれるとした。しかし、年金保険者の職業リハビリテーションの役割は、被保険者の稼得能力を職場において職責を果たすことができる状態に回復させることであり、被保険者に能力にふさわしい職場を調達することは、労働行政の役割である。年金保険者は、労働行政と比べて被保険者を労働市場に統合するための多様な手段を有していなかったので、被保険者を労働市場に統合するための実際の機会は、特に労働市場が憂慮すべき状況にある場合には、労働行政の就職に向けた取り組みに依存した。ところが、具体的考察方法は、稼得能力を制限された失業者に年金受給の可能性を認めることで、労働行政に年金受給の可能性のある失業者を就職させる動機を失わせた。なぜなら、労働行政は、数の限られた職場を最適に分配するため、稼得能力を制限された高齢の年金受給見込者より稼得能力のある若年の失業者を優先して就職させたからである。したがって、具体的考察方法は、可能であるものの困難な職業リハビリテーションに対して、障害年金の支給を優先する傾向を強化するだろうと指摘された[63]。具体的考察方法により支給される障害年金は、否

---

61) Ursula Köbl, Erwerbsminderungsrenten, in: Ulrich Becker/Franz-Xaver Kaufmann/Bernd Baron von Maydell/Winfried Schmähl/Hans F. Zacher (Hrsg.), Alterssicherung in Deutschland, FS für Franz Ruland, 2007, S. 352 f.
62) Franz Ruland, Rentenversicherung, in: Bernd Baron von Maydell/Franz Ruland (Hrsg.), Sozialrechtshandbuch, 2. Aufl., 1996, § 16 Rdnr. 152.

定的な意味合いを込めて、労働市場年金（Arbeitsmarktrente）と呼ばれた[64]。

　また、ケーブルは、年金保険と失業保険との間の適正なリスク分配を実現することができるのは立法者であり、裁判所は、法律に具体的考察方法の手がかりがない中で、年金保険に障害リスクに加えて労働市場リスクも分配する正当性を有しないと批判した。すなわち、法律の状態はあれかこれかのリスク分配を要求していたのであり、解釈論によってあれもこれもの解決策を導き出す途はなかった。なぜなら、障害年金の保険事故を健康上の要因と労働市場における要因に基づく稼得能力の減退という複合事由に拡張することが必要となっただけでなく、新たな法的効果の決定も必要としたけれども、そのためには多様な選択肢が問題となったので、法的効果の決定は最も広い意味での解釈を通じて達成されえなかったからである。また、裁判所による法律上の枠を突き破る法創造は、耐えがたい状態、いわば緊急事態によってのみ正当化されうるけれども、年金保険と失業保険との間のリスク分配における事実とズレのある状態は、特に両制度におおむね同一の被保険者が属していたので、そこまで深刻ではなかったからである[65]。その意味で、具体的考察方法は、ルーラントによって、法律上の文言によっても立法者が追求した規定目的によっても擁護されない判例法という意味での法律を超える法創造（gesetzesübersteigende Rechtsfortbildung）の典型例と評された[66]。

　以上の批判に対して、具体的考察方法を支持する立場から、立法者は矛盾がないわけでない職業不能・稼得不能年金を改めなかった一方で、裁判所は未完の障害年金法によって個別ケースを判断することを求められたので、法律上の文言に存在する不確定概念を解釈して微調整することで社会的現実の変化を考慮する必要性が存在したと反論された[67]。しかし、ペーター・クラウゼ（Peter Krause）によると、具体的考察方法の成否は、職業不能・稼得

---

63) Köbl, a. a. O.（Fn. 3）, S. 14 ff.
64) Köbl, a. a. O.（Fn. 50）, Rdnr. 104.
65) Köbl, a. a. O.（Fn. 32）, S. 60.
66) Franz Ruland, Der Einfluss der Rechtsprechung des Bundessozialgerichts auf das Recht der gesetzlichen Rentenversicherung, in: Matthias von Wulffen/Otto Ernst Krasney (Hrsg.), FS 50 Jahre Bundessozialgericht, 2004, S. 602.
67) Offczors, a. a. O.（Fn. 56）, S. 300.

不能の代わりに、健康上の理由に基づく賃金および職場の欠如という概念を法律に読み取るかどうかにかかっていた。連邦社会裁判所は、このことを率直に表現しておらず、引き続き法律上の概念を使用していたものの、被保険者が健康上の理由によりパートタイム労働にしか従事することができない場合には、職業不能・稼得不能ではなく、賃金または職場の欠如を認定していた[68]。

3　立法者による具体的考察方法の承認

1976年決定から時を置かずに、立法者は、連邦社会裁判所により採用された具体的考察方法に携わった。すなわち、1977年に制定された第20次年金調整法（Zwanzigstes Rentenanpassungsgesetz）[69]により、職業不能・稼得不能が受給権者の健康状態にのみ起因していない場合には、職業不能・稼得不能年金は最長で3年の期間を定めるという規定が設けられた（ライヒ保険法旧1276条1項、職員保険法旧53条1項）。この改正前において、職業不能・稼得不能年金は、職業不能・稼得不能が短期間のうちに回復することができる理由のある見込みが存在する場合に限り期間を定めて支給されていた[70]。しかし、具体的考察方法が年金保険の財政に与える影響を緩和するため、1977年第20次年金調整法により、被保険者の健康状態のみならず景気の変動による労働市場の状況も職業不能・稼得不能の実質的な共働原因である場合には、労働市場が短期間のうちに労働を斡旋することができると考えられるので、職業不能・稼得不能年金は期間を定めて支給されることになった[71]。

また、1978年に制定された第21次年金調整法（Einundzwanzigstes Rentenanpassungsgesetz）[72]により、職業不能・稼得不能年金は、受給権者が失

---

68) Krause, a. a. O. (Fn. 2), S. 66 f.
69) Gesetz zur Zwanzigsten Rentenanpassung und zur Verbesserung der Finanzgrundlagen der gesetzlichen Rentenversicherung (Zwanzigstes Rentenanpassungsgesetz – 20. RAG) vom 27. 6. 1977, BGBl. I S. 1040.
70) 職業不能・稼得不能が短期間のうちに回復することができる理由のある見込みが存在するのは、年金の支給開始から3年以内に職業不能・稼得不能の回復が見込まれる場合に限られる。BSGE 53, 100, 106.
71) BT-Drucks. 8/337, S. 91; BSGE 70, 230, 232 f.

業手当も受給することができる場合には、併給期間について失業手当の額まで支給停止されるという規定が設けられた（ライヒ保険法旧1283条、職員保険法旧60条）。1976年決定は、年金申請が行われてから１年の期間内に被保険者にパートタイム労働が斡旋されない場合には、パートタイム労働市場の閉鎖性は年金申請の時点に遡って認められるとした。職業不能・稼得不能の認定の遡及効により、連邦雇用庁は、年金保険者に対してこの期間に支給された失業手当の費用を償還請求することができ、年金保険者は、連邦雇用庁に対して失業手当が支給された期間について失業手当の額まで年金を支払う必要があった[73]。しかし、年金保険と失業保険との間での適正なリスク分配を実現するため、1978年第21次年金調整法により、斡旋の取り組みが行われた期間に支給された失業手当の費用を、年金保険者ではなく、最終的に連邦雇用庁が負担しなければならないことになった[74]。

以上の改正により、立法者は、職業不能・稼得不能という保険事故を具体的考察方法の意味に合わせることなく、したがって具体的考察方法のために必要な何らかの労働市場の基準を法律で示すことなく、具体的考察方法を間接的に承認した[75]。なぜなら、立法者は、具体的考察方法が年金保険と失業保険との間のシームレスを保障することができると考えたからである[76]。同時に、失業率が上昇する時代に、立法者には労働市場年金を通じた年金の早期受給（Frühverrentung）の道が害の少ない方と考えられたからである[77]。こうして、具体的考察方法は、学説による批判を受けながら、実務において確立することになった。

---

72) Einundzwanzigstes Gesetz über die Anpassung der Renten aus der gesetzlichen Rentenversicherung sowie über die Anpassung der Geldleistungen aus der gesetzlichen Unfallversicherung und der Altersgelder in der Altershilfe für Landwirte（Einundzwanzigstes Rentenanpassungsgesetz - 21. RAG）vom 25. 7. 1978, BGBl. I S. 1089.
73) Köbl, a. a. O.（Fn. 3）, S. 14.
74) BT-Drucks. 8／1734, S. 29.
75) Köbl, a. a. O.（Fn. 32）, S. 59.
76) Krause, a. a. O.（Fn. 6）, S. 198 f.
77) Köbl, a. a. O.（Fn. 61）, S. 372.

第2節　フルタイムで労働可能な場合の労働市場の考慮
第1項　フルタイムで労働可能な場合の原則

　被保険者が健康上の理由に基づきパートタイム労働にしか従事することができない場合には、1969年決定により、職業不能・稼得不能の認定に際して残された能力にふさわしいパートタイム職場が存在するかどうかが考慮され（具体的考察方法）、1976年決定により、パートタイム労働にしか従事することができない被保険者に年金申請から1年以内に残された能力にふさわしいパートタイム職場が供給されない場合には、労働市場が実質的に閉鎖的であるとみなされた（パートタイム労働市場の閉鎖性のフィクション）。したがって、パートタイム労働にしか従事することができない被保険者は、労働市場から実質的に排除されている場合には、職業不能・稼得不能年金、通常は稼得不能年金を受給することができた。

　これに対して、被保険者が健康上の理由に基づき稼得能力を制限されたものの、依然としてフルタイムで労働することができる場合には、本章**第1節第3節1**で前述したように、フルタイム職場は労働協約の対象とされており、十分な数だけ存在することが想定されたので、職業不能・稼得不能の認定に際して残された能力にふさわしいフルタイム職場が存在するかどうかは原則として考慮されなかった（抽象的考察方法）。抽象的考察方法の場合に、稼得能力を制限された被保険者が残された能力にふさわしい職場を見つけられないという労働市場リスクを負担したのは、年金保険ではなく失業保険である[78]。したがって、依然としてフルタイムで労働することができる被保険者は、傷病手当金を受給することができる場合には傷病手当金を受給した上で、失業手当の受給を終了した後は、需要の有無に左右される扶助給付しか受給することができなかった。

　しかし、1970年代末からドイツで失業者が増加し続ける中で、連邦社会裁

---

78) Kurt Maier, Rente wegen Erwerbsunfähigkeit an arbeitslose, erwerbsgeminderte, aber vollschichtig einsatzfähige Versicherte?, SGb 1994, S. 453.

判所が想定していた、フルタイム職場が十分な数だけ存在するので、労働市場が閉鎖的ではないという前提が次第に疑問視されるようになった。このような状況において、健康上の理由に基づき従来の職業にもはや従事することができないので職場を失った被保険者が、確かに肉体的に軽度の労働であれば依然としてフルタイムで従事することができるけれども、満50歳以上の高齢であった場合には、労働行政や年金保険者による長期にわたる斡旋またはリハビリテーションの取り組みにもかかわらず新たな職場を取得することができなかったので、失業手当を受給し終えても依然として失業状態にあることが多かった。そこで、この場合に、具体的考察方法を依然としてフルタイムで労働することができる被保険者にも拡張する動向が現れた[79]。

　本章は、**第2節**において、被保険者が健康上の理由に基づき依然としてフルタイムで労働することができる場合にも具体的考察方法が拡張されるのかという問題に関する議論の展開を辿ることで、具体的考察方法の射程を確認する。

第2項　フルタイムで労働可能な場合の連邦社会裁判所の判例

1　労働市場の閉鎖性の危険が認められる例外ケース

(1)　フルタイム職場の存在が考慮されないという原則の例外

　連邦社会裁判所は、被保険者が依然としてフルタイムで労働することができる場合であっても、職業不能・稼得不能の認定に際して残された能力にふさわしいフルタイム職場が存在するかどうかを常に考慮の外に置いていたわけではなかった。連邦社会裁判所第5a法廷は、1983年11月30日判決[80]において、被保険者が依然としてフルタイムで労働することができる場合には、労働協約の対象とされているフルタイム職場が十分な数だけ存在するという反証可能な推定が妥当するにすぎず、この推定は特別な理由がある場合には認められないと述べた。なぜなら、残された稼得能力を活用することが求められるのは、実現する実際の機会が存在する場合、つまり残された能力にふ

---

79) Christian Rolfs, Das Versicherungsprinzip im Sozialversicherungsrecht, 2000, S. 357.
80) BSG, Urteil vom 30. 11. 1983 – 5a RKn 28/82, BSGE 56, 64.

さわしい職場を獲得する単に理論的でない可能性が存在する場合に限られるからであるとした。

連邦社会裁判所第5法廷は、1977年5月27日判決[81]において次のように述べて、フルタイム職場の存在が考慮されないという原則の例外を認めていた。すなわち、労働協約の対象とされているフルタイム業務について、被保険者が、確かに健康状態によると依然としてフルタイム業務に従事することができるけれども、事業所における通常の労働条件の下ではフルタイム業務に従事することができない場合や、健康上の理由に基づき住居からフルタイム職場に通うことができない場合には、例外が問題となりうるとした。

(2) 稀少またはカタログケース

その後、連邦社会裁判所は、例外が認められる場合について判断を積み重ね、第4a法廷は、1986年6月25日判決[82]において、フルタイム職場の稀少性のために労働市場の閉鎖性の著しい危険が認められる7つの例外ケースを明示した[83]。7つの例外ケースは、後に稀少またはカタログケース（Seltenheits- oder Katalogfälle）と呼ばれた[84]。稀少またはカタログケースは、次の3つの例外ケースに整理することができる[85]。

第1の例外ケースは、依然としてフルタイムで労働することができる被保険者が、労働協約の対象とされている業務に、事業所における通常の労働条件の下で従事することができない場合である[86]。言い換えると、被保険者が事業所における通常でない労働条件を必要とする場合が第1の例外ケースに該当した。第1の例外ケースは、とりわけ法律上予定されていない追加の休憩を必要とする場合に認められた[87]。

第2の例外ケースは、依然としてフルタイムで労働することができる被保

---

81) BSG, Urteil vom 27. 5. 1977 – 5 RJ 28/76, BSGE 44, 39.
82) BSG, Urteil vom 25. 6. 1986 – 4a RJ 55/84, SozR 2200 § 1246 Nr. 137.
83) Ebenso BSG SozR 2200 § 1246 Nr. 139.
84) BSG SozR 3-2200 § 1246 Nr. 50.
85) Matthias Schmidt-Preuß, Verminderte Erwerbsfähigkeit und verschlossener Arbeitsmarkt – Zur rentenrechtlichen Problematik bei vollschichtiger Tätigkeit, SGb 1992, S. 433.
86) BSGE 44, 39, 40; BSG SozR 2200 § 1246 Nr. 22; BSG SozR 3-2200 § 1247 Nr. 8.
87) BSG SozR 2200 § 1247 Nr. 43.

険者が、健康上の理由に基づき住居から職場に通うことができない場合である[88]。なぜなら、稼得活動は通常、住居の外で可能であるので、職場に通う能力も稼得能力に含まれるからである[89]。第2の例外ケースは、最長で500メートルの通勤経路を徒歩で通うことができない場合に認められた[90]。

第3の例外ケースは、労働市場で流通していないフルタイム職場が問題となる場合である。第3の例外ケースとしては、①被保険者が健康上の理由に基づき業務の一分野でしか労働することができないので、問題となる職場の数が少なからず限られる場合[91]、②守衛のように通常は能力の減退した事業所内の従業員のために残されており事業所外の者には供給されない養生職場（Schonarbeitsplätze）が問題となる場合[92]、③通常は職業未経験者に初任ポスト（Eingangsstellen）として供給されない職場が問題となる場合[93]、④試験を受けた従業員にのみ昇任ポスト（Aufstiegspositionen）として供給されるので、事業所外の者には供給されない職場が問題となる場合[94]、⑤職場が労働協約の対象とされているにもかかわらずわずかな数しか現れないことが明らかである場合[95]が挙げられる。

したがって、稀少またはカタログケースは、被保険者が健康上の理由に基づき職業の遂行に伴う事業所における通常の労働条件または通勤の必要を満たすことができないという非通常ケース（Unüblichkeitsfälle）と、フルタイム職場が事業所内で保有されており、またはその他の理由で事業所外の者には稀にしか供給されないので、労働市場で流通していないという本来の意味での稀少ケース（Seltenheitsfälle）に区分することができる[96]。

---

88) BSGE 44, 39, 40; BSG SozR 2200 § 1246 Nr. 22; BSG SozR 3-2200 § 1247 Nr. 10.
89) BSG SozR 2200 § 1247 Nr. 47.
90) BSG SozR 2200 § 1247 Nr. 56.
91) BSGE 56, 64, 67 f.
92) BSG SozR 2200 § 1246 Nr. 101.
93) BSGE 56, 64, 69; BSG SozR 2200 § 1246 Nr. 101.
94) BSGE 51, 50, 52; BSG SozR 2200 § 1246 Nr. 137.
95) BSG SozR 2200 § 1246 Nr. 82; BSG SozR 2200 § 1241d Nr. 5.
96) BSGE 78, 207, 211; Frank Blaser, Der Begriff der „üblichen Bedingungen des allgemeinen Arbeitsmarktes" im Sozialrecht, 2009, S. 114 f.

118　障害年金の基本構造

　もっとも、稀少またはカタログケースにおいて、依然としてフルタイムで労働することができる被保険者が残された能力にふさわしいフルタイム職場を見つけられないという労働市場リスクを常に年金保険が負担していたわけではなく、個別ケースにおける労働市場の閉鎖性の具体的な審査によって限定された。すなわち、被保険者は、現在の労働市場状態の下で、残された能力によって従事することを求められる期待可能な業務で雇われる機会をわずかでも有するのであれば、被保険者は失業状態にあった。これに対して、合理的な検討からして、被保険者が実際にそのような機会をもはや有しないのであれば、被保険者は、単なる失業状態ではなく、むしろ能力の低下によって労働市場から排除されていた[97]。こうした労働市場の具体的な予測によって、稼得能力の減退した被保険者が依然として労働市場において実際に雇われる機会を有するかどうかが具体的に審査された[98]。

2　従事することを求められる業務の名称の具体的提示
(1)　名称提示義務

　連邦社会裁判所第1法廷の1982年4月27日判決[99]によると、職業不能・稼得不能の認定に際して、被保険者の残された能力にふさわしい職場が存在するかどうかの審査と区別されていたのは、職業不能・稼得不能年金の支給を拒否する場合に、従事することを求められる業務の名称を少なくとも1つは具体的に、つまり十分に特定して提示する年金保険者の義務である。この義務は、名称提示義務（Benennungspflicht）と呼ばれた。

　名称提示義務は、現実の雇用世界に存在しない業務に従事することを求められる危険から被保険者を守り、社会的現実と社会給付法が乖離することを防ぐため、連邦社会裁判所の判例によって形成された。したがって、年金保険者は、原則として、被保険者が期待可能な業務に従事することができるとして職業不能年金の支給を拒否する場合には、**第3章第2節第3項3**で前述した多段階図式において上司の役割を担う職長および特に高度の専門現業労

---

97) BSGE 56, 64, 69.
98) Schmidt-Preuß, a. a. O.（Fn. 85), S. 435.
99) BSG, Urteil vom 27. 4. 1982 – 1 RJ 132/80, SozR 2200 § 1246 Nr. 90.

働者、専門現業労働者、上級の半熟練の現業労働者の区分に属する被保険者について、従事することを求められる業務の名称を具体的に提示しなければならなかった[100]。

ただし、被保険者の残された能力にふさわしい職場が存在することが個別ケースで明らかである場合、具体的には、肉体的に軽度の労働に依然としてフルタイムで従事することができる被保険者が、一般労働市場のあらゆる業務、つまり未熟練業および補助的労働に従事することを求められる場合には、例外として名称提示義務は不要とされた。なぜなら、未熟練業および補助的労働は、高度の資格を要する業務と異なり、一般労働市場に多様な形態で存在し、しかも職場間でさほど違わないので、未熟練業や補助的労働に従事することを求められる被保険者が依然としてフルタイムで労働することができる場合には、職責を果たしうる職場が十分な数だけ存在することが認められたからである[101]。職業不能の認定に際しては未熟練の被保険者と下級の半熟練の被保険者が一般労働市場のあらゆる業務に従事することを求められ、稼得不能の認定に際してはすべての被保険者が一般労働市場のあらゆる業務に従事することを求められたので、これらの場合には名称提示義務は不要であった。

(2) 異常な能力制限の累積または重度の特殊な機能障害

しかし、一般労働市場のあらゆる業務に従事することを求められる、依然としてフルタイムで労働することができる被保険者について、肉体的に軽度の労働への制限に加えて、残された能力によって事業所で労働することができるのかについて重大な疑問が生じるほどの著しい健康上の制限が存在する場合、すなわち、連邦社会裁判所の判例の表現によると、異常な能力制限の累積（Summierung ungewöhnlicher Leistungsbeschrankungen）または重度の特殊な機能障害（schwere spezifische Leistungsbehinderung）が認められた場合には、社会的現実と社会給付法が乖離することを防ぐため、さらなる例外

---

100) Ruland, a. a. O. (Fn. 62), Rdnr. 124; Bertram Schulin/Gerhard Igl, Sozialrecht, 7. Aufl., 2002, Rdnr. 652; Klaus Wilde/Ruth Schimmelpfeng-Schütte, Das Mehrstufenschema der Berufsunfähigkeitsrente – Zum aktuellen Stand der Rechtsprechung, NZA 1989, S. 98.
101) BSG SozR 2200 § 1246 Nr. 75; BSG SozR 2200 § 1246 Nr. 81.

として名称提示義務が必要とされた[102]。なぜなら、被保険者にこのような著しい健康上の制限が存在する場合には、もしかすると一般労働市場に職場が存在しないかもしれず、被保険者が依然として従事することができるフルタイム業務について、一般労働市場において十分な数の職場が存在することから何の問題もなく出発することができなかったからである[103]。

異常な能力制限の累積が認められるためには、肉体的に軽度の労働への制限によっては捉えられない追加の能力制限の数、規模および種類が重要であった。例えば、特定の労働（梯子および足場の除去ならびに姿勢を曲げる労働）が不可能であり、加えて労働環境への配慮（温度が調整された閉鎖的な部屋）が必要であり、さらに工場労働への適応能力が制限されている場合や、梯子および足場での労働ならびに継続的な頭上労働が不可能であるとともに、危険な職場での労働が労働環境への配慮（湿気、寒気および隙間風からの防護）を必要とし、姿勢を変更しながらの特別な責任を負わない労働に限定される場合に、異常な能力制限の累積が認められた。これに対して、重度の特殊な機能障害が認められるためには、個別の身体機能または疾患に関わる著しい機能障害が存在し、業務に従事する能力に著しい影響を及ぼすかどうかが重要であった。例えば、隻眼（Einäugigkeit）のような知覚機能の制限や、隻腕（Einarmigkeit）のような運動機能の制限が存在した場合に、重度の特殊な機能障害が認められた[104]。もっとも、連邦社会裁判所は、異常な能力制限の累積と重度の特殊な機能障害をしばしば明確に区別しておらず、これら2つの概念のうちいずれに当てはまるのかは、実際には重要でなかった。なぜなら、両者の法的効果が同一であったからである[105]。

従事することを求められる業務の名称の具体的提示は、労働生活において

---

102) BSG SozR 2200 § 1246 Nr. 90; BSG SozR 2200 § 1246 Nr. 104; BSG SozR 2200 § 1246 Nr. 117.
103) BSG SozR 2200 § 1246 Nr. 90; BSG SozR 2200 § 1246 Nr. 136.
104) Ursula Spiolek, Benennungspflicht bei Verweisbarkeit auf den allgemeinen Arbeitsmarkt – Die Rechtsprechung des BSG zur Benennungspflicht aufgrund „Summierung ungewöhnlicher Leistungsbeschränkungen" oder „schwerer spezifischer Leistungsbehinderung" bei Berufs- und Erwerbsunfähigkeitsrente, NZS 1997, S. 415 ff.
105) Blaser, a. a. O. (Fn. 96), S. 107.

実際に従事されており、職場として十分な数だけ存在している業務を指示しなければならなかった[106]。しかし、個々の職場を指示することは求められていなかった[107]。

そうすると、依然としてフルタイムで労働することができる被保険者が、一般労働市場のあらゆる業務に従事することを求められる場合には、職業不能・稼得不能の認定に際して、フルタイム職場の稀少性のために労働市場の閉鎖性の著しい危険が認められる例外ケースが存在するかどうかが審査される前に、従事することを求められる業務の名称が具体的に提示される必要があるかどうか、すなわち残された能力によって事業所で労働することができるのかについて重大な疑問が生じるほどの著しい健康上の制限が存在するかどうかが審査されなければならなかった。これら2つの問題は、それぞれの要件が満たされる場合には労働市場の閉鎖性の危険が認められることで共通していた[108]ものの、連邦社会裁判所の判例においては区別されていた[109]。なぜなら、異常な能力制限の累積または重度の特殊な機能障害と、稀少またはカタログケースとの間には、従事することを求められる業務の名称を提示することと、残された能力にふさわしい職場の存在を指摘することという法的効果の相異があったので、論理的には、被保険者について問題となる業務が特定された後で、その業務について残された能力にふさわしい職場が存在するかどうかが審査されたからである。したがって、異常な能力制限の累積または重度の特殊な機能障害と、稀少またはカタログケースは、相互に独立して審査される2つの法制度であった[110]。

第3項　下級審裁判所による具体的考察方法の拡張の提案

1　フルタイムで労働可能な場合に具体的考察方法を拡張するか？

以上のように、連邦社会裁判所の判例は、被保険者が依然としてフルタイ

---

106) BSG SozR 2200 § 1246 Nr. 72.
107) BSG SozR 2200 § 1246 Nr. 104.
108) Blaser, a. a. O.（Fn. 96), S. 104.
109) BSG SozR 2200 § 1246 Nr. 90.
110) Blaser, a. a. O.（Fn. 96), S. 125 ff.

ムで労働することができる場合には、職業不能・稼得不能の認定に際して残された能力にふさわしいフルタイム職場が存在するかどうかは、フルタイム職場の稀少性のために労働市場の閉鎖性の著しい危険が認められる例外ケースが存在する場合を除いて考慮されないという抽象的考察方法を採っていた。

したがって、健康上の理由に基づき従来の職業にもはや従事することができないので職場を失ったものの、肉体的に軽度の労働に依然としてフルタイムで従事することができる高齢の被保険者は、残された能力にふさわしい職場を長期に渡って供給されず、結果として長期にわたり失業状態にあったとしても、失業手当終了後は職業・稼得不能年金を受給することができなかった。しかし、このような被保険者にも、職業不能・稼得不能の認定に際して残された能力にふさわしいフルタイム職場が存在するかどうかを考慮して職業不能・稼得不能年金を支給すべきであるという具体的考察方法を拡張する見解（以下「拡張肯定説」）が、被保険者がフルタイムで労働することができるという前提と長期失業状態にあるという事実とのズレが先鋭化した1990年代の始めに、下級審裁判所で現れた[111]。

2　具体的考察方法を拡張する見解

議論の出発点となったのは、ミュンスター地方社会裁判所（Sozialgericht Münster）の1990年12月6日判決[112]である。それによると、ミュンスター地方社会裁判所は、特に過酷な社会的現実に置かれる被保険者のために連邦社会裁判所の判例をさらに発展させ、稼得能力の著しく減退した高齢の失業者が、軽度の肉体労働にしかフルタイムで従事することができず、1年以上にわたり長期失業の状態にあり、かつ、長期失業の開始時点において既に満50歳であった場合には、労働市場が実質的に閉鎖的であるとみなされるとした。その理由として、ミュンスター地方社会裁判所は、今日では長期失業者が急増しており、満45歳を超える高齢の労働者にとって失業状態であり続けるリスクは異常なまでに高く、斡旋を阻害する指標は年齢と健康上の制限である

---

111) Kemper, a. a. O.（Fn. 8）, S. 133; Offczors, a. a. O.（Fn. 56）, S. 302.
112) SG Münster, Urteil vom 6. 12. 1990 – S 10 J 103/89, juris.

ことを挙げた[113]。

　ミュンスター地方社会裁判所は、労働市場が実質的に閉鎖的とみなされる時点、つまり保険事故の発生時点は、失業状態が1年間継続した日であるものの、失業手当が支給される場合には、職業不能・稼得不能年金は失業手当の支給が終了した時点から支給開始されるとした。

　ミュンスター地方社会裁判所による提案は、アルノルト・エルレンケンパー（Arnold Erlenkämper）により、社会正義のために連邦社会裁判所の判例をさらに発展させるものとして基本的に支持された[114]。ただし、エルレンケンパーは、この提案が年金保険の著しい負担増をもたらすことに配慮して、労働市場が実質的に閉鎖性であるとみなされる人的範囲を、稼得能力の減退した高齢の長期失業者のすべてではなく、健康上の理由に基づき社会的に特に過酷な状況に置かれている者に限定した。すなわち、エルレンケンパーは一方で、疾病または障害の発生によって直近に従事していた職業活動にもはや従事することができないので、職場を非自発的に喪失し、労働局と年金保険者による長期にわたる斡旋とリハビリテーションの取り組みにもかかわらず有償の稼得活動が再度斡旋されなかったことを求めた。他方で、被保険者の稼得能力が疾病または障害を理由として実際に著しく減退していること、すなわち、軽度の労働への一般的な制限のみでは足りず、軽度の労働についての典型的な指標（例えば、重いものを持ち上げたり、運んだりすることがないこと、恒常的に身を屈めた姿勢でいないこと、過剰な頭脳労働でないことなど）を明らかに超える稼得能力の制限が現れていることを求めた[115]。

　労働市場の閉鎖性の認定方法については、労働市場の閉鎖性を個別ケースで具体的に審査する方法が考えられるものの、エルレンケンパーは、一方で多様な解釈を防ぎ、他方で年金保険者の大量行政においても容易に処理され

---

113) Eva Ottmüller, Verschlossener Arbeitsmarkt auch für erwerbsgeminderte Versicherte, die noch vollschichtig arbeiten können? – Abweichung eines Instanzgerichts von der Rechtsprechung des BSG zum Teilzeitarbeitsmarkt bei Berufs- und Erwerbsunfähigkeit, DRV 1991, S. 510.

114) Arnold Erlenkämper, Verschlossener Arbeitsmarkt auch für erheblich erwerbsgeminderte Langzeitarbeitslose, die noch vollschichtig arbeiten können?, ZfS 1992, S. 4 f.

115) Erlenkämper, a. a. O. (Fn. 114), S. 5 f.

うる基準が展開されなければならないとして、ミュンスター地方社会裁判所と同じく、被保険者が一定の要件を満たす場合に労働市場が実質的に閉鎖的であるとみなされる認定方法、つまり労働市場の閉鎖性のフィクションを支持した[116]。また、エルレンケンパーは、加齢により、身体的能力のみならず、精神的能力、なかでも未経験の職業活動への適応能力も衰えるので、年齢は、障害年金にとっても完全に保障の外にある基準ではないとして、ミュンスター地方社会裁判所が、労働市場が実質的に閉鎖的であるとみなされる要件を従前の職場を喪失した時点で満50歳としたことに賛成した[117]。

しかし、エルレンケンパーは、ミュンスター地方社会裁判所と異なり、労働市場が実質的に閉鎖的であるとみなされる時点、つまり保険事故の発生時点を失業手当の終了時点とした。なぜなら、疾病または障害の程度が、フルタイムの負担にもはや耐えられない被保険者の場合と同程度に重度ではないので、被保険者に関するあらゆる既存の再統合の機会が残らず使い尽くされたものの、成果を収めなかった場合に、労働市場の閉鎖性のフィクションが法的に正当化されるからであるとした。それにより、エルレンケンパーは、失業保険から年金保険へのシームレスな移行を保障することも目指していた[118]。

したがって、エルレンケンパーは、現業労働者年金保険の被保険者が、①疾病または障害を理由として従来の職業にもはや従事することができないので職場を喪失し、②疾病または障害に基づき稼得能力に著しい減退がみられるけれども、依然としてフルタイムで労働することができ、③稼得能力の減退が発生した際に満50歳であって、④労働局および年金保険者の取り組みにもかかわらず障害にふさわしい就業が斡旋されない場合に、失業手当が終了する時点で労働市場が実質的に閉鎖的であるとみなされるとした[119]。

---

116) Erlenkämper, a. a. O.（Fn. 114), S. 6.
117) Erlenkämper, a. a. O.（Fn. 114), S. 7.
118) Erlenkämper, a. a. O.（Fn. 114), S. 6 f.
119) Erlenkämper, a. a. O.（Fn. 114), S. 8.

3　具体的考察方法を拡張しない見解

　拡張肯定説は、具体的考察方法を拡張して、職業不能・稼得不能年金の支給対象を広げるものであり、学説において批判された。ここでは、職業不能・稼得不能の認定に際して残された能力にふさわしいフルタイム職場が存在するかどうかを原則として考慮すべきでないという具体的考察方法を拡張しない見解（以下「拡張否定説」）の代表例であるペーター・カンプラート（Peter Kamprad）の所論を紹介する。カンプラートは、拡張肯定説がほとんど解決不可能な問題に囚われているのではないかと批判した[120]。

　カンプラートは、満50歳または満55歳という年齢を決定的な基準とすることについて、基準となる年齢が多かれ少なかれ各裁判所の信条にのみ基づいており、恣意的であるので、問題解決の手がかりとして適切でないとした。また、失業手当の終了時点に労働市場の閉鎖性を仮定する見解についても、失業手当の支給期間は、被保険者の年齢のみならず、保険料納付済期間、すなわち被保険者の年齢とも労働市場の状態とも関係を見いだすことのできない事由によっても左右されるので、同じく適切でないと述べる。これに対して、保険事故を失業手当の終了とは無関係に認定するものの、年金の支給開始のみを失業手当の終了後にするならば、年金保険の観点からは制度上許容されない保険事故と支給開始との乖離という事態に至り、結局のところ、給付受給について基準となる実態は変わることなく、年金保険と失業保険との間の給付管轄の変動のみが生じるとした[121]。

　さらに、カンプラートは、稼得不能年金の受給権が認められる者の範囲を拡張するためには、年齢だけでは適切ではなく、明確に定義づけられた稼得能力を制限する諸要因のカタログも伴っている必要があり、その際、稼得能力の制限は、量的な観点からはフルタイムで労働することができる能力の範囲を超えていないことが求められると同時に、質的な観点からは従来の連邦社会裁判所の判例を考慮しても年金受給権が認められる非典型的な能力制限という例外ケースに達してはならないという。ところが、いずれの拡張肯定

---

120) Peter Kamprad, Der Zugang älterer langzeitarbeitsloser Versicherter zur Rente wegen Erwerbsunfähigkeit, DRV 1992, S. 587.
121) Kamprad, a. a. O. (Fn. 120), S. 587 f.

説によっても、年金受給権を必要とする稼得能力の制限が明確に定義づけられていないとされる[122]。

結論として、カンプラートは、高齢で長期失業状態にある被保険者の社会保障の問題は、緊急に解決を必要としているけれども、現在有効な法律状態に基づき克服されるべきではなく、拡張肯定説を実現することは、裁判所による法創造の許容される限界を超える危険を内包するとして、立法政策の問題であると主張した。もっとも、カンプラートは、第一義的には、労働行政の役割のカタログを拡張し、または修正することが正当であり、かつ、制度に合致するとして、あくまで労働行政により対処されるべきであるという立場を採った[123]。

4 立法者の形成特権との抵触

拡張肯定説は、稼得能力の減退した高齢の長期失業者への斡旋が1990年代以降困難になっていることを理由に、肉体的に軽度の労働に依然としてフルタイムで従事することができる被保険者が職場を喪失した時点で満50歳であれば、失業状態が1年間継続した時点または失業手当が終了した時点で労働市場は実質的に閉鎖的であるとみなされ、したがって職業不能・稼得不能年金が支給されるべきであると主張した。拡張肯定説は、パートタイム労働にしか従事することができない被保険者について認められていたパートタイム労働市場の閉鎖性のフィクションを、肉体的に軽度の労働に依然としてフルタイムで従事することができる高齢で長期失業状態にある被保険者にも拡張するものであった。その際、労働市場が実質的に閉鎖的であるとみなされる要件を、それぞれ定量的な基準によって具体化した。

拡張肯定説は、連邦社会裁判所の判例と異なるだけでなく、職業不能・稼得不能の法律上の定義規定にも手がかりを見いだせなかったので、裁判所による法創造を必要とした。この点について、マティーアス・シュミット゠プロイス（Matthias Schmidt-Preuß）は、職業不能・稼得不能年金を維持すると

[122) Peter Kamprad, Die Rente wegen Erwerbsunfähigkeit als soziale Absicherung für ältere langzeitarbeitslose Versicherte, SGb 1993, S. 463.
[123) Kamprad, a. a. O. (Fn. 120), S. 589.

いう1992年年金改革法の立法者の決定とともに、年金財政上の理由から生涯労働時間を延長して老齢年金の繰り上げ受給を厳格化するという立法政策の動向からすると、特定の年齢への到達を職業不能・稼得不能年金の受給のための決定的な基準とする裁判所による制度変更的な法創造は、民主的に正当化される立法者の形成特権（Gestaltungsprärogative des demokratisch legitimierten Gesetzgebers）と抵触すると指摘した[124]。また、ルーラントも、拡張肯定説は、職業不能・稼得不能の法律上の定義規定をすり抜けて、支給開始年齢を著しく早める早期退職規定を創設するという意味で、裁判所による許容されない法創造であるとし、もっぱら立法者の権限に属すると指摘した[125]。

しかし、拡張肯定説が、肉体的に軽度の労働に依然としてフルタイムで従事することができる高齢の被保険者の長期失業の問題を訴えるものだったので、学説による批判を受けたものの、裁判に影響を与えた。本章は、第2節第4項において、拡張肯定説を受けて、社会裁判所がどのような裁判を行い、立法者がどのような対応を行い、そして連邦社会裁判所がどのような態度を採ったのかを確認する。

第4項　連邦社会裁判所による従来の判例の維持

1　社会裁判所における裁判の展開

議論の出発点となったミュンスター地方社会裁判所の1990年12月6日判決

---

124) Schmidt-Preuß, a. a. O. (Fn. 85), S. 432 f. und 436 f. シュミット＝プロイスは、連邦社会裁判所の判例により認められた稀少またはカタログケースのうち、被保険者が事業所における通常でない労働条件を必要とする例外ケースを慎重に発展させることで、依然としてフルタイムで労働することができる被保険者について労働市場の閉鎖性を個別ケースで具体的に審査することが例外的に許容されると主張した。シュミット＝プロイスは、労働市場の閉鎖性を具体的に審査するに当たっては、被保険者の健康上の制限が、年齢と結びついて、健康な求職者との競争において、被保険者に実際の採用機会を与えないかどうか、つまり、被保険者が職場にふさわしい稼得能力を有するにもかかわらず、懸念される障害の続発リスクに基づく使用者の予想される採用態度が、労働市場は実質的に閉鎖的であると結論づけるかどうかが決定的であるとして、拡張否定説に近い立場を採った。Schmidt-Preuß, a. a. O. (Fn. 85), S. 435 ff.

125) Franz Ruland, Verschiebebahnhof – Der Anteil der Rentenversicherung an der Absicherung des Risikos der Arbeitslosigkeit, SozSich 1993, S. 180.

は、本章第2節第3項2で前述した拡張肯定説の立場から、依然としてフルタイムで労働することができる満57歳の未熟練の現業労働者に稼得不能年金の受給権を認めた。ミュンスター地方社会裁判所は、1992年1月16日判決[126]で拡張肯定説を再度支持した[127]。それ以前には、ヴィースバーデン地方社会裁判所（Sozialgericht Wiesbaden）が、1987年9月17日判決[128]において、基準となる被保険者の年齢は満50歳ではなく満55歳であったものの、ミュンスター地方社会裁判所と同じく拡張肯定説に立って、依然としてフルタイムで労働することができる満59歳の補助的な現業労働者に稼得不能年金の受給権を認めた。

　これらの地方裁判所の判決は、これまで控訴審で破棄されてきた。しかし、ニーダーザクセン州社会裁判所（Landessozialgericht Niedersachsen）は、1992年11月25日判決[129]において、連邦社会裁判所の判例をさらに発展させて、高齢で長期失業状態にあり、かつ、稼得能力に著しい制限のある現業労働者年金保険の被保険者について、障害にふさわしい期待可能な業務の名称が具体的に提示されない場合だけでなく、年金保険者の長期にわたるリハビリテーションの取り組みと労働行政の適切な斡旋の取り組みにもかかわらず、障害にふさわしい期待可能な業務が斡旋されなかった場合にも、労働市場は実質的に閉鎖的であるという拡張肯定説に依拠して、依然としてフルタイムで労働することができる満57歳の下級の半熟練の現業労働者に稼得不能年金の受給権を認めた。その理由として、ニーダーザクセン州社会裁判所は、再雇用に向けた取り組みが成果を収めなかったことが、稼得能力が著しく制限された高齢の被保険者が残された能力によって依然として事業所で労働することができるのかという疑問を証明することを挙げた。この場合には、現実に即した評価からすれば、被保険者が残された能力を有償的に活用することができる障害にふさわしい職場をもはや有しないことも確認されると述べた。この判決を行った法廷の裁判長は、エルレンケンパーであった。

---

126) SG Münster, Urteil vom 16. 1. 1992 – S 10 J 123/89, juris.
127) Schmidt-Preuß, a. a. O. (Fn. 85), S. 432.
128) SG Wiesbaden, Urteil vom 17. 9. 1987 – S 10 J 214/86, NZA 1988, S. 670 ff.
129) LSG Niedersachsen, Urteil vom 25. 11. 1992 – L 2 J 138/91, NZS 1993, S. 406 ff.

他方で、連邦社会裁判所第4法廷は、1993年3月23日決定[130]において、連邦社会裁判所大法廷によって採用された、被保険者がパートタイム労働にしか従事することができない場合の労働市場の閉鎖性に関する原則は、フルタイムで労働することができる被保険者には基本的に転用されないと述べて、従来の連邦社会裁判所の判例を維持し、拡張否定説を支持した。その理由として、第4法廷は、未配置の職場を見つけられないリスクを負担しなければならないのは、失業保険であり、年金保険ではないことを挙げた。このことは、フルタイム職場の稀少性のために労働市場の閉鎖性の著しい危険が存在する場合に限り妥当しないとし、裁判所により展開された、年金保険と失業保険との間の法律上のリスク分配の例外は、完結的であると述べた。第4法廷は、拡張肯定説が法律問題を解明する必要を新たにしなかったとした。その理由として、第4法廷は、拡張肯定説が、裁判所による法創造の許容される限界を逸脱するとし、拡張肯定説により提案された労働市場年金のさらなる採用は、明らかに法律上の基礎を欠いていることを挙げた。

連邦社会裁判所第4法廷は、1994年1月25日判決[131]においても、同じ理由から従来の連邦社会裁判所の判例を維持することを再度確認した。第4法廷の立場に対して、エルレンケンパーは、もっぱら職員年金保険の事件について管轄権を有する第4法廷は、拡張肯定説が問題としてきた現業労働者年金保険の事件については管轄権を有しないので、この問題について先を急ぐ第4法廷の姿勢は理解できないと批判した[132]。

このような中で、ニーダーザクセン州社会裁判所の1992年11月25日判決に対して、被告は、この判決が従来の連邦社会裁判所の判例を逸脱するとして上告した。これを受けて、現業労働者年金保険の事件について管轄権を有する連邦社会裁判所第13法廷は、1994年11月23日決定[133]において、控訴審が稀少またはカタログケースをさらに発展させて、上告審の再審査に耐えうる

---

130) BSG, Beschluß vom 23. 3. 1993 – 4 BA 121/92, NZS 1993, S. 403 f.
131) BSG, Urteil vom 25. 1. 1994 – 4 RA 35/93, SozR 3-2200 § 1246 Nr. 41.
132) Arnold Erlenkämper, Nochmals: Verschlossener Arbeitsmarkt für erheblich Erwerbsgeminderte, die noch vollschichtig arbeiten können?, NZS 1994, S. 260 f.
133) BSG, Beschluß vom 23. 11. 1994 –13 RJ 19/93, BeckRS 1995, 40507.

新たなケース区分の形成に成功していないとして、拡張肯定説には依拠しなかった。しかし、第13法廷は、未熟練の現業労働者向けの労働市場は近年縮小しており、肉体的に軽度の未熟練業は事業所内でしか十分に供給されていないという専門家の意見に基づき、一般労働市場のあらゆる業務に従事することを求められる場合には原則として名称提示義務を否定し、事業所内でしか供給されない典型的なフルタイム職場が問題になっている場合に限り労働市場の閉鎖性の著しい危険を認める従来の連邦社会裁判所の判例について疑問が生じたとして、次の問題を大法廷に付託し、従来の判例の再審査を求めた[134]。

第1に、下級の半熟練の現業労働者の区分または未熟練の現業労働者の区分に属する被保険者が職業不能・稼得不能の状態にあるかどうかの認定に関して、従来の職業にもはや従事することができず、かつ、肉体的に軽度の労働にその他の制限を伴ってしか従事することができない場合には、従事することを求められる業務の名称の具体的提示が必要なのか。

第2に、連邦社会裁判所がこれまで労働市場の閉鎖性の著しい危険を認めてきた例外ケースは、完結的なものと考えられるのか。

連邦社会裁判所大法廷に付託決定を行った第13法廷の裁判長は、アレクサンダー・ガーゲル（Alexander Gagel）であった。ガーゲルによると、第13法廷は、大法廷に、異常な能力制限の累積または重度の特殊な機能障害という概念が運用するには曖昧すぎて、理解することが難しかったので、これらの概念を断念することを提案した[135]。その上で、第13法廷は、労働市場に関する専門家の意見により、職業訓練の欠如、健康上の制限および加齢が重なると、失業状態にある被保険者に労働市場の閉鎖性の危険が問題となりうることを確認した。少なくとも、この場合には、被保険者が依然としてフルタイムで労働することができる場合であっても、従事することを求められる業

---

134) 13. BSG-Senat, Vorlagebeschluß an den Großen Senat des BSG wegen grundsätzlicher Bedeutung vom 23. 11. 1994 – 13 RJ 19/93; 13 RJ 71/93; 13 RJ 73/93; 13 RJ 1/94, SozSich 1995, S. 114.
135) Alexander Gagel, Erwerbsminderungsrenten: Entwicklungen in Politik, Gesetzgebung und Rechtsprechung, SozSich 1997, S. 340.

務が労働市場に具体的に存在することを立ち入って調査することが必要であるとした[136]。その意味で、第13法廷による付託決定は、ガーゲルが、社会保障法上の問題に取り組む際に、裁判官としても法学者としても、常に社会保障法が対象とすべき社会的に危険な状況から考察した代表例と評された[137]。

2　第２次社会法典第６編改正法による立法者の対応

連邦社会裁判所第13法廷の1994年11月23日決定は、大法廷に対して、肉体的に軽度の労働に依然としてフルタイムで従事することができる高齢で長期失業状態にある被保険者のため、従来の判例を変更して、具体的考察方法を拡張するきっかけを与えるものであった。立法者は、連邦社会裁判所大法廷によるさらなる法創造が年金保険に過剰な負担をもたらすかもしれないことに危機感を抱き[138]、1996年第２次社会法典第６編改正法（Zweites SGB VI -Änderungsgesetz）[139]により、職業不能年金と稼得不能年金の要件を規定する社会法典第６編旧43条と旧44条を改正した。これにより、職業不能を定義する社会法典第６編旧43条２項に４文として、そして稼得不能を定義する旧44条２項に２文２号として、新たに次の１文を加えた。

「フルタイムで（期待可能な）業務に従事することができる者は、職業不能（または稼得不能）の状態にない；その際、その時々の労働市場状態が考慮されてはならない。」

この規定を理解するためには、後段のその時々の労働市場状態という概念の解釈が重要である。この概念は、期間の定めのある障害年金の支給を規定

---

136) Christine Fuchsloch, Mythos Nahtlosigkeit und Einkommensersatz bei Leistungen wegen Erwerbsminderung, in: Karl-Jürgen Bieback/Christine Fuchsloch/Wolfhard Kohte（Hrsg.）, Arbeitsmarktpolitik und Sozialrecht – Zu Ehren von Alexander Gagel, 2011, S. 142.
137) Karl-Jürgen Bieback, Nachruf auf Alexander Gagel, NZS 2019, S. 618.
138) BT-Drucks. 13/3697, S. 4.
139) Zweites Gesetz zur Änderung des Sechsten Buches Sozialgesetzbuch（Zweites SGB VI -Änderungsgesetz – 2.SGB VI -ÄndG）vom 2. 5. 1996, BGBl. I S. 659.

する社会法典第6編旧102条2項1文で用いられていた。それによると、職業不能・稼得不能年金が期間を定めて支給されるのは、受給権がその時々の労働市場状態にも起因している場合である。この規定は、1992年年金改革法による改正後のものである。この改正前において、ライヒ保険法旧1276条1項および職員保険法旧53条1項は、期間の定めのある障害年金が支給されるのは、本章**第1節第3項3**で前述したように、職業不能・稼得不能が受給権者の健康状態にのみ起因していない場合であると規定していた。

　ライヒ保険法旧1276条1項に関しては、連邦社会裁判所第13法廷が1993年3月31日判決[140]において、この規定に基づく期間の定めのある障害年金の支給は、確かに年金申請に関する裁定の時点においては労働を斡旋することができないけれども、短期間のうちに労働を斡旋することができる基本的に参入可能な労働市場を必要とするものの、労働市場の条件が保険者によって予測される必要はないので、ライヒ保険法1276条1項は、期間の定めのある障害年金が支給されるのは、決定時点において支配的な労働市場の条件が年金支給の共働原因である場合に限られると解釈した。このことは、労働市場が永続的に閉鎖的である場合には当てはまらないという。

　ライヒ保険法旧1276条1項の内容は、1992年年金改革法による改正後の規定にも引き継がれた。したがって、社会法典第6編旧102条2項1文のその時々の労働市場状態とは、年金申請に関する決定の時点において短期間のうちに斡旋することができる労働市場の状況をいうと解される。この解釈に従えば、社会法典第6編旧43条2項4文および旧44条2項2文2号で考慮することが禁じられたその時々の労働市場状態も、短期間のうちに斡旋することができる、つまり景気の変動による労働市場の状況をいうと解されるので、社会法典第6編旧43条2項4文および旧44条2項2文2号は、永続的な労働市場の状況を考慮すること、すなわちフルタイム職場の稀少性のために労働市場の閉鎖性が認められる例外ケースとしての稀少またはカタログケースが存在する場合に労働市場の閉鎖性を審査することを禁じていないと解される。なぜなら、稀少またはカタログケースは、労働市場の構造的な所与に基づき、

---

[140] BSG, Urteil vom 31. 3. 1993 – 13 RJ 65/91, BSG SozR 3-2200 § 1247 Nr. 14.

理論的に問題となる業務が事実上入手不可能である、つまり労働市場が永続的に閉鎖的である点で共通しているからである[141]。

立法者は、以上の解釈を支持した。すなわち、立法者は、第2次社会法典第6編改正法により、健康上の理由に基づき稼得能力を制限されたものの、依然としてフルタイムで労働することができる被保険者については、職業不能・稼得不能の認定に際して残された能力にふさわしい職場が存在するかどうかは原則として考慮されないという従来の連邦社会裁判所の判例を成文化し、現状を維持することによって、その当時予定されていた障害年金の改革が実現されるまでの間、連邦社会裁判所大法廷によるさらなる法創造を阻止しようとした[142]。したがって、稀少またはカタログケースに関する判例の適用は排除されなかった。また、労働市場状態は、名称提示義務の場合には重要でなく、従事することを求められる業務の名称が具体的に提示される際に職場の数や斡旋可能性がどの程度考慮されるかという意味で問題となるにすぎない[143]ので、フルタイムで労働することができる被保険者が一般労働市場のあらゆる業務に従事することを求められる場合には名称提示義務は不要であるものの、異常な能力制限の累積または重度の特殊な機能障害が存在する場合には名称提示義務が必要であるという判例も維持された[144]。

3　1996年連邦社会裁判所大法廷決定
(1)　名称提示義務の維持

連邦社会裁判所大法廷は、1996年12月19日決定（以下「1996年決定」）[145]において、第13法廷により付託された2つの問題をいずれも否認し、従来の連邦社会裁判所の判例を維持した。

付託された第1の問題について、従来の連邦社会裁判所の判例によると、

---

141) Ulrich Knispel, Zur Bedeutung des 2. SGB VI-ÄndG für die Renten wegen verminderter Erwerbsfähigkeit, NZS 1996, S. 514 f.
142) BT-Drucks. 13/3697, S. 3 f.
143) Knispel, a. a. O. (Fn. 141), S. 514.
144) BT-Drucks. 13/3697, S. 4.
145) BSG, Beschluß vom 19. 12. 1996 – GS 2/95, BSGE 80, 24.

職業不能・稼得不能年金の支給が拒否される場合には、従事することを求められる業務の名称が少なくとも1つは具体的に提示されなければならない。連邦社会裁判所大法廷は、名称提示義務に独自の意義があるわけではなく、被保険者が、能力の減退にもかかわらずその他の稼得活動に従事することができることと、この稼得活動が、年金受給権を不成立にするため、法律により従事することを求められる業務に置かれるすべての指標を備えていることを保障し、かつ、再審査可能にする機能があるにすぎないという[146]。

名称提示義務が例外として不要とされるのは、従来の連邦社会裁判所の判例によると、被保険者が肉体的に中度および軽度の労働に依然としてフルタイムで従事することができ、かつ、一般労働市場のあらゆる業務、つまり未熟練業に従事することを求められる場合である。ここで連邦社会裁判所大法廷は、未熟練業に従事することを求められるのは、稼得不能が問題となっている限りにおいてすべての被保険者であるので、付託された第1の問題は、稼得不能に関連する限りで、下級の半熟練の現業労働者および未熟練の現業労働者のみならず、肉体的に軽度の労働に依然としてフルタイムで従事することができるすべての被保険者に当てはまることに注意を向けた。このことは、稼得不能の場合には、従事することが求められる業務の名称の具体的提示が原則として行われない、つまり名称提示が例外であることを意味するという。なぜなら、被保険者は、職業保護の欠如のため、広範にわたる業務に従事することを求められるので、雇用世界で見つけられない労働に従事することを求められる危険は存在しないからである。大法廷は、この原則を、第13法廷により聴取された専門家の意見にもかかわらず正当であると考えたので、名称提示義務は、肉体的に中度の労働または特別の制限なく肉体的に軽度の労働に依然としてフルタイムで従事することができる被保険者については不要であると判断した[147]。

そして、連邦社会裁判所大法廷は、第2次社会法典第6編改正法はこの原則を破棄するきっかけにならないと判断した。なぜなら、社会法典第6編44

---

[146] BSGE 80, 24, 31.
[147] BSGE 80, 24, 31 ff.

条2項2文2号は、立法趣旨によると、一般労働市場のあらゆる業務に従事することを求められるフルタイムで労働可能な被保険者については、原則として従事することを求められる業務の名称が具体的に提示される必要はないという従来の判例を成文化し、現状を維持することを目的とするにすぎないからであるという[148]。

しかし、肉体的に軽度の未熟練業に依然としてフルタイムで従事することができる被保険者に、異常な能力制限の累積または重度の特殊な機能障害が認められる場合には、従来の連邦社会裁判所の判例によると、さらなる例外として、従事することを求められる業務の名称が少なくとも1つは具体的に提示されなければならない。連邦社会裁判所大法廷は、名称提示義務は被保険者が事業所で労働することができるのかについて重大な疑問が生じることにのみ依拠しておらず、労働市場が実質的に閉鎖的である可能性も重要であるという。したがって、肉体的に軽度の未熟練業に制限を伴う場合に限り依然としてフルタイムで従事することができる被保険者は、労働市場から実質的に排除される危険がいかなる場合に存在するのかという問題がここで提起されるとした[149]。

(2) 閉鎖性カタログの拡張の否認

付託された第2の問題について、連邦社会裁判所大法廷は、健康上の理由に基づき稼得能力が制限されたものの、依然としてフルタイムで労働することができる被保険者の場合には、従来の連邦社会裁判所の判例は、フルタイム業務については職場が十分な数だけ存在していることから出発しているので、労働市場の閉鎖性の審査は原則として行われる必要がないことを確認した[150]。その上で、従来、労働市場の閉鎖性の審査が連邦社会裁判所により例外的に許容されてきた、フルタイム職場の稀少性のために労働市場の閉鎖性の著しい危険が認められる例外ケースを示した。大法廷は、例外ケースのカタログとしての閉鎖性カタログ（Verschlossenheitskatalog）を拡張するきっかけは、とりわけ、社会法典第6編44条2項2文2号が、フルタイムで業

---

148) BSGE 80, 24, 33.
149) BSGE 80, 24, 33 f.
150) BSGE 80, 24, 34 f.

務に従事することができる者は稼得不能の状態になく、その際、その時々の労働市場状態が考慮されてはならないと規定した後には存在しないとした[151]。

連邦社会裁判所大法廷は、閉鎖性カタログを拡張しない理由として次の2点を挙げた。すなわち、社会法典第6編44条2項2文2号がその時々の労働市場状態が考慮されてはならないと命じることは、今後も、健康上の理由に基づき事業所における通常の労働条件の下では労働することができない被保険者または性質によると稀にしか雇用世界に現れない業務に従事することを求められる被保険者を稼得不能と認定することを排除しないとした。なぜなら、その被保険者が労働により所得を稼ぐことができないことは、変動にさらされるその時々の労働市場状態に起因しているのではなく、むしろ雇用世界において能力にふさわしい職場が実質的に全く存在しないことに起因しているからであるという。しかし、大法廷は、それ以外の場合には、その時々の労働市場状態の解釈に際して、裁判所による労働市場年金の方向へのさらなる法創造を阻止するという第2次社会法典第6編改正法の目的が考慮されるとした。これにより、立法者は、労働力の過剰供給により労働市場に迫られている問題解決を、仮に高齢で、年金支給開始年齢までほとんど年数がない被保険者が問題となっていても、年金保険に負担させないという原則を確認しているという。大法廷は、この原則によって、健康上の制限と並んで長期失業および高齢といったリスク要因が斡旋の機会を狭めることを理由に、依然としてフルタイムで労働することができる失業状態にある被保険者を稼得不能と認定することができないとした[152]。

また、連邦社会裁判所大法廷は、閉鎖性カタログを、健康上の理由に基づく稼得能力の制限にもかかわらず依然としてフルタイムで労働することができる、高齢で失業状態にある被保険者に拡張することが、第2次社会法典第6編改正法の発効前であったとしても正当化されなかっただろうとした。なぜなら、ここで言及された被保険者の失業状態の継続は、実質的には、健康

---

151) BSGE 80, 24, 35.
152) BSGE 80, 24, 35 ff.

侵害状態に起因しておらず、職業訓練を受けていない高齢の労働者にはわずかな機会しか提供しないという現実の労働市場状態に起因しているので、閉鎖性カタログの拡張は、疾病または障害を理由とする稼得能力の減退というリスクのみを保障し、稼得可能性の減少または失業というリスクを保障するものではないという障害年金の構造と抵触したと考えられるからであるという[153]。

したがって、連邦社会裁判所大法廷は、付託された第2の問題には、連邦社会裁判所がこれまで労働市場の閉鎖性の著しい危険を認めてきた例外ケースは、肉体的に軽度の労働にその他の制限を伴ってしかフルタイムで従事することができない、高齢で失業状態にある未熟練の被保険者および下級の半熟練の被保険者に配慮して拡張されないと答えた[154]。

(3) 異常な能力制限の累積または重度の特殊な機能障害の維持

閉鎖性カタログが拡張されないのであれば、肉体的に軽度の労働にフルタイムで従事することができる被保険者は、稼得不能の認定に際して原則として未熟練業に従事することを求められ、異常な能力制限の累積または重度の特殊な機能障害が認められる場合に限り、被保険者の残された能力と従事することを求められる業務の要求が具体的に比較されるとした。その際、連邦社会裁判所大法廷は、実務のために次のような示唆を示した。すなわち、異常な能力制限の累積または重度の特殊な機能障害という広範な概念の合理的な運用（vernünftige Handhabung）により、被保険者が事業所で労働することができるのか、または稀少またはカタログケースが存在するのかについて重大な疑問が存在する場合には常に、従事することを求められる業務の名称の具体的提示が行われなければならないことが保障され、名称の具体的提示は、能力と要求の比較だけでなく、労働市場が被保険者を実質的に排除しているかどうかの個別的審査にも至るとした[155]。

したがって、連邦社会裁判所大法廷は、付託された第1の問題には、稼得不能の認定に関して、従事することを求められる業務の名称の具体的提示は、

---

153) BSGE 80, 24, 37.
154) BSGE 80, 24, 39.
155) BSGE 80, 24, 39.

被保険者が肉体的に軽度の労働にその他の制限を伴ってしかフルタイムで従事することができないとしても不要であり、従事することを求められる業務の名称の具体的提示が必要であるのは、異常な能力制限の累積または重度の特殊な機能障害が認められる場合であると答えた[156]。

第5項　裁判所によるさらなる法創造の停止

1　フルタイムで労働可能な場合の具体的考察方法

　連邦社会裁判所の判例によると、被保険者が、健康上の理由に基づき稼得能力を制限されたものの、肉体的に軽度の労働に依然としてフルタイムで従事することができる場合には、仮に高齢で、長期にわたり失業状態にあるとしても、職業不能・稼得不能の認定に際して残された能力にふさわしい職場が存在するかどうかは原則として考慮されなかった。なぜなら、フルタイム職場は労働協約の対象とされているので、十分な数だけ存在することが想定されたからである。

　ただし、一般労働市場のあらゆる業務に従事することを求められる、依然としてフルタイムで労働することができる被保険者が、肉体的に軽度の労働への制限に加えて、稼得活動に従事して所得を稼ぐ可能性を閉ざしてしまうほどの著しい健康上の制限、すなわち異常な能力制限の累積または重度の特殊な機能障害を有している場合には、残された能力にふさわしいフルタイム職場が十分な数だけ存在することから出発することができないので、年金保険者は、職業不能・稼得不能年金の支給を拒否する際に、従事することを求められる業務の名称を具体的に提示しなければならなかった（名称提示義務）。その際、従事することを求められる業務について労働市場が被保険者を実質的に排除しているかどうかが審査されなければならず、残された能力にふさわしい職場が存在しない場合には、年金保険者は従事することを求められる業務の名称を具体的に提示することができないので、職業不能・稼得不能が認められた。

　また、依然としてフルタイムで労働することができる被保険者について、

---

156) BSGE 80, 24, 39 f.

職業不能・稼得不能の認定に際して残された能力にふさわしい職場が存在するかどうかが例外的に考慮されるのは、フルタイム職場の稀少性のために労働市場の閉鎖性の著しい危険が認められる例外ケースとしての稀少またはカタログケースが存在する場合に限定された。稀少またはカタログケースは、第1に、依然としてフルタイムで労働することができる被保険者が、労働協約の対象となる業務に、事業所における通常の労働条件の下で従事することができない場合であり、第2に、依然としてフルタイムで労働することができる被保険者が、健康上の理由に基づき住居から職場に通うことができない場合であり、第3に、フルタイム職場が事業所内で保有されており、またはその他の理由で事業所外の者には稀にしか供給されないので、労働市場で流通していないフルタイム職場で従事される業務のみが問題となっている場合である。稀少またはカタログケースが存在する場合には、労働市場の閉鎖性が認められたので、職業不能・稼得不能が認められた。

連邦社会裁判所大法廷は、1996年決定において、以上の判例を維持し、被保険者が健康上の理由に基づき稼得能力を制限されたものの、依然としてフルタイムで労働することができる場合には、原則として抽象的考察方法にとどまった[157]。つまり、大法廷は、拡張肯定説を退けた。なぜなら、第2次社会法典第6編改正法により、職業不能・稼得不能の法律上の定義規定に、依然としてフルタイムで労働することができる被保険者についてはその時々の労働市場状態が考慮されてはならないという規定が挿入されたので、大法廷は、裁判所が具体的考察方法を労働市場年金の方向に拡張することを阻止するという立法者の意図を尊重したからである[158]。

もっとも、依然としてフルタイムで労働することができる被保険者について、抽象的考察方法が常に妥当したわけではなく、稀少またはカタログケースが存在する場合に限り、例外として具体的考察方法が妥当した[159]。なぜ

---

157) Kurt Maier, Stop weiterer Rechtsfortbildung in Richtung „Arbeitsmarktrente" durch die Rechtsprechung – Eine Betrachtung zum Beschluß des Großen Senats des BSG vom 19. 12. 1996 – GS 1/95 – zur abstrakten Betrachtungsweise bei Renten wegen verminderter Erwerbsfähigkeit, SGb 1998, S. 1.

158) Maier, a. a. O. (Fn. 157), S. 5.

なら、ガーゲルによると、稼得能力は真空に存在するわけではなく、労働市場の要求と可能性を通じてのみ決定されるので、その時々の労働市場状態が考慮されてはならないという規定は、労働市場が総じて考慮されるべきではないことを意味しないからである。したがって、その時々の状態という法律上の文言により、景気の変動を考慮することは排除されたものの、依然として永続的な労働市場の状況は考慮された[160]。稀少またはカタログケースは、労働市場が永続的に閉鎖的であるため、職業不能・稼得不能の認定に際して考慮された。

その上で、連邦社会裁判所大法廷は、稀少またはカタログケースに肉体的に軽度の未熟練業向けの職場を追加するために、このような職場が一般的に事業所外の者にはもはや供給されていないこと、つまり労働市場で流通していないことを証明することができないとした。第13法廷によって聴取された専門家の意見は、肉体的に軽度の未熟練業向けの職場の一部しか参照していないので、稀少またはカタログケースの拡張を正当化しないという。第13法廷自身が、労働市場の透明性が欠けているため、目下のところ労働市場の閉鎖性の危険を肉体的に軽度の未熟練業について一般的に確認することができないという見解を支持しており、既存の稀少またはカタログケースが不十分であるとは認めていないとされる[161]。したがって、稀少またはカタログケースは、1996年決定により完結的なものと評価された。

2　不確定概念の合理的な運用

連邦社会裁判所大法廷は、1996年決定において、名称提示義務に関する従来の判例を維持した上で、困難ケースは、異常な能力制限の累積または重度の特殊な機能障害という広範な概念の合理的な運用によって受け止められると考えた[162]。その際、労働市場の閉鎖性が同時に審査されることが明示された。したがって、1996年決定によると、従事することを求められる業務の

---

159) Köbl, a. a. O. (Fn. 50), Rdnr. 108.
160) Gagel, a. a. O. (Fn. 135), S. 340.
161) BSGE 80, 24, 37 f.; Fuchsloch, a. a. O. (Fn. 136), S. 143.
162) Gagel, a. a. O. (Fn. 135), S. 340 f.

名称の具体的提示は、今後も、異常な能力制限の累積または重度の特殊な機能障害が存在する場合に必要とされた。なぜなら、この場合には、被保険者が依然として従事することができるフルタイム業務について、一般労働市場において十分な数の職場が存在することから何の問題もなく出発することができないからである[163]。

しかし、異常な能力制限の累積については、個別ケースで存在する制限の組み合わせの可能性が多様であり、個々の制限の重症度も異なるので、多くのことが不明確である。また、重度の特殊な機能障害についても、極端なケース以外の領域に、明確化の必要性が存在する[164]。その意味で、連邦社会裁判所第13法廷が1997年8月19日判決[165]において指摘するように、異常な能力制限の累積または重度の特殊な機能障害は不確定概念であり、明確な輪郭を持たないので、結局のところ、個別ケースにおける具体的な審査が重要にならざるをえない。すなわち、異常な能力制限の累積または重度の特殊な機能障害は、労働市場が被保険者の十分な労働可能性について疑問が生じるほどに限定されている場合に存在し、この場合には、さまざまな困難の結合が労働市場で供給される典型的な業務をどの程度まで不可能にするのかが審査されなければならない[166]。したがって、不確定概念の合理的な運用によって、稀少またはカタログケースの限定と第2次社会法典第6編改正法の立法者の意図が逸脱される危険は否定できない[167]。

この点について、連邦社会裁判所第13法廷の1997年8月19日判決は、異常な能力制限の累積または重度の特殊な機能障害が認められるかどうかの判断を、個別ケースにおける事実状態の特殊性と具体的な判断基準の欠如を理由に、下級審裁判所に委ねるとしたものの、同時に詳細かつ具体的な理由づけとそのための調査を尽くすことを要求した[168]。すなわち、異常な能力制限

---

163) Maier, a. a. O. (Fn. 157), S. 7.
164) Spiolek, a. a. O. (Fn. 104), S. 417.
165) BSG, Urteil vom 19. 8. 1997 – 13 RJ 1/94, BSGE 81, 15.
166) Gagel, a. a. O. (Fn. 135), S. 341.
167) Maier, a. a. O. (Fn. 157), S. 7.
168) BSGE 81, 15, 19 f.

の累積または重度の特殊な機能障害が認められるかどうかの判断は明確な実体法上の根拠から正当化されないので、その判断の正当性は手続、すなわち慎重な弁論と立証から明らかにされなければならないとした[169]。

3 障害年金の改革へ

連邦社会裁判所大法廷は、1996年決定により、はっきりとした形をとって浮かび上がってきた障害年金の今後の改革のため、将来を見越して障壁を取り除いた[170]。具体的には、第2次社会法典第6編改正法による社会法典第6編旧43条および旧44条の改正は、既に実務で行われていた従来の判例を成文化したにすぎないとして、立法者は、基本法14条の財産権により取得された権利を侵害しておらず、基本法20条3項の法治国家原理（Rechtsstaatsprinzip）により保障される信頼保護（Vertrauensschutz）に違反していないとした[171]。

また、第2次社会法典第6編改正法により、フルタイム職場の領域では原則として抽象的考察方法が妥当したのに対して、パートタイム労働市場においては今後も具体的考察方法が基礎に置かれた。確かに、原則としてパートタイム職場は依然として事実上稀少であり、職場の数と労働力の数との著しい不均衡のためにパートタイム労働市場は一般的に閉鎖的であった。しかし、1日6時間しか労働することができない被保険者は稼得不能年金を受給することができたのに対して、依然としてフルタイムで労働することができる被保険者は法律に基づき年金受給権を認められなかった。このことは、学説において、基本法3条1項の一般的平等原則（Allgemeiner Gleichheitssatz）の観点から憂慮されると指摘された[172]。

この点について、連邦社会裁判所大法廷は、1996年決定において、立法者が、基本法3条1項により求められる法的平等取扱（Rechtsetzungsgleichheit）の枠内で、一般労働市場のあらゆる業務に従事することを求められる依然と

---

169) Gagel, a. a. O.（Fn. 135), S. 341.
170) Maier, a. a. O.（Fn. 157), S. 2.
171) BSGE 80, 24, 37.
172) Knispel, a. a. O.（Fn. 141), S. 515.

してフルタイムで労働することができる被保険者に対して障害年金を支給することを要請されていないと述べた。なぜなら、立法者の制度形成の自由は、まさに、立法者が同一の法的効果を結びつける、つまり法的意味において平等と考える事態を選択することにあり、既存の社会保障制度から出発すれば、ドイツで働く意思を持っており、かつ、雇用世界の通常の要求に応えることができるすべての者を雇用することを可能にするため、ドイツ経済がそれほど多くの労働力を必要としていないことを理由とする労働市場リスクが年金保険に分配されていないことは、不適切でなく、是認できないわけでなく、または恣意的でないからであるという[173]。したがって、マイアーによると、連邦議会により決議された1999年年金改革法案も考慮すれば、裁判所によるさらなる法創造は、立法者を否認するものとして許容されないとされる[174]。

　それでは、障害年金の改革はどのような内容なのか。そして、立法者は連邦社会裁判所により形成された具体的考察方法に対してどのような態度を採ったのか。障害年金の改革については、章を改めて検討する。

---

173) BSGE 80, 24, 38.
174) Maier, a. a. O. (Fn. 157), S. 6.

第 5 章
ドイツの障害年金の改革

第 1 節　障害年金の改革に至る経緯

　本章は、第4章で分析した連邦社会裁判所の判例が、障害年金の改革にいかなる影響を与え、2001年障害年金改革法による改正後の障害年金の保険事故である稼得能力減退の認定にどのように受け入れられたのかを検討する。すなわち、障害年金の改革に至る経緯を辿り（**第1節**）、具体的考察方法に対して対照的な態度を採った1999年年金改革法（**第2節**）と2001年障害年金改革法（**第3節**）を検討する。その上で、立法者により維持された具体的考察方法を評価する（**第4節**）。最後に、ドイツの障害年金を相対化するため、障害年金の改革をめぐる現在の議論を確認する（**第5節**）。

第 1 項　障害年金の改革に関する1992年年金改革法の立場

　障害年金の改革の必要性は、ドイツにおいて1960年代には主張されており、批判は、主として実務において職業不能・稼得不能の定義規定や判例により形成された諸原則を適用することが困難であることに向けられていた[1]。1970年代の中頃には、職業不能・稼得不能の新たな定義規定が学説によって提案された[2]。1980年には、ドイツ年金保険者連合会（Verband Deutscher Rentenversicherungsträger）が2段階の稼得能力減退年金を提案し[3]、その

---

1) Heinrich Bekemeier, Berufs- und Erwerbsunfähigkeit – reformbedürftige Begriffe, SGb 1967, S. 145.
2) Gerhard Dapprich, Reform der Rentenformel?, SGb 1974, S. 179.
3) Franz Ruland/Herbert Rische, Die »Erwerbsminderungsrente« als Möglichkeit zur Reform der Sicherung bei Berufs- und Erwerbsunfähigkeit, DRV 1980, S. 17 ff.

後の障害年金の改革案に影響を与えた[4]。

　しかし、ライヒ保険法と職員保険法を社会法典第6編に統合した1992年年金改革法では、障害年金の改革は実現しなかった。なぜなら、第1に、障害年金の改革は、失業保険および労災保険にも関わる問題であったけれども、これらの制度を含めた包括的な改革案が展開されていなかったからである。第2に、1992年年金改革法において老齢年金の支給開始年齢が段階的に満60歳から満65歳に引き上げられることが予定されており、これにより老齢年金から障害年金への回避が生じるおそれがあったので、障害年金を改革する必要性はあったものの、信頼保護の観点からは、先回りして問題を解決する必要性はなかったからである。第3に、失業率が高い時代に、年金保険と失業保険との間の新たなリスク分配をもたらす可能性のある障害年金の改革を実現することは、連邦雇用庁の財政負担を増大させるので、困難であったからである[5]。

　もっとも、連邦参議院は、1992年年金改革法の態度表明（Stellungnahme）において、障害年金が緊急に改革を必要としているとして、連邦政府に対して、1992年年金改革法に関する立法手続の終了後に、年金保険と失業保険との間での適正なリスク分配をもたらすと同時に、1992年年金改革法において予定される老齢年金の支給開始年齢の引き上げの効果が失われることを防ぐため、障害年金に関する法改正の準備を行うことを求めた[6]。

第2項　障害年金の改革の必要性と提案

1　障害年金の改革の必要性

　障害年金の改革の必要性について、1980年代までは、職業不能年金の問題が指摘されていた。すなわち、連邦社会裁判所により形成された多段階図式は、労働市場の現実、労働者への要求および職業訓練生が不断に変化したので、この変化に恒常的に適合させなければならなかった。この絶え間ない

---

4) David Kemper, Die Reform der Renten wegen verminderter Erwerbsfähigkeit, 2006, S. 163.
5) Martin Ammermüller, Übersicht zum Entwurf eines Rentenreformgesetzes 1992, SGb 1989, S. 136.
6) BT-Drucks. 11/4452, S. 9.

変化によって、多段階図式の適用が複雑になり、個別ケースごとの判断が増加したので、法的安定性が失われ、年金保険者と裁判所の負担が増大した[7]。**第4章第1節第3項1**で前述したように、失業率の上昇とパートタイム職場の不足に伴い、連邦社会裁判所により具体的考察方法が採用され、職業不能から稼得不能への浸出が生じたので、職業不能年金の申請を処理する負担と職業不能年金が承認される件数との間で不均衡が生じた[8]。また、多段階図式の下では、職業資格を有しない被保険者は、高度の職業資格を有する被保険者と同じく報酬に比例した保険料を納めていたにもかかわらず、職業不能年金を受給する機会を有しなかった。このことは、年金保険を特徴づける保険原理に違反し、基本法3条1項の一般的平等原則に違反すると指摘されていた[9]。

しかし、1990年代になると、具体的考察方法の問題が年金保険者の側から指摘されていた。すなわち、具体的考察方法が健康上の理由に基づき稼得能力を制限された被保険者の労働市場リスクを失業保険から年金保険に移行したことで、年金保険に相当な財政負担をもたらした。というのも、1990年代

---

7) Kemper, a. a. O.（Fn. 4）, S. 152. 多段階図式の適用が困難であることを示す例として、連邦社会裁判所第4法廷の1989年4月25日判決（BSG, Urteil vom 25. 4. 1989 – 4 RA 67/88, SozR 2200 § 1246 Nr. 161）が挙げられる。本件は、3年半の職業訓練を修了して製図技術者（Technischer Zeichner）として働いていた原告が、プロサッカー選手（Berufsfußballspieler）として協会と契約を締結して就業していたけれども、試合中に膝を負傷し、これを理由にプロスポーツの経歴を辞めざるを得なかったことから、職業不能年金の支給を申請したという事案である。第4法廷は、次の理由から、プロサッカー選手の職業不能を認めなかった。すなわち、多段階図式は、従来の職業として老齢年金の支給開始年齢に到達するまで従事することができる業務を念頭に置いているところ、プロサッカー選手は完全に健康な場合でも年齢により短期間しかその活動に従事することができないので、プロサッカー選手は、以前の職業活動に復帰するか、それとも標準的な稼得活動を開始するかを避けられないという。したがって、プロサッカー選手が標準的な労働生活への復帰後にどのような稼得活動に従事することを求められるのかについては、広範な判断の余地があるとした。その上で、第4法廷は、プロスポーツ選手がいかなる業務に従事することが一般的に期待可能であるのかについては判断を避けながら、若くしてスポーツ障害を持ったプロサッカー選手は、標準的な労働生活への必要な再統合に際して、まずはプロスポーツの経歴を開始する前に職業訓練を受けた職業活動に従事することを求められると判断した。

8) Ursula Köbl, Erwerbsminderungsrenten, in: Ulrich Becker/Franz-Xaver Kaufmann/Bernd Baron von Maydell/Winfried Schmähl/Hans F. Zacher (Hrsg.), Alterssicherung in Deutschland, FS für Franz Ruland, 2007, S. 377.

に失業率が上昇したことにより、職業不能・稼得不能年金の新規裁定者に占める労働市場年金の割合が1985年の20.1％から1995年の31.4％に上昇したからである[10]。また、具体的考察方法は、労働市場年金を通じて、実際の年金の支給開始年齢を引き下げ、年金の早期受給をもたらしたので、老齢年金から障害年金への回避によって、1992年年金改革法により老齢年金の支給開始年齢が引き上げられたことと老齢年金の繰り上げ受給の場合の割引（Abschläge）が導入されたことの効果が失われるおそれがあった[11]。したがって、具体的考察方法の拡張による財政負担の増大を懸念する年金保険者は、連邦政府が早期に失業保険の役割を拡張する方向で障害年金の改革に着手することを求めていた[12]。

---

9) この点について、連邦憲法裁判所は、1981年11月10日決定（BVerfG, Beschluß vom 10. 11. 1981 – 1 BvL 18/77, BVerfGE 59, 36）において次のように判断した。すなわち、年金保険は、保険料納付およびリスク分散に基づく保険原理と扶助的な連帯原理によって特徴づけられるとした上で、職業不能年金を受給する機会について高度の職業資格を有する被保険者が職業資格を有しない被保険者に対して優先的に取り扱われるという規定は、保険原理に違反しないという。なぜなら、高度の職業資格を有する被保険者は通常、より高額の所得に基づきより高額の保険料を納めてきたからであるとされる。確かに、より高額の保険料に基づく年金はより低額の保険料に基づく年金と比べて高額であるものの、保険原理の効果はこのことに尽きず、高度の職業資格を有する被保険者について職業不能のリスクが年金保険による保障の対象になることも、保険原理の重要な帰結であるという。したがって、連邦憲法裁判所は、職業不能年金について、法律それ自体によって定められた事物の法則（Sachgesetzlichkeit）に反するという意味での体系違反（Systemwidrigkeit）を認めず、平等原則違反の徴候を認めなかった。

しかし、ルーラントによって、期待不可能な社会的地位の低下は、高度の職業資格を有する被保険者の局所的なリスクであり、その他の被保険者には支給されない追加の給付類型は、より高額の保険料を支払ったことによって正当化されないと指摘されていた。なぜなら、法律上の強制に基づく年金保険は、保険料率が一律の下では、すべての被保険者に等しく定型的であるリスクを保障することができるけれども、特定の被保険者集団の局所的なリスクを保障することはできないからであるという。Franz Ruland, Rentenversicherung, in: Bernd Baron von Maydell/Franz Ruland (Hrsg.), Sozialrechtshandbuch, 2. Aufl., 1996, § 16 Rdnr. 154.

10) Ehrentraud Seidel, Reformüberlegungen zur Neuordnung der Renten wegen verminderter Erwerbsfähigkeit, DRV 1997, S. 111; Friederike Schleicher, Renten bei verminderter Erwerbsfähigkeit, BArbBl. 2/1998, S. 27; Dirk von der Heide, Die Problematik der Frühverrentung in der gesetzlichen Rentenversicherung – Entwicklung, Ursachen, Auswirkungen und Lösungen, NZS 1997, S. 303.

11) BT-Drucks. 11/4452, S. 9.

2 障害年金の改革案

障害年金の改革案は、年金保険者の側から数多く公表された。これらの提案は職業不能年金の廃止で共通していたものの、多くは障害年金の2段階制の維持を支持していた。提案の多くは、稼得能力の減退を働くことができる労働時間によって認定し、被保険者がハーフタイム（＝1日4時間）未満しか労働することができない場合には老齢年金と同額の完全年金を支給し、ハーフタイム以上フルタイム（＝1日7時間から8時間）未満労働することができる場合には完全年金の半額を支給するというモデルを採用していた。このモデルは、働くことができる労働時間を認定基準とする限りで、連邦社会裁判所の判例を受容していた。具体的考察方法を抽象的考察方法に転換することに関しては、年金保険が健康上の理由に基づき稼得能力を制限された被保険者の労働市場リスクを負担すべきではないことで広範な一致があったけれども、依然として厳しいパートタイム職場の不足を考慮して、健康上の理由に基づき稼得能力を制限された被保険者に対して早期に年金を支給する見解も現れた[13]。こうして、年金保険と失業保険との間の適正なリスク分配は、解釈論の問題というより、立法政策の問題となった[14]。

第3項 「年金保険の持続的発展」委員会の報告書

このような中で、連邦政府が障害年金に関する法改正の準備を行うきっかけになったのは、具体的考察方法を肉体的に軽度の労働に依然としてフルタイムで従事することができる高齢で長期失業状態にある被保険者にも拡張する動向である。すなわち、連邦社会裁判所第13法廷の1994年11月23日決定に危機感を抱いた連邦政府は、第2次社会法典第6編改正法により従来の連邦社会裁判所の判例を成文化することを通じて、障害年金の改革による労働市

---

12) Kurt Maier, Rente wegen Erwerbsunfähigkeit an arbeitslose, erwerbsgeminderte, aber vollschichtig einsatzfähige Versicherte?, SGb 1994, S. 455.

13) Kemper, a. a. O. (Fn. 4), S. 218 ff.; Ursula Köbl, Reform der Erwerbsminderungsrenten, in: Bertram Schulin (Hrsg.), Handbuch des Sozialversicherungsrechts, Bd. 3: Rentenversicherungsrecht, 1999, § 26 Rdnr. 4 ff.

14) Christian Rolfs, Das Versicherungsprinzip im Sozialversicherungsrecht, 2000, S. 358.

場リスクの適正な分配が実現するまでは、連邦社会裁判所大法廷によるさらなる法創造を阻止しようとした。その上で、連邦政府は、年金保険者の側からの財政負担の軽減の要求だけでなく、使用者の側で高まった賃金付随費用の引き下げの要求も受けて[15]、1996年6月12日に「年金保険の持続的発展」委員会（Kommission „Fortentwicklung der Rentenversicherung"）を設置し、この委員会で障害年金の改革を検討することにした。したがって、障害年金の改革の決定的な要因は、年金保険の財政問題であり、年金保険の財政負担の軽減という要求の中で、障害年金の改革も取り上げられた[16]。

「年金保険の持続的発展」委員会は、1997年1月27日に報告書を公表した。それによると、本委員会は、障害年金が年金保険の不可欠な構成要素であると考えたものの、とりわけ年金保険と失業保険との間の適正なリスク分配の観点から、職業不能・稼得不能年金が抜本的な新規定を必要としているという見解を支持した。具体的には、本委員会は、障害リスクと失業リスクを区別して、適正に年金保険と失業保険に分配するため、連邦社会裁判所大法廷の1969年決定までは多数の学説と実務において適切であると考えられていたように、抽象的考察方法に復帰することが必要であると考えた。したがって、稼得能力の減退の認定に際しては、もっぱら被保険者の健康状態のみが考慮されるべきであり、従来の連邦社会裁判所の判例によると重要な具体的考察方法のように、労働市場における具体的状況は考慮されるべきではないとした。また、本委員会は、職業不能と稼得不能の区別が時代遅れであると考えたので、2種類の職業不能年金と稼得不能年金を廃止して、働くことができる労働時間に基づき、2段階の稼得能力減退年金を導入することを提案した[17]。

---

15) Günter Offczors, Abschied von der gesetzlichen Invaliditätssicherung – Überlegungen zu den Vorschlägen der Rentenreformkommission und der derzeitigen Rechtspraxis, SGb 1997, S. 294.
16) Köbl, a, a, O. (Fn. 13), Rdnr. 1 und 28.
17) Vorschläge der Kommission „Fortentwicklung der Rentenversicherung" vom 27. 1. 1997, Beilage zu NJW 13/1997, S. 19.

第 2 節　1999年年金改革法による障害年金の改革

第 1 項　障害年金の要件規定

　連邦政府は、「年金保険の持続的発展」委員会の報告書に沿って政府案を作成し、1997年6月18日の閣議で政府案を決議した。連邦議会は、1997年12月11日に政府案を多数決により可決し、政府案が1999年年金改革法（Rentenreformgesetz 1999）[18]として成立した。本章は、**第 2 節**において、1999年年金改革法による障害年金の新規定のうち、とりわけ 2 段階の稼得能力減退年金の導入と抽象的考察方法への復帰を検討する。

　1999年年金改革法によると、職業不能年金の要件を定めていた社会法典第 6 編43条は新たに定められたけれども、稼得不能年金の要件を定めていた社会法典第 6 編44条は削除された。1999年年金改革法による改正後の社会法典第 6 編43条 1 項は、次のように定められていた。

「被保険者は、満65歳に到達するまでに、次の各号のいずれにも該当した場合に、一部稼得能力減退を理由とする年金の受給権を取得する。
一　一部稼得能力減退の状態にあること
二　稼得能力減退の発生前の直近 5 年間のうちに、保険加入義務のある就業または業務に関する強制保険料を 3 年間納めていること
三　稼得能力減退の発生前に一般受給資格期間を満たしていること
　一部稼得能力減退とは、被保険者が、疾病または障害を理由として、一般労働市場の通常の条件の下で少なくとも 1 日 6 時間稼得活動に従事することが長期にわたってできないことをいう；その際、その時々の労働市場状態が考慮されてはならない。」

　また、1999年年金改革法による改正後の社会法典第 6 編43条 2 項 1 文およ

---

[18] Gesetz zur Reform der gesetzlichen Rentenversicherung（Rentenreformgesetz 1999 – RRG 1999）vom 16. 12. 1997, BGBl. I S. 2998.

び2文は、次のように定められていた。

「被保険者は、満65歳に到達するまでに、次の各号のいずれにも該当した場合に、完全稼得能力減退を理由とする年金の受給権を取得する。
一　完全稼得能力減退の状態にあること
二　稼得能力減退の発生前の直近5年間のうちに、保険加入義務のある就業または業務に関する強制保険料を3年間納めていること
三　稼得能力減退の発生前に一般受給資格期間を満たしていること
　完全稼得能力減退とは、被保険者が、疾病または障害を理由として、一般労働市場の通常の条件の下で少なくとも1日3時間稼得活動に従事することが長期にわたってできないことをいう；その際、その時々の労働市場状態が考慮されてはならない。」

第2項　2段階の稼得能力減退年金の導入

1　職業不能・稼得不能年金の廃止と稼得能力減退の認定基準

　1999年年金改革法により、高度の職業資格を有する被保険者しか受給することができない職業不能年金は、平等原則の具体化としての保険原理に反するので、職業不能・稼得不能年金は廃止され、その代わりに、新たに2段階の稼得能力減退年金が導入された[19]。言い換えると、従来の稼得不能年金は、2段階の稼得能力減退年金に定義し直されることになった[20]。

　稼得能力減退の認定基準は、立法趣旨によると、平等原則を具体化する保険原理のため、すべての被保険者について統一的かつ平等な基準でなければならないとされた。したがって、稼得能力減退の認定は、一般労働市場のあらゆる業務において働くことができる労働時間に基づいて行われることになった[21]。これは、従来の稼得不能の認定に際して、被保険者が健康上の理由に基づきパートタイム労働にしか従事することができない場合には具体的考

---

19) BT-Drucks. 13/8011, S. 49.
20) Günther Offczors/Cornelius Pawlita, Die Erwerbsminderungsrente nach dem Rentenreformgesetz 1999, SozSich 1997, S. 363.
21) BT-Drucks. 13/8011, S. 49 f. und 54.

察方法が妥当したので、一般労働市場のあらゆる業務において働くことができる労働時間が稼得不能の認定基準であったことに類似する。しかし、一般労働市場における被保険者の稼得能力がフルタイム未満に低下した場合には稼得不能が認められたのに対して、従来の稼得不能の認定が具体的な時間数に応じて2段階に分かれた[22]。1999年年金改革法による改正後の社会法典第6編43条1項2文前段および2項2文前段によると、1日3時間未満しか稼得活動に従事することができない被保険者は完全稼得能力減退の状態にあり、1日3時間以上6時間未満しか稼得活動に従事することができない被保険者は一部稼得能力減退の状態にあった。

1日3時間未満しか稼得活動に従事することができないという完全稼得能力減退の認定基準は、一方で年金保険と失業保険との間のシームレスを保障し、他方で障害年金の新規定により目指された適正なリスク分配を達成するため、不可欠であるとされた。なぜなら、失業保険において職業紹介の対象となる、つまり斡旋可能な状態にあるのは、少なくとも1日3時間稼得活動に従事することができる者だからである[23]。したがって、被保険者が1日3時間以上稼得活動に従事することができるので、完全な賃金代替給付としての完全稼得能力減退年金の受給権を有しない場合には、失業保険による給付が排除されてはならないとされた。逆に言えば、被保険者が1日3時間未満しか稼得活動に従事することができないので、失業保険において斡旋可能な状態になく、失業保険による給付が認められない場合には、年金保険において完全稼得能力減退が認められなければならないとされた[24]。

また、一部稼得能力減退の認定基準が1日6時間未満しか稼得活動に従事

---

22) Kemper, a. a. O.（Fn. 4）, S. 317.
23) 失業保険における失業手当受給権は、失業の状態にあり、失業の届出をしており、かつ、被保険者期間（Anwartschaftszeit）を満たしている者が取得する（社会法典第3編137条1項）。失業とは、労働者が就業関係になく（就業の喪失）、自ら就業の喪失を解消する努力をしており（自らの努力）、かつ、職業紹介の対象となっている（斡旋可能性）ことをいう（社会法典第3編138条1項）。このうち、斡旋可能な状態にあるのは、一般労働市場の通常の条件の下で、少なくとも1週15時間、つまり1日3時間の期待可能な就業に従事することができる者である（社会法典第3編138条5項）。
24) BT-Drucks. 13/8011, S. 54 f.

することができないとされたのは、障害年金の賃金代替機能を維持するため、年金受給権の発生にとって顕著な健康侵害状態が求められたからである[25]。したがって、従来のパートタイム労働市場の閉鎖性を理由とする稼得不能年金と比べて、1日6時間以上フルタイム未満稼得活動に従事することができる被保険者は年金受給権を失うことになった[26]。

2　2段階の稼得能力減退年金の額

完全稼得能力減退の被保険者は、一般労働市場において活用することができる稼得能力を有していないと考えられたので、一般受給資格期間と特別な保険法的要件を満たす場合には、完全な賃金代替給付、すなわち老齢年金と同額の完全年金を受給するとされた（完全稼得能力減退年金の年金種別係数は1.0であった。1999年年金改革法による改正後の社会法典第6編67条3号）。これに対して、一部稼得能力減退の被保険者は、残された稼得能力を一般労働市場において活用して所得を稼ぐことができると考えられたので、完全年金の半額の年金を受給するとされた（一部稼得能力減退年金の年金種別係数は0.5であった。1999年年金改革法による改正後の社会法典第6編67条2号）。

第3項　抽象的考察方法への復帰

1999年年金改革法の目的の1つは、労働市場リスクの年金保険と失業保険との間での適正な分配であった[27]。この目的に関わるのが、1999年年金改革法による改正後の社会法典第6編43条1項2文後段および2項2文後段の「その際、その時々の労働市場状態が考慮されてはならない」という規定であった。この規定は、立法趣旨によると、被保険者の稼得能力が減退しているかどうかを認定する場合には、もっぱら健康状態しか考慮されず、具体的考察方法のように、労働市場におけるその時々の状態は考慮されないことを意味するとされた。なぜなら、年金保険は、被保険者の所得の喪失を補填することについて、所得の喪失がもっぱら稼得能力の減退に基づく限りでのみ

---

25) Schleicher, a. a. O. (Fn. 10), S. 31.
26) Offczors/Pawlita, a. a. O. (Fn. 20), S. 363.
27) BT-Drucks. 13/8011, S. 2 und 49.

管轄し、被保険者が、パートタイム職場の欠如を理由として、所得を稼ぐために残された能力を実際に活用する機会を有しない場合には、年金保険ではなく失業保険が管轄するからであるという[28]。したがって、1999年年金改革法の下では、1日3時間以上6時間未満しか稼得活動に従事することができない被保険者は、失業状態にあり、年金申請から1年以内に残された能力にふさわしいパートタイム職場が供給されない場合であっても、一部稼得能力減退年金を受給することになった[29]。こうして、1999年年金改革法の立法者は、パートタイム労働市場の閉鎖性のフィクションを廃止して、抽象的考察方法に復帰することを意図していた[30]。

その上で、1999年年金改革法により具体的考察方法が完全に廃止されたのかどうかについて、年金保険と失業保険との間の適正なリスク分配という改革の目的を重視する立場から、労働市場の状態は1日6時間以上稼得活動に従事することができる被保険者についても考慮されてはならないので、連邦社会裁判所により形成された稀少またはカタログケースは適用されず、具体的考察方法は1999年年金改革法により完全に廃止されたと解する見解があった[31]。しかし、「その時々の労働市場状態が考慮されてはならない」という規定は、**第4章第2節第4項2**で前述したように、景気の変動による労働市場の状況を考慮することを排除するにすぎず、永続的な労働市場の状況を考慮することを排除するものではない[32]。なぜなら、稼得活動に従事することは、真空で行われるのではなく、労働市場において行われるので、稼得能力減退の認定に際して労働市場の状態が全く考慮されないことは許されないからである[33]。この解釈は、連邦社会裁判所大法廷の1996年決定によって支持されていた[34]。また、1999年年金改革法の社会法典第6編43条1項2文前段

---

28) BT-Drucks. 13/8011, S. 49 und 54.
29) Schleicher, a. a. O. (Fn. 10), S. 31.
30) Alexander Gagel, Erwerbsminderungsrenten: Entwicklungen in Politik, Gesetzgebung und Rechtsprechung, SozSich 1997, S. 343.
31) Dirk von der Heide/Helmut Stahl/Frank Wollschläger, Die Neuordnung der Erwerbsminderungsrenten nach dem Rentenreformgesetz 1999, DRV 1998, S. 16.
32) Gagel, a. a. O. (Fn. 30), S. 340.
33) Offczors, a. a. O. (Fn. 15), S. 295.

および 2 項 2 文前段において、「一般労働市場の通常の条件の下で」という表現が挿入されたのは、立法趣旨によると、稼得能力の認定に際して認定される被保険者に労働市場が全く存在しないような業務は考慮されてはならないことを保障するためであると説明されており、明示的に1996年決定が引用されていた[35]。

したがって、1999年年金改革法の社会法典第 6 編43条 1 項 2 文後段および 2 項 2 文後段は、被保険者が一般労働市場のあらゆる業務に依然としてフルタイムで従事することができる場合の従来の連邦社会裁判所の判例を変更するものではなかった。すなわち、1 日 6 時間以上稼得活動に従事することができる被保険者について、異常な能力制限の累積または重度の特殊な機能障害という著しい健康上の制限が認められる場合や、フルタイム職場の稀少性のために労働市場の閉鎖性の著しい危険が認められる例外ケースとしての稀少またはカタログケースが存在する場合には、一般労働市場の通常の条件の下で稼得活動に従事することができないと解されるので、完全稼得能力減退が認められたと考えられる[36]。

そうすると、被保険者が 1 日 3 時間以上 6 時間未満しか従事することができない場合にも労働市場の状態が全く考慮されないわけではなかったという解釈も容易に導かれる。すなわち、1 日 3 時間以上 6 時間未満しか稼得活動に従事することができない被保険者についても、一般労働市場の通常の条件の下での稼得活動にのみ従事することを求められ、これは、労働市場がそもそもこのような時間的に限定された就業のために職場を用意している場合に限られるという原則が妥当したと解される[37]。したがって、抽象的考察方法への復帰という立法者の意図に反するものの、一般労働市場の通常の条件という概念を用いて少なくとも労働市場リスクの一部は年金保険に分配されていたと解することができる[38]ので、具体的考察方法は1999年年金改革法に

---

34) BSGE 80, 24, 35 f.
35) BT-Drucks. 13/8011, S. 54.
36) Gagel, a. a. O.（Fn. 30), S. 343.
37) Gagel, a. a. O.（Fn. 30), S. 343.
38) Köbl, a. a. O.（Fn. 13), Rdnr. 46.

よって完全に廃止されていなかったと考えられる。

　1999年年金改革法による障害年金の新規定は、2000年1月1日に発効する予定であった。しかし、1998年の連邦議会選挙により、政権がキリスト教民主同盟・キリスト教社会同盟と自由民主党の連立政権から社会民主党と90年連合・緑の党の連立政権に交代したため、1998年12月19日の社会保険の修正および労働者の権利の保障のための法律[39]により、障害年金の新規定の発効が1年間、つまり2001年1月1日まで延期された。これにより、ゲーアハルト・シュレーダー（Gerhard Schröder）政権の下で障害年金の改革案が改めて構想されることになった。

第3節　2001年障害年金改革法による障害年金の改革

第1項　障害年金の要件規定

　シュレーダー政権は新たな法案を作成し、この法案が2001年障害年金改革法として成立し、2001年1月1日に発効した。本章は、**第3節**において、現行法として妥当している2001年障害年金改革法の内容について、**第2章第3節**では十分な考察ができなかったところを中心に検討を行う。

　2001年障害年金改革法によると、職業不能年金の要件を定めていた社会法典第6編43条は新たに定められたけれども、稼得不能年金の要件を定めていた社会法典第6編44条は削除された。2024年現在の社会法典第6編43条1項は、次のように定められている。

「被保険者は、老齢年金の標準支給開始年齢に達するまでに、次の各号のいずれにも該当した場合に、一部稼得能力減退を理由とする年金の受給権を取得する。
一　一部稼得能力減退の状態にあること
二　稼得能力減退の発生前の直近5年間のうちに、保険加入義務のある就業

---

[39] Gesetz zu Korrekturen in der Sozialversicherung und zur Sicherung der Arbeitnehmerrechte vom 19. 12. 1998, BGBl. I, S. 3843.

またば業務に関する強制保険料を３年間納めていること
三　稼得能力減退の発生前に一般受給資格期間を満たしていること
　一部稼得能力減退とは、被保険者が、疾病または障害を理由として、一般労働市場の通常の条件の下で少なくとも１日６時間稼得活動に従事することが長期にわたってできないことをいう。」

　また、2024年現在の社会法典第６編43条２項１文および２文は、次のように定められている。

「被保険者は、老齢年金の標準支給開始年齢に達するまでに、次の各号のいずれにも該当した場合に、完全稼得能力減退を理由とする年金の受給権を取得する。
一　完全稼得能力減退の状態にあること
二　稼得能力減退の発生前の直近５年間のうちに、保険加入義務のある就業または業務に関する強制保険料を３年間納めていること
三　稼得能力減退の発生前に一般受給資格期間を満たしていること
　完全稼得能力減退とは、被保険者が、疾病または障害を理由として、一般労働市場の通常の条件の下で少なくとも１日３時間稼得活動に従事することが長期にわたってできないことをいう。」

第２項　２段階の稼得能力減退年金の導入

1　職業不能・稼得不能年金の廃止

　以上の規定によると、職業不能・稼得不能年金を廃止し、新たに２段階の稼得能力減退年金を導入するという1999年年金改革法の立場は、2001年障害年金改革法においても維持された[40]。しかし、1999年年金改革法による改正後の社会法典第６編43条１項２文後段および２項２文後段は削除され、2001年障害年金改革法により新たな社会法典第６編43条３項が定められた。この規定は、本章**第３節第３項１**で後述する。

---

40) BT-Drucks. 14/4230, S. 23.

稼得能力減退の認定では、稼得不能の認定と同様に、すべての被保険者が一般労働市場のあらゆる業務に従事することを求められる。したがって、残された稼得能力の認定基準は、労働市場に存在する考えうる限りのいずれかの業務における被保険者の稼得能力である[41]。職業不能の認定のように従来の職業や従事することを求められる期待可能な業務は考慮されないので、職業保護は本章**第3節第7項**で後述する経過規定を除いて保障されない。その意味で、1889年障害・老齢保険法からの障害年金の展開を想起すると、稼得不能は時代を超越した保険事故と考えることができるので、「職業不能年金は消滅し、稼得不能年金は存続する。」(„Berufsunfähigkeitsrente vergeht, Erwerbsunfähigkeitsrente besteht.") ということができる[42]。

　もっとも、社会法典第6編43条1項2文および2項2文において「一般労働市場の通常の条件の下で」という表現が挿入されているので、一般労働市場における通常の業務のみが考慮される。この表現が挿入されたのは、立法趣旨によると、稼得能力の認定に際して認定の対象となる被保険者に労働市場が全く存在しないような業務は考慮されてはならないことを保障するためであるとして、連邦社会裁判所大法廷の1996年決定が明示的に引用された[43]。この立法趣旨の意味は、本章**第3節第3項**1で後述する。

2　稼得能力減退の認定基準

　稼得能力減退の認定基準は、1999年年金改革法と同一である。したがって、稼得能力減退の認定は、主として被保険者が週5日の枠内で1日何時間稼得活動に従事することができるかに基づいて行われる。働くことができる労働時間が稼得能力減退の認定基準となったのは、立法趣旨によると、1999年年金改革法と同じく、すべての被保険者について統一的かつ平等な認定基準を保障するためである[44]。その限りで、1999年年金改革法に関して本章**第2節**

---

41) BT-Drucks. 14/4230, S. 25.
42) Ursula Köbl, Erwerbsunfähigkeit, in: Bertram Schulin (Hrsg.), Handbuch des Sozialversicherungsrechts, Bd. 3: Rentenversicherungsrecht, 1999, § 24 Rdnr. 1.
43) BT-Drucks. 14/4230, S. 25.
44) BT-Drucks. 14/4230, S. 25.

第2項1で前述したことは、ここにも当てはまる。

　1957年年金改革により採用された障害年金の2段階制は、長期にわたる改革論の中で総じて有効なものと考えられており、働くことができる労働時間に基づく2段階の稼得能力減退年金とは別の立法政策上望ましい選択肢は、費用の抑制という条件の下では現れなかった[45]。しかし、これまでの障害年金の改革案がフルタイムおよびハーフタイムという従来の実務に対応していたのに対して、1999年年金改革法および2001年障害年金改革法は、6時間および3時間という具体的な時間数に依拠している[46]。

　このことから、1999年年金改革法の段階で、残された稼得能力を時間数に基づいて正確に認定することは容易でないと指摘されていた[47]。なぜなら、稼得能力減退の認定は社会医学的判定を必要とするものの、主要な認定基準として働くことができる労働時間が選択されており、社会医学的判定にとっての十分な基準がないので、多くの社会医学的判定においては診断を稼得能力の評価に結びつける理由づけが不足しているからである[48]。言い換えると、健康上の理由に基づく稼得能力の制限の結果は、通常は職業上の行動範囲を機能的な観点からも時間的な観点からも制限するので、労働時間の次元に限定することが難しい[49]。したがって、実際には、残された稼得能力を厳密に労働時間で正確に測定することはできず、時間数による表示が伝えるのは、見せかけだけの正確さにすぎないとして、働くことができる労働時間が稼得能力減退の認定基準となったことを消極的に評価する見解がある[50]。

　これに対して、稼得能力減退の認定基準は、明確に特定された、そして理

---

45) Köbl, a. a. O.（Fn. 8）, S. 364.
46) Kemper, a. a. O.（Fn. 4）, S. 326.
47) Gagel, a. a. O.（Fn. 30）, S. 344; Offczors/Pawlita, a. a. O.（Fn. 20）, S. 371 f.
48) Alexander Gagel/Hans-Martin Schian, Die Dominanz der Rehabilitation bei Bearbeitung und Begutachtung in Rentenverfahren – zugleich ein Ansatz zur besseren Bewältigung der Anforderungen des § 43 SGB VI, SGb 2002, S. 530.
49) Günter Offczors, Renten wegen verminderter Erwerbsfähigkeit – Werden Gesetzesregelungen und Begutachtungspraxis der Situation gesundheitlich beeinträchtigter Arbeitnehmer gerecht?, Jahrbuch für Kritische Medizin 39, 2003, S. 130.
50) Olaf Rademacker, Das Neue Recht und seine Auswirkungen, SozSich 2001, S. 76.

論的に特定可能な時間数に基づいて稼得能力減退をすべての被保険者について統一的かつ平等に認定するという意味で、法的明確性と法的安定性に貢献するとして積極的に評価する見解がある[51]。いずれにせよ、残された稼得能力を特定の時間数に換算することは可能であるものの、具体的な業務を念頭に置いたとしても困難であることに、ほとんど異論はない[52]。

なお、**第３章第３節第３項**で前述したように、自営業に従事していないことが稼得不能の消極要件であったけれども、この要件は廃止された。立法趣旨によると、労働者類似の自営業者が年金保険における強制被保険者となったので、労働者類似の自営業者にも従属的な労働者と同一の給付を請求する可能性が認められなければならないからであるとされる[53]。したがって、保険加入義務のある自営業者も、要件を満たせば完全稼得能力減退年金の受給権を取得することになった。

第３項　具体的考察方法の維持

１　稼得能力減退と労働市場との二重のつながり

2001年障害年金改革法による改正後の社会法典第６編43条３項は、次のように定められている。

「一般労働市場の通常の条件の下で少なくとも１日６時間稼得活動に従事することができる者は、稼得能力減退の状態にない；その際、その時々の労働市場状態が考慮されてはならない。」

この規定は、一見したところ、稼得能力減退を消極的に定義しているにすぎないようにみえる。この規定の意味を理解するためには、この規定を設けた立法者の意図を知る必要がある。2001年障害年金改革法の目的は、1999年

---

[51] Jacob Joussen, Die Rente wegen voller und teilweiser Erwerbsminderung nach neuem Recht, NZS 2002, S. 295.

[52] Karl-Jürgen Bieback, Abstimmung zwischen Altersrenten, Schutz bei Erwerbsminderung und Arbeitslosigkeit, SDSRV 63, 2013, S. 29.

[53] BT-Drucks. 14/4230, S. 26.

年金改革法と同じく労働市場リスクの年金保険と失業保険との間での適正な分配である[54]。しかし、2001年障害年金改革法の立法者は、1999年年金改革法の立法者と異なり、望ましくない労働市場の状況のために具体的考察方法を維持すると宣言し、障害年金の受給権は、抽象的考察方法のように被保険者の健康状態にのみ起因するのではなく、パートタイム労働市場の具体的状況において、残された稼得能力を活用することが依然としてできるかどうかにも起因するとされた[55]。望ましくない労働市場の状況は、2000年当時だけでなく[56]、今後も継続すると予想された[57]。

具体的考察方法の維持という立法者の意図を踏まえると、社会法典第6編43条3項は、反対解釈（Umkehrschluss）により、1日6時間未満しか稼得活動に従事することができない者は、その時々の労働市場状態が考慮されることを意味する[58]。これは、連邦社会裁判所大法廷の1969年決定および1976年決定により被保険者がパートタイム労働にしか従事することができない場合に認められた具体的考察方法を指す。したがって、1976年決定によると、1日6時間未満しか稼得活動に従事することができない被保険者に年金申請から1年以内に残された能力にふさわしい職場が供給されない場合には、パートタイム労働市場は実質的に閉鎖的であるとみなされる（パートタイム労働市場の閉鎖性のフィクション）。この場合、失業を理由として残された稼得能力を労働市場で活用して所得を稼ぐことが実際にできない被保険者について、一部稼得能力減退ではなく、完全稼得能力減退が認められる[59]。もっと

---

54) BT-Drucks. 14/4230, S. 1 und 23.
55) BT-Drucks. 14/4230, S. 25.
56) 2000年9月末において、約34万1千人の登録済のパートタイム労働求職者に対して、約9万の未配置のパートタイム職場が存在していた。Udo Stichnoth/Thomas Wiechmann, Reform der Renten wegen verminderter Erwerbsfähigkeit, DAngVers 2001, S. 57.
57) Frank Wollschläger, Gesetz zur Reform der Renten wegen verminderter Erwerbsfähigkeit, DRV 2001, S. 279.
58) Deutsche Rentenversicherung Bund (Hrsg.), Die Renten wegen verminderter Erwerbsfähigkeit – Grundsätze der gesetzlichen Rentenversicherung, 2018, S. 89; Gerhard Igl/Felix Welti, Sozialrecht, 8. Aufl., 2007, § 34 Rdnr. 21; Köbl, a. a. O. (Fn. 8), S. 368 und 372; Rademacker, a. a. O. (Fn. 50), S. 75; Stichnoth/Wiechmann, a. a. O. (Fn. 56), S. 57.
59) BT-Drucks. 14/4230, S. 25 f.

も、被保険者が1日3時間未満しか稼得活動に従事することができない場合には当然に完全稼得能力減退が認められるので、具体的考察方法が問題となるのは、1日3時間以上6時間未満しか稼得活動に従事することができない被保険者に限られる[60]。この人的範囲については、今後も年金保険が労働市場リスクを負担することになった[61]。

これに対して、被保険者が依然として1日6時間以上フルタイム未満稼得活動に従事することができる場合には、2001年障害年金改革法以前は、その時々の労働市場状態が考慮されたのでパートタイム労働市場の閉鎖性のフィクションが妥当していたものの、2001年障害年金改革法により、その時々の労働市場状態が考慮されてはならないこととなった。具体的考察方法が妥当する範囲がフルタイム未満から1日6時間未満に低下したことは、稼得能力のあらゆる損失ではなく、重大な損失のみが年金受給権をもたらすべきであることと合致しており、これにより、個々の被保険者は、被保険者全体の連帯共同体と自身との間でのリスク分配に適切に関与するというのが、立法者による説明である[62]。したがって、社会法典第6編43条3項は、被保険者が依然として1日6時間以上稼得活動に従事することができる場合には原則として抽象的考察方法が妥当し、その限りで具体的考察方法と抽象的考察方法との間の法律上の妥協を成文化した[63]。

ただし、ここでも考慮が禁じられているのは、その時々の労働市場状態であること、また、「一般労働市場の通常の条件の下で」という表現を挿入した前述の立法趣旨（本章**第3節第2項1**）からすると、被保険者が依然として1日6時間以上稼得活動に従事することができる場合であっても、具体的考察方法が完全に排除されているわけではない。なぜなら、被保険者が時間

---

60) 本章**第3節第6項**で後述する、期間の定めのある障害年金の支給に関する社会法典第6編102条2項5文は、本文で述べたことを前提にして、その時々の労働市場状態に基づく完全稼得能力減退年金は、稼得能力の減退が回復することができる見込みがない場合であっても、最長で3年の期間を定めて支給されると規定する。
61) Franz Ruland, Die Reform der Erwerbsminderungsrenten, SDSRV 49, 2002, S. 94.
62) BT-Drucks. 14/4230, S. 23.
63) Felix Welti, Behinderung und Rehabilitation im sozialen Rechtsstaat – Freiheit, Gleichheit und Teilhabe behinderter Menschen, 2005, S. 30.

的には十分な稼得能力を有するにも関わらず、特別な能力制限によって残された能力を一般労働市場において活用する実際の機会を有しないほどに被保険者の稼得能力が減退している場合には、労働市場の閉鎖性の危険が認められるので、一般労働市場の通常の条件の下で稼得活動に従事することができないからである[64]。したがって、1999年年金改革法に関して本章**第2節第3項**で前述したことがここでも当てはまり、依然として1日6時間以上稼得活動に従事することができる被保険者について、異常な能力制限の累積または重度の特殊な機能障害という著しい健康上の制限が認められる場合や、フルタイム職場の稀少性のために労働市場の閉鎖性の著しい危険が認められる例外ケースとしての稀少またはカタログケースが存在する場合には、一般労働市場の通常の条件の下で稼得活動に従事することができないので、完全稼得能力減退が認められる[65]。

このように、社会法典第6編43条3項は、具体的考察方法と抽象的考察方法に関する立法政策上の対立を背景に、労働市場と二重に関係づけられている。労働市場との二重のつながりが何を意味するのかは、問題の展開をよく

---

64) Frank Blaser, Der Begriff der „üblichen Bedingungen des allgemeinen Arbeitsmarktes" im Sozialrecht, 2009, S. 104. 一般労働市場の通常の条件という概念は、前掲注23)で触れたように、雇用促進法における失業(斡旋可能性)の定義規定(社会法典第3編138条5項)に由来している。連邦社会裁判所の判例によると、通常の条件は、労働条件が多数の労働関係において存在する必要はないけれども、挙げるに値する数または注目すべき数の労働関係において存在し、そこから慣行が導き出せる場合に認められる。例えば、その条件に関する規定が労働協約または事業所協定に見いだせる場合には、通常の条件が存在することを認めることができる。Blaser, a. a. O. (Fn. 64), S. 47 und 93. しかし、一般労働市場という概念の輪郭が通常の条件によって多少はっきりするとしても、一般労働市場の通常の条件という概念への正確な包摂は難しく、連邦社会裁判所の判例は、困難ケースを受け止めるため、一般労働市場の通常の条件という概念を限定する手法で具体化してきた。Sylvia Dünn/Manuela Vogel, Renten wegen verminderter Erwerbsfähigkeit – Die Bestätigung der „Summierungsrechtsprechung" durch das Bundessozialgericht –, DRV 2012, S. 148.

65) Klaus Gürtner, in: Anne Körner/Martin Krasney/Bernd Mutschler/Christian Rolfs(Hrsg.), Kasseler Kommentar Sozialversicherungsrecht, 118. EL, März 2022, § 43 SGB VI Rdnr. 37.; Uwe Kolakowski, in: Ralf Kreikebohm/Gundula Roßbach(Hrsg.), SGB VI, Kommentar, 6. Aufl., 2021, § 43 Rdnr. 30 und 33; Monika Majerski-Pahlen, Die Neuregelung der Renten wegen Erwerbsminderung: Probleme der Rechtsanwendung, NZS 2002, S. 476 f.; Rademacker, a. a. O. (Fn. 50), S. 75.

知る者しか理解することができない[66]。

　それでは、労働市場リスクの年金保険と失業保険との間での適正な分配という2001年障害年金改革法の目的は、どのようにして達成されるのか。この点について、立法者は、その時々の労働市場状態に起因する完全稼得能力減退年金の受給権について年金保険に生じた費用を調整するため、調整金（Ausgleichsbetrag）を連邦雇用エージェンシー（Bundesagentur für Arbeit）が年金保険者に支払う（社会法典第6編224条1項1文）ことで、年金保険と失業保険との間の適正なリスク分配を達成しようとした[67]。調整金の額は、完全稼得能力減退年金のために支出した額の半分と、完全稼得能力減退年金の代わりに成立したであろう失業手当受給権の平均期間により概算される（社会法典第6編224条1項2文）[68]。

2　連邦社会裁判所による従来の判例の確認

　連邦社会裁判所は、第13法廷による2002年7月10日決定および2003年2月27日決定[69]ならびに第5法廷による2005年10月5日判決[70]において、2001年障害年金改革法が社会法典第6編43条3項の反対解釈により具体的考察方法を維持しており、社会法典第6編43条3項が稼得能力減退の認定に際して一般労働市場の通常の条件を考慮しているので、旧法に関して連邦社会裁判所の判例により形成された原則は、今後も有効であることを確認した。これに対して、ヨェルク・アピドポウロス（Jörg Apidopoulos）は、稀少またはカタログケースに関する判例は今後も有効であるけれども、異常な能力制限

---

66) Köbl, a. a. O.（Fn. 8）, S. 367 f.
67) BT-Drucks. 14/4230, S. 23 und 28.
68) これに対して、調整金は、具体的考察方法の維持により年金保険が負担する労働市場リスクのわずかな部分を精算するにすぎず、年金保険が少なくない費用を負担すると批判されている。その理由として、失業手当受給権の期間は、たとえ長期にわたり保険料が納められていても、被保険者の年齢に応じて6か月から最長で24か月にすぎないので（社会法典第3編147条2項）、通常は障害年金の受給期間を下回っていることが指摘されている。Ruland, a. a. O.（Fn. 61）, S. 95; Wollschläger, a. a. O.（Fn. 57）, S. 281.
69) BSG, Beschluss vom 10. 7. 2002 - B 13 RJ 101/02 B, juris; BSG, Beschluss vom 27. 2. 2003 - B 13 RJ 215/02 B, juris.
70) BSG, Urteil vom 5. 10. 2005 - B 5 RJ 6/05 R, SozR 4-2600 § 43 Nr. 5.

の累積または重度の特殊な機能障害に関する判例は、もともと職業不能の認定に関して形成されたものであり、個別的な考察方法ではなく一般的な考察方法を要求する社会法典第6編43条の新たな文言、とりわけ「一般労働市場の通常の条件の下で」という表現によって基礎づけられないので、稼得能力減退の認定には受け継がれていないと批判した[71]。

しかし、連邦社会裁判所は、異常な能力制限の累積または重度の特殊な機能障害に関する判例を稼得不能の認定にも転用していた[72]。連邦社会裁判所第13法廷は、2011年10月19日判決[73]において次のように述べて、連邦社会裁判所が稼得不能の認定に関して形成した判例は稼得能力減退の認定にも妥当するとして、アピドポウロスの批判を退けた。すなわち、社会法典第6編43条3項の意味での稼得能力は、被保険者が一般労働市場の通常の条件の下で業務に従事できることだけでなく、それによって一般労働市場の通常の条件の下で所得を稼げることも要件としているので、稼得能力減退の要件は、稼得不能の要件を受け継いでいるとされる。その上で、一般労働市場の通常の条件の下で所得を稼ぐ可能性は、被保険者が可能な業務に一般労働市場において従事できる場合に限り存在するので、稼得能力減退の認定に際して、労働市場の具体的な状況において所得を稼ぐために残された稼得能力を活用することができるかどうか、つまりパートタイム労働市場およびフルタイム労働市場における所得を稼ぐ可能性が考慮されるという。したがって、「一般労働市場の通常の条件の下で」という表現は、従来の連邦社会裁判所の判例を受け継いでおり、稼得能力減退の認定に際しても、被保険者が健康上および職業上の能力によって業務に従事し、それによって一般労働市場において所得を稼ぐことができるかどうかが基準になるとした。

連邦社会裁判所第5法廷は、2012年5月9日判決[74]において、被保険者

---

71) Jörg Apidopoulos, Summierung ungewöhnlicher Leistungseinschränkungen oder schwere spezifische Leistungsbehinderung auch bei Erwerbsminderungsrenten, SGb 2006, S. 720 ff.

72) Rüdiger Mey, Erforderlichkeit einer „konkreten Betrachtungsweise" auch nach der Reform der Erwerbsminderungsrenten – Entgegnung zu Apidopoulos, SGb 2006, S. 720 ff., SGb 2007, S. 219.

73) BSG, Urteil vom 19. 10. 2011 – B 13 R 78/09 R, BSGE 109, 189.

74) BSG, Urteil vom 9. 5. 2012 – B 5 R 68/11 R, SozR 4 -2600 § 43 Nr. 18.

が少なくとも肉体的に軽度の業務に依然として1日6時間以上従事することができる場合には、次の段階を経て審査するとした。すなわち、第1段階では、被保険者が残された能力によって未熟練業で通常求められる作業をする（例えば、差し出す、引き受ける、持ち運ぶ、清掃する、機械を操作する、しがみつく、整理する、梱包する、部品を組み立てる）ことができるかどうかが審査される。この問いが否定され、被保険者が残された能力によって一般労働市場の通常の条件の下で稼得活動に従事することができるのかについて重大な疑問が生じる場合には、第2段階では、異常な能力制限の累積または重度の特殊な機能障害が存在するかどうかが審査される。この問いが肯定される場合には、第3段階では、被保険者に従事することを求められる業務の名称を少なくとも1つは具体的に提示することができるかどうかが審査される。この段階では、稀少またはカタログケースに含まれる労働市場で流通していない職場で業務に従事することを求めることはできない。この問いが否定される場合には、被保険者に完全稼得能力減退が認められる。したがって、**第4章第2節第2項1(2)**で前述した稀少またはカタログケースのうち、事業所における通常でない労働条件、例えば追加の休憩を必要とする第1の例外ケースと職場に通うことができない第2の例外ケースが問題となる非通常ケースの場合には、論理的に必要な審査の順序が存在しないので、最初に審査することができるけれども、労働市場で流通していないフルタイム職場が問題となる第3の例外ケース、つまり本来の意味での稀少ケースは、一定の審査の順序を必要とするので、異常な能力制限の累積または重度の特殊な機能障害が存在する場合に限り審査される[75]。これにより、判例において審査の順序が明確になったので、実務の負担が軽減された[76]。

アピドポウロスは、依然として1日6時間以上稼得活動に従事することができる被保険者が著しい健康上の制限を有する場合には、異常な能力制限の累積または重度の特殊な機能障害を廃止する代わりに、稀少またはカタログケースを拡張することを提案していた[77]。その後、連邦社会裁判所大法廷の

---

75) Blaser, a. a. O. (Fn. 64), S. 127 f.
76) Dünn/Vogel, a. a. O. (Fn. 64), S. 153.
77) Apidopoulos, a. a. O. (Fn. 71), S. 723.

1996年決定以降のデジタル化の進展により労働市場が変化したため、未熟練労働者向けの労働市場が実質的に閉鎖的であるとして、稀少またはカタログケースに肉体的に軽度の未熟練業向けの職場を追加するかどうかについて再び疑問が提起された。この点について、連邦社会裁判所第13法廷は、2019年12月11日判決[78]において、今後も肉体的に軽度の未熟練業向けの職場が十分な数だけ存在することから出発するとした。すなわち、肉体的に軽度の未熟練業に少なくとも1日6時間従事することができる被保険者は、基本的に稼得活動に従事することができることを確認し、デジタル化の進展によっても、肉体的に軽度の未熟練業向けの職場は一般的に稀少ではないので、稀少またはカタログケースが拡張されないことは今後も有効であるとした。したがって、第13法廷は、デジタル化の進展が依然として肉体的に軽度の未熟練業の喪失をもたらしていないと考えた[79]。

3　稼得能力減退の認定図式

以上を要約すると、稼得能力減退の認定は、次のように行われる[80]（**図表4参照**）。稼得能力減退は、基本的に、被保険者が一般労働市場のあらゆる業務において働くことができる労働時間に基づいて認定される。すなわち、1日3時間未満しか稼得活動に従事することができない被保険者は、当然に完全稼得能力減退の状態にあり、1日3時間以上6時間未満しか稼得活動に従事することができない被保険者は、残された能力にふさわしい職場を有している場合に限り一部稼得能力減退の状態にあり、1日6時間以上稼得活動に従事することができる被保険者は、原則として稼得能力減退の状態にない。

ただし、1日3時間以上6時間未満しか稼得活動に従事することができない被保険者が、パートタイム労働市場から実質的に排除されており、残された能力にふさわしい職場を有していない場合には、完全稼得能力減退の状態

---

78) BSG, Urteil vom 11. 12. 2019 – B 13 R 7 /18 R, BSGE 129, 274.
79) Sabine Knickrehm, Der Blick aus der Sozialgerichtsbarkeit – Rechtsprechung und Forschung, in: Katie Baldschun/Alice Dillbahner/Solveig Sternjakob/Katharina Weyrich (Hrsg.), Sozialgerichtsbarkeit im Blick – Interdisziplinäre Forschung in Bewegung, 2021, S. 73.
80) Gürtner, a. a. O. (Fn. 65), Rdnr. 34 und 58.

図表4　稼得能力減退の認定図式[83]

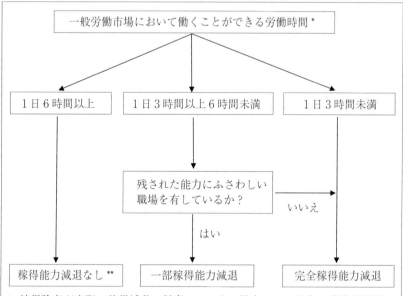

* 被保険者が実際に稼得活動に従事していない場合には、現在の労働市場状況ではパートタイム労働市場は閉鎖的であるとみなされることが前提である。
** 被保険者の特別な能力制限を理由に労働市場の閉鎖性の危険が認められる場合には、1日6時間以上の稼得能力が存在するにもかかわらず、例外的に完全稼得能力減退が認められる。

にある。また、1日6時間以上稼得活動に従事することができる被保険者は、異常な能力制限の累積または重度の特殊な機能障害が認められる場合や稀少またはカタログケースが存在する場合には、完全稼得能力減退の状態にある。

したがって、3時間または6時間という厳格な時間数は、社会医学的判定が可能である限りで客観的な稼得能力減退の認定を許容するけれども、働くことができる労働時間という認定基準を考慮するだけでは足りない特別なケースが存在するので、具体的考察方法が維持されている[81]。つまり、具体的考察方法は、労働時間に着目した考察方法の修正と位置づけられる[82]。

---

81) Joussen, a. a. O. (Fn. 51), S. 298.

なお、労働エージェンシー（Agentur für Arbeit）は、一部稼得能力減退年金を認められた失業手当受給権を有する失業者が、残された稼得能力を一般労働市場における通常の条件の下でもはや活用することができない場合には、失業者に1か月以内に完全稼得能力減退年金の申請を求めなければならない（社会法典第3編156条1項2文）。失業者が完全稼得能力減退年金を申請しない場合には、失業手当はその期間が経過した日から失業者が申請する日まで支給停止される（社会法典第3編156条1項3文）。これは、2001年老齢資産補完法（Altersvermögensergänzungsgesetz 2001）[84]により設けられた規定であり、立法趣旨によると、1日3時間以上6時間未満稼得活動に従事することができるものの、残された稼得能力を労働市場において活用することができないので、完全稼得能力減退年金を受給することができる失業者を対象としている[85]。

第4項　2段階の稼得能力減退年金の額

一部稼得能力減退年金の額は、年金種別係数が0.5である（社会法典第6編67条2号）ので、完全年金（老齢年金）の半額である。これに対して、完全稼得能力減退年金の額は、年金種別係数が1.0である（社会法典第6編67条3号）ので、完全年金と同額である。2段階の稼得能力減退年金のモデルが前提とするのは、部分的な賃金代替給付としての一部稼得能力減退年金を受給する被保険者が、自らの生計を維持するため、残された稼得能力を一般労働市場において活用してパートタイム労働に従事したり、その他の社会給付、例えば失業手当を受給したりして、別の所得を獲得することである。その限りで、一部稼得能力減退の被保険者を労働市場に統合するためのあらゆる可能性、例えばリハビリテーション給付が活用されなければならない[86]。しか

---

82) Stefan Muckel/Markus Ogorek/Stephan Rixen, Sozialrecht, 5. Aufl. 2019, § 11 Rdnr. 97 f.
83) Gürtner, a. a. O.（Fn. 65), Rdnr. 34.
84) Gesetz zur Ergänzung des Gesetzes zur Reform der gesetzlichen Rentenversicherung und zur Förderung eines kapitalgedeckten Altersvorsorgevermögens（Altersvermögensergänzungsgesetz - AVmEG) vom 21 .3. 2001, BGBl. I, S. 1310.
85) BT-Drucks. 14/4595, S. 58.

し、実務においては、完全稼得能力減退年金が原則で、一部稼得能力減退年金は例外にとどまっている。なぜなら、パートタイム労働市場における斡旋可能性が依然として低いので、被保険者が一部稼得能力減退の状態にあっても、パートタイム労働市場の閉鎖性を理由に完全稼得能力減退年金を受給することができるからである[87]。

確かに、ドイツの労働法において、労働関係が6か月を超えて存続している労働者は、使用者に対して契約上定められた労働時間の短縮を求めることができる（パートタイム・有期法〔Teilzeit- und Befristungsgesetz〕8条1項）。また、重度障害者（Schwerbehinderte Menschen）[88]は、労働時間の短縮が障害の種類または重度を理由として必要である場合には、使用者に対してパートタイム労働を求める請求権を有する（社会法典第9編164条5項3文）。しかし、ヘッセン州社会裁判所の2019年8月23日判決[89]によると、一部稼得能力減退の被保険者は、使用者に対してパートタイム労働を求めることができる場合であっても、このことがパートタイム労働市場の閉鎖性を妨げないので、パートタイム労働市場の閉鎖性を理由に完全稼得能力減退年金を受給することができる。なぜなら、具体的考察方法は、実際の労働市場状態を問題としており、個々の被保険者の労働法上の潜在的な請求権を問題としていないからである[90]。

2022年には、一部稼得能力減退年金の新規裁定者数は2万158人であるのに対して、完全稼得能力減退年金の新規裁定者数は14万3,327人である[91]。

第5項　障害年金の割引の導入

1　障害年金の割引の制度と立法趣旨

2001年障害年金改革法により、従来の規定であれば老齢年金の繰り上げ受

---

86) Ruland, a. a. O.（Fn. 61), S. 94.
87) Majerski-Pahlen, a. a. O.（Fn. 65), S. 477.
88) 重度障害者については、後掲注162) を参照。
89) LSG Hessen, Urteil vom 23. 8. 2019 – L 5 R 226/18, NZS 2020, S. 63 ff.
90) Manfred Husmann, Teilzeitarbeit in Deutschland aus sozialrechtlicher Sicht, SGb 2002, S. 35.
91) Deutsche Rentenversicherung Bund（Hrsg.), Rentenversicherung in Zeitreihen, 29. Aufl., 2023, S. 92.

給の場合にのみ重要であった支給開始係数（Zugangsfaktor）が、障害年金にも導入された（社会法典第6編77条2項1文3号）。これにより、障害年金の支給開始が満65歳以前である場合には、月0.3％（年3.6％）ずつ割引が行われる。障害年金の割引は、支給開始が満62歳以前である場合には満62歳が割引率決定の基準となるという規定（社会法典第6編77条2項2文）があるので、最高10.8％（＝0.3％×36か月）である[92]。したがって、障害年金が満62歳以前に支給開始される場合には、一律10.8％の割引が行われる。他方で、障害年金が満65歳以後に支給される場合には、割引は行われない。障害年金の割引の期間は、2007年の年金支給開始年齢調整法により、老齢年金の支給開始年齢が満65歳から満67歳に引き上げられたことに伴い、満60歳から満63歳までの期間から、満62歳から満65歳までの期間に引き上げられた（社会法典第6編264d条）。

障害年金の割引は、老齢年金の支給開始年齢の引き上げに伴って改正されたことからわかるように、老齢年金との関係で導入された。すなわち、1992年年金改革法により老齢年金を繰り上げ受給する場合には老齢年金の割引が行われることになったので、割引を伴う繰り上げ受給の老齢年金を回避するため、労働市場の閉鎖性を理由とする障害年金の支給を申請する者が増加した。このことは、具体的考察方法の維持により今後も継続することが予想されたので、障害年金の額と繰り上げ受給の老齢年金の額を調整するため、2001年障害年金改革法により障害年金の割引が導入された[93]。

同時に、老齢年金の受給が問題にならない若年者について障害年金の割引の影響を緩和するため、2001年障害年金改革法により加算期間の評価の改善が行われた。具体的には、満55歳から満60歳までの期間は、2001年障害年金改革法以前は3分の1しか加算されなかった（社会法典第6編旧59条3項）けれども、2001年障害年金改革法により完全な加算期間として評価されること

---

[92] 障害年金の割引は、報酬ポイントの合計値に支給開始係数を乗じることで行われる。支給開始係数は、障害年金の支給開始が満65歳以後である場合には、1.0であるけれども、障害年金の支給開始が満65歳以前である場合には、1.0から1月あたり0.003ずつ割引され、最高で0.108割引される。

[93] BT-Drucks. 14/4230, S. 24 und 26.

になった(社会法典第6編59条2項)。これにより、若年者への割引の影響は、最大3.3%に緩和された[94]。

2 障害年金の割引の人的適用範囲

このように、立法者は、障害年金の割引が高齢者を主たる対象者としており、その余波として若年者にも適用されると説明していた。しかし、障害年金の割引は、実際には一般的な年金減額を意味していた。なぜなら、障害年金の9割超が満60歳以前に支給開始されているからである[95]。2005年には、障害年金の新規裁定者の96.9%が割引を受けていた[96]。年金保険者は、障害年金の割引が若年者にも適用されると解釈していたので、障害年金が満60歳以前に支給開始される場合にも、経過規定(社会法典第6編旧264c条)の存在により2004年1月から、10.8%の割引が行われていた。

しかし、障害年金の割引が、若年者にも適用されるのか、それとも繰り上げ受給の老齢年金から障害年金への回避を防ぐという立法趣旨により高齢者にのみ適用されるのかは、2001年障害年金改革法以降に裁判で争われた。すなわち、連邦社会裁判所第4法廷は、2006年5月16日判決[97]において、障害年金の割引が若年者にも適用されることは法律により明示的に許容されていないとして、若年者には適用されないと判断した。これに対して、ルーラントは、第4法廷が障害年金の割引に関する規定を根本的に誤解しているので、この判決が間違った判決であると批判した[98]。他方で、連邦社会裁判所第5法廷は、2008年8月14日判決および同年11月25日判決[99]において、障

---

94) BT-Drucks. 14/4230, S. 24.
95) Tim Köhler-Rama/Albert Lohmann/Holger Viebrok, Vorschläge zu einer Leistungsverbesserung bei Erwerbsminderungsrenten aus der gesetzlichen Rentenversicherung, ZSR 2010, S. 62. したがって、障害年金の給付水準の低下は、意図せざる付随的な効果ではなく、障害年金の割引を導入した本来の目的であったとして、障害年金受給者がいかなる理由で減額を被ったのかについて、繰り上げ受給の老齢年金から障害年金への回避の指摘にとどまらず、内容のある理由づけが必要だったと批判されている。Rademacker, a. a. O. (Fn. 50), S. 80.
96) Deutsche Rentenversicherung Bund, a. a. O. (Fn. 91), S. 83.
97) BSG, Urteil vom 16. 5. 2006 - B 4 RA 22/05 R, BSGE 96, 209.
98) Franz Ruland, Abschläge bei Erwerbsminderungsrenten, NJW 2007, S. 2087 f.

害年金の割引が若年者にも適用されると判断した。このような中で、障害年金の割引は満60歳未満の被保険者の財産権などを侵害するとして憲法異議が提起されたものの、連邦憲法裁判所は、2011年1月11日決定[100]において、年金保険の財政を安定化し、もって制度の機能性を維持するという目的を達成するため、年金の早期受給による年金受給期間の延長という利得を支給月額の低下によって部分的に精算することが必要であるとして、障害年金の割引が若年者にも適用されることを合憲と判断した。

第6項　障害年金の期間設定の原則化

1　原則と例外の逆転

従来の職業不能・稼得不能年金は、原則として期間を定めずに支給され、稼得能力の減退が短期間のうちに回復することができる理由のある見込みがある場合、または受給権がその時々の労働市場状態にも起因している場合に限り期間を定めて支給されていた（社会法典第6編旧102条2項）。しかし、2001年障害年金改革法は、旧法の原則と例外の関係を逆転させた[101]。すなわち、障害年金は、原則として期間を定めて支給されることになった（社会法典第6編102条2項1文）。期間設定は、年金の支給開始から最長で3年間行われる（社会法典第6編102条2項2文）。

障害年金の期間設定の原則化により、障害年金の新規裁定者に占める期間の定めのある障害年金の割合は、2000年の23.8%から2005年の45.6%、2022年の47.5%に増加した[102]。

2　障害年金が期間を定めずに支給される場合

障害年金が例外的に期間を定めずに支給されるのは、受給権がその時々の労働市場状態にかかわりなく成立し（第1の要件）、かつ、稼得能力の減退が

---

99) BSG, Urteil vom 14. 8. 2008 - B 5 R 32/07 R, BSGE 101, 193; BSG, Urteil vom 25. 11. 2008 - B 5 R 112/08 R, BeckRS 2009, 52293.
100) BVerfG, Beschluss vom 11. 1. 2011 - 1 BvR 3588/08, BVerfGE 128, 138.
101) Majerski-Pahlen, a. a. O.（Fn. 65), S. 477; Redemacker, a. a. O.（Fn. 50), S. 78.
102) Deutsche Rentenversicherung Bund, a. a. O.（Fn. 91), S. 92.

回復することができる見込みがない場合(第2の要件)である(社会法典第6編102条2項5文前段)。第1の要件のその時々の労働市場状態は、**第4章第2節第4項2**で前述したように、年金申請に関する裁定の時点を基準に判断され、労働市場の将来の変動についての予測判断を必要としない[103]。これに対して、第2の要件は、将来の予測判断を必要とする。

　第2の要件については、従来の短期間のうちに回復することができる理由のある見込みがあるという積極的な予測判断が、2001年障害年金改革法により、回復することができる見込みがないという消極的な予測判断に変更された。従来の積極的な予測判断は、連邦社会裁判所第1法廷の1982年2月17日判決[104]によると、回復の単なる可能性では足りず、回復の蓋然性があること、すなわち、あらゆる主要な事情を合理的に評価すると、回復しない可能性に対して明らかに優位にある事情が存在することを求めていた。これに対して、現在の消極的な予測判断は、確かに稼得能力減退の回復は不可能ではないけれども、あらゆる事情を合理的に評価すれば、回復の可能性はおそらく問題にならないことを求めている[105]。したがって、回復することができる見込みがないとは、連邦社会裁判所第13法廷の2006年3月29日判決[106]によると、改善の見込みに対して永続状態が存在するという意味で不利に働く重大な医学上の理由が存在していなければならないことをいうと解される。

3　障害年金が期間を定めて支給される場合

　障害年金の受給権がその時々の労働市場状態に起因して成立するのは、本章**第3節第3項1**で前述したように、社会法典第6編43条3項の反対解釈により、1日3時間以上6時間未満しか稼得活動に従事することができない被保険者が、パートタイム労働市場の閉鎖性を理由に完全稼得能力減退の状態にある場合である。したがって、この場合には、完全稼得能力減退年金が常

---

103) Horst Kater, in: Anne Körner/Martin Krasney/Bernd Mutschler/Christian Rolfs (Hrsg.), Kasseler Kommentar Sozialversicherungsrecht, 118. EL, März 2022, § 102 SGB VI Rdnr. 14.
104) BSG, Urteil vom 17. 2. 1982 - 1 RJ 102/80, BSGE 53, 100.
105) Majerski-Pahlen, a. a. O. (Fn. 65), S. 478.
106) BSG, Urteil vom 29. 3. 2006 - B 13 RJ 31/05 R, BSGE 96, 147.

に期間を定めて支給される[107]。

　その他に障害年金が期間を定めて支給されるのは、稼得能力減退は確かに存在するものの、年金保険法上のリハビリテーション給付によりその回復が見込まれる場合である。この場合には、年金保険者は、リハビリテーション給付がいつ終了するのかが不確定であっても、リハビリテーション給付が終了する月の経過により障害年金が終了することを自らの裁量で決定することができるという規定が、2001年障害年金改革法により導入された（社会法典第6編102条2a項）。この規定は、リハビリテーション給付が予定よりも早期に終了した場合に年金を支給停止したり、予定よりも延長された場合に新たな裁定を行ったりすることを回避するものである[108]。

　期間の定めのある障害年金は、**第2章第3節第5項3**で前述したように、疾病保険と年金保険との間のリスク分配という理由から、稼得能力減退の発生後7か月目の初日から支給される（社会法典第6編101条1項）。ただし、期間の定めのある完全稼得能力減退年金のうち、受給権が健康侵害状態にのみ起因して成立するので、その時々の労働市場状態にかかわりなく成立するものは、稼得能力減退の発生後6か月が経過する前に支給される。これは、年金保険者による完全稼得能力減退の認定が斡旋可能性のないことを理由に失業手当受給権の消滅という結果をもたらす場合、または年金保険者による完全稼得能力減退の認定後に傷病手当金受給権が78週間の受給期間の終了により消滅している場合に可能である。この場合には、期間の定めのある完全稼得能力減退年金は、失業手当または傷病手当金の受給権が消滅した日の翌日に支給される（社会法典第6編101条1a項）。期間の定めのある障害年金の支給開始に関する特別な例外ケースの規定は、2017年年金弾力化法により導入され、社会保険における保障の谷間のケース[109]をなくし、障害年金と失業

---

107) 正確には、この場合には、その時々の労働市場状態に基づく完全稼得能力減退年金の受給権とともに、労働市場状態にかかわりのない一部稼得能力減退年金の受給権が成立する。稼得能力減退が回復することができる見込みがなければ、満額の完全稼得能力減退年金が期間を定めて認められると同時に、半額の一部稼得能力減退年金が永続的に認められる。社会法典第6編89条1項1文によると、より高額の年金が優先的に支給されるので、一部稼得能力減退年金は完全稼得能力減退年金が支給されない期間に限り支給される。Rademacker, a. a. O.（Fn. 50), S. 79.
108) Deutsche Rentenversicherung Bund, a. a. O.（Fn. 58), S. 144.

手当または傷病手当金との間のシームレスを実現するため、完全稼得能力減退年金を早期に支給開始するものである[110]。

期間の定めのある障害年金の場合には、定められた期間の経過後、年金の支給が必要であるかどうかが審査される。期間設定は更新することができ、更新は従前の期間が経過してから最長で3年間行われる（社会法典第6編102条2項3文・4文）。定められた期間が合計で9年間となった場合には、稼得能力の減退が回復することができる見込みがないとみなされるので、年金は期間を定めずに支給される（社会法典第6編102条2項5文後段）。これに対して、その時々の労働市場状態に基づく完全稼得能力減退年金の場合には、このフィクションは妥当せず、9年間が経過した後でも引き続き期間を定めて支給される。受給権者の稼得能力がリハビリテーション給付により改善したことを理由に障害年金の受給権が消滅する場合には、年金の支給は稼得能力の改善後4か月目の初日から終了する（社会法典第6編100条3項2文）。

第7項　2001年障害年金改革法の適用と経過規定

2001年障害年金改革法による新規定は、2001年1月1日に発効した。したがって、2000年12月31日までに職業不能・稼得不能年金受給権が成立していた場合には、取得された権利が存続する限りにおいて保護される（社会法典第6編302b条）。

ただし、1961年1月1日以前に生まれた被保険者は、健康上の理由に基づき一般労働市場のあらゆる業務に少なくとも1日6時間従事することができるとしても、従来の職業または期待可能な業務に1日6時間未満しか従事す

---

109) ここでの保障の谷間のケースは、慢性疾患にかかった者が労働不能の継続により傷病手当金を受給し終わった後に、連邦雇用エージェンシーから失業手当を受給していた一方で、年金保険者にリハビリテーション給付を申請したところ、年金保険者により1日3時間未満しか稼得活動に従事することができないことを理由に完全稼得能力減退と認定され、期間の定めのある完全稼得能力減退年金を6か月後に受給することができた一方で、連邦雇用エージェンシーにより斡旋可能性がないことを理由に失業手当の支給を取り消されたケースを念頭に置いている。Karl-Jürgen Bieback, Lücken beim Übergang aus Arbeitslosigkeit in die Erwerbsminderungsrente, SozSich 2014, S. 374 f.

110) BT-Drucks. 18/9787, S. 44.

ることができない場合には、一般受給資格期間および特別な保険法的要件を満たせば、一部稼得能力減退年金の受給権を取得する（社会法典第6編240条）。これは、職業不能時の一部稼得能力減退年金（Rente wegen teilweiser Erwerbsminderung bei Berufsunfähigkeit）と呼ばれる。その額は、従来の職業不能年金の場合には完全年金（老齢年金）の3分の2の額であった（社会法典第6編旧67条2号）のに対して、完全年金の2分の1の額である（社会法典第6編67条2号）。

1999年年金改革法においては、職業不能年金の廃止のための経過規定が極めて短く、基本法14条の財産権により保障された高齢被保険者の年金期待権の観点から懸念が指摘されていた[111]。このことから、職業不能の場合の一部稼得能力減退年金は、2001年障害年金改革法の発効時に満40歳であった被保険者の信頼保護のために設けられた経過規定である[112]。なぜなら、高齢の被保険者は、もはや民間の職業不能保険を締結することができないからである[113]。したがって、2001年から約25年間は、2段階の稼得能力減退年金の下で職業保護が問題となるので、その限りにおいて、職業不能の認定に際して従事することを求められる期待可能な業務の認定に伴う従来の問題が継続する[114]。

第4節　立法者による具体的考察方法の維持

第1項　具体的考察方法による稼得能力減退の認定

連邦社会裁判所により形成された具体的考察方法、とりわけパートタイム労働市場の閉鎖性のフィクションは、2001年障害年金改革法によって維持された。したがって、稼得能力減退の認定に際しては、依然として被保険者が稼得活動に従事して所得を稼ぐ実際の可能性を有しているかどうか、つまり残された能力にふさわしい職場が存在するかどうかが考慮され、被保険者が

---

111) von der Heide/Stahl/Wollschläger, a. a. O.（Fn. 31）, S. 14.
112) BT-Drucks. 14/4230, S. 24.
113) Joussen, a. a. O.（Fn. 51）, S. 294.
114) Majerski-Pahlen, a. a. O.（Fn. 65）, S. 476.

労働市場から実質的に排除されている場合には、完全稼得能力減退が認められるので、完全な賃金代替給付が支給される。このことは、従来の連邦社会裁判所の判例によると、健康上の理由に基づき稼得能力が制限されることにより生じる所得の喪失を補填するという障害年金の賃金代替機能によって正当化される。

　被保険者が1日3時間以上6時間未満しか稼得活動に従事することができない場合には、パートタイム職場は十分な数だけ存在せず、残された能力にふさわしい職場が稀にしか供給されないので、稼得能力減退の認定に際して残された能力にふさわしい職場が存在するかどうかが考慮される。この場合には、連邦社会裁判所大法廷の1976年決定により形成された原則が妥当するので、被保険者に年金申請から1年以内に残された能力にふさわしい職場が供給されない場合には、年金申請の時点に遡って労働市場は実質的に閉鎖的であるとみなされる。なぜなら、労働市場が実質的に閉鎖性であるかどうかを個別ケースで具体的に認定するために必要な統計資料が存在しないからである。現在の労働市場状況では、年金保険者は調査することなく1年以内にパートタイム労働を斡旋することができないと考えるので、1年の期間が経過する前に年金受給権が発生する[115]。つまり、パートタイム労働市場の閉鎖性が詳細に審査される必要がないことは、一般に行われている実務に合致する[116]。この場合には、もともとは一部稼得能力減退の被保険者が景気の変動による労働市場の閉鎖性を理由に完全稼得能力減退と認定されるとともに、完全稼得能力減退年金がその時々の労働市場状態に起因する限りで期間を定めて支給される[117]。

　これに対して、被保険者が依然として1日6時間以上稼得活動に従事することができる場合には、残された能力にふさわしい職場が十分な数だけ存在することが想定されるので、残された能力にふさわしい職場が存在するかどうかは原則として考慮されない。ただし、異常な能力制限の累積または重度

---

115) Gürtner, a. a. O.（Fn. 65）, Rdnr. 32.
116) Gert H. Steiner, Berufs- und wirtschaftskundliche Aspekte bei Erwerbsminderungsrenten, SGb 2011, S. 366.
117) Blaser, a. a. O.（Fn. 64）, S. 128 und 132．

の特殊な機能障害という著しい健康上の制限が認められる場合や、フルタイム職場の稀少性のゆえに労働市場の著しい閉鎖性が認められる例外ケースとしての稀少またはカタログケースが存在する場合には、残された能力にふさわしい職場が十分な数だけ存在することから出発できず、被保険者が一般労働市場の通常の条件の下で稼得活動に従事することができないので、労働市場が実質的に閉鎖的であるかどうかが例外的に審査される。この場合には、時間的には十分な稼得能力を有するものの特別な能力制限を有する被保険者は、残された能力を一般労働市場の通常の条件の下で活用することができないので、労働市場の構造的な閉鎖性を理由に完全稼得能力減退と認定されるとともに、完全稼得能力減退年金がその時々の労働市場状態に起因しない限りで期間を定めずに支給される[118]。

　このように、具体的考察方法、とりわけパートタイム労働市場の閉鎖性のフィクションが妥当する範囲は、フルタイム未満から1日6時間未満に限定されたので、1日6時間以上稼得活動に従事することができる者は、一般労働市場におけるあらゆる業務に従事することを求められることになった。これは、従来の実務と比べると、被保険者にとって悪化したことを意味する[119]。なぜなら、時間数を限定する新規定は、制限的な認定が一般的には望ましいという内容のメッセージを伝えるからである[120]。同時に、若年の被保険者については職業不能年金が廃止されたので、2001年障害年金改革法により、障害年金の要件は厳格化され、受給権者の人的範囲が後退した[121]。具体的には、障害年金の新規裁定者数は、2000年に21万4,082人であったけれども、2005年に16万3,960人に減少し、2010年に18万2,678人、2015年に17万4,328人、2022年に16万3,907人となった。また、障害年金の新規裁定者に占める労働市場年金の新規裁定者の割合は、1990年代末に約3分の1を占めていたけれども、2005年に16.6％に減少し、2010年に14.7％、2015年に13.1％、2022年に11.9％となった[122]。

---

118) Blaser, a. a. O.（Fn. 64）, S. 105 und 132.
119) Köbl, a. a. O.（Fn. 8）, S. 365.
120) Offczors, a. a. O.（Fn. 49）, S. 136.
121) Köhler-Rama/Lohmann/Viebrok, a. a. O.（Fn. 95）, S. 61.

第2項　具体的考察方法の正当性

具体的考察方法、とりわけパートタイム労働市場の閉鎖性のフィクションは、さしあたり、健康上の理由に基づき稼得能力を制限された被保険者が残された能力にふさわしい職場を見つけられないという労働市場リスクを年金保険から失業保険に分配するため、1999年年金改革法によっていったん廃止された。しかし、最終的には、1日3時間以上6時間未満しか稼得活動に従事することができない被保険者にとって不利と評価される労働市場の動向を理由に、2001年障害年金改革法によって維持された[123]。したがって、健康上の理由に基づき稼得能力を制限された被保険者の労働市場リスクは、1日6時間未満しか稼得活動に従事することができない被保険者に限定されたものの、引き続き年金保険が負担することになった。

労働市場リスクの年金保険と失業保険との間での適正な分配は、これまでの改革論においては、障害リスクと失業リスクを厳密に区別して、原因に応じて年金保険と失業保険に分配することを意味していた[124]。1999年年金改革法の立法者は、この目的を、抽象的考察方法への復帰によって達成しようとした。これに対して、2001年障害年金改革法の立法者は、具体的考察方法を維持した上で、これにより年金保険に生じた費用の半分を連邦雇用エージェンシーが負担することで達成しようとした。具体的考察方法の維持と労働市場リスクを部分的に精算するための調整金の導入は、もともと1999年年金改革法に対する社会民主党の提案であった[125]。したがって、2001年障害年金改革法の目的は、正確には、具体的考察方法の維持の下での労働市場リスクの年金保険と失業保険との間での適正な分配であり[126]、立法者は、従来の連邦社会裁判所の判例をそのまま受け入れた上で、年金保険が負担する労働市場リスクを部分的に精算するための法律上の措置によって判例の影響を

---

122) Deutsche Rentenversicherung Bund, a. a. O. (Fn. 91), S. 92 und 95.
123) Wollschläger, a. a. O. (Fn. 57), S. 280.
124) Kemper, a. a. O. (Fn. 4), S. 337.
125) Kemper, a. a. O. (Fn. 4), S. 257 f.; Köbl, a. a. O. (Fn. 13), Rdnr. 24.
126) Kolakowski, a. a. O. (Fn. 65), Rdnr. 4.

変更しようとした[127]。

　労働市場リスクは保険的なリスク分散の対象になるので、その費用は被保険者自身が負担しなければならない[128]。その上で、社会保険全体の観点からは、労働市場リスクを年金保険に分配することが果たして正当なのかが問題となる。なぜなら、年金保険は、本来的には稼得能力の減退に対する保険に過ぎず、稼得活動の喪失に対する保険ではないからである[129]。しかし、社会保険法は、特定のリスクを常にひとつの保険にのみ分配することが許されるという不文の法原則を内容としていない。立法者は二重の保険を可能な限り回避しようと試みるけれども、保険の境界領域では交錯が存在する[130]。そうすると、稼得能力の減退の認定に際して、被保険者の稼得能力が健康上の理由に基づき制限されるという障害リスクのみを問題とし、稼得能力を制限された被保険者が残された能力にふさわしい職場を見つけられないという労働市場リスクを考慮の外に置くことは、必ずしも適切とはいえない。なぜなら、ヴォルフガング・シュルツ＝ヴァイドナー（Wolfgang Schulz-Weidner）によると、健康上の理由に基づく稼得能力の制限は、必然的に職場を見つけられない可能性を高めるからである[131]。

　確かに、社会保険は、稼得能力の減退の場合には、失業の場合と異なり、より長期の、その限りでより高い価値の保障を行うので、リスクの区別を放棄することはできない。しかし、障害リスクと失業リスクを厳密に区別しようとする見解には問題がある。というのも、この見解では、健康上の理由に基づきパートタイム労働にしか従事できない被保険者に残された能力にふさ

---

127) Franz Ruland, Der Einfluss der Rechtsprechung des Bundessozialgerichts auf das Recht der gesetzlichen Rentenversicherung, in: Matthias von Wulffen/Otto Ernst Krasney (Hrsg.), FS 50 Jahre Bundessozialgericht, 2004, S. 608.
128) Joachim Becker, Transfergerechtigkeit und Verfassung – Die Finanzierung der Rentenversicherung im Steuer- und Abgabensystem und im Gefüge staatlicher Leistungen, 2001, S. 328.
129) Hermann Butzer, Fremdlasten in der Sozialversicherung – Zugleich ein Beitrag zu den verfassungsrechtlichen Vorgaben für die Sozialversicherung, 2001, S. 64 f.
130) Rolfs, a. a. O. (Fn. 14), S. 220.
131) Wolfgang Schulz-Weidner, Reform der Renten wegen verminderter Erwerbsfähigkeit, SGb 1996, S. 359 f.

わしいパートタイム職場が斡旋されないことが、障害リスクの結果として理解されておらず、もっぱら労働市場の状況からすべての人が遭遇しうるリスクの結果として理解されているからである。稼得能力の減退は、雇用世界の文脈を通じて明らかにされ、決して医学的な観点からだけでは理解されない。健康上の要因に基づく稼得能力の制限の結果は、採用する労働者を自由に決定する自由な労働市場の場合には、需要と供給のルールから明らかになる。したがって、障害年金の支給は、結局のところ労働市場における要因に左右されるので、稼得能力の減退は、健康上の要因と労働市場における要因の相互作用によって生じる[132]。その意味で、障害リスクと失業リスクは複合事由を構成し、障害リスクの実現は、加えて失業リスクを現実化する[133]。

　もちろん、複合事由は、年金保険と失業保険の双方によって負担されなければならない。しかし、ダーヴィット・ケンパー（David Kemper）によると、労働市場リスクの適正な分配という問題を被保険者の負担で解決すべきではないという観点からは、被保険者が受け入れることができる解決策は、2001年障害年金改革法による具体的考察方法の維持である。すなわち、もっぱら年金保険が被保険者に対する給付を支給し、失業保険の労働市場リスクへの関与は財政調整を通じて達成される。なぜなら、年金給付は、失業保険の給付と比べて、被保険者にとって経済的に有利だからである[134]。1999年年金改革法による抽象的考察方法への復帰を支持するためには、稼得能力減退の被保険者を労働市場に統合する機会が持続的に改善されることが必要である。そうでないと、抽象的考察方法への復帰は、障害リスクの部分的民営化という結果に至り、結局のところ民間保険会社を利することになる[135]。

　また、抽象的考察方法への復帰によって、労働市場で活用することができる稼得能力を有しているものの、労働市場の閉鎖性を理由に完全な賃金代替給付を受給している一部稼得能力減退の被保険者は、資産や家族がなければ、失業手当を受給した後に扶助給付に滑り落ちるおそれがある。すなわち、一

---

132) Offczors, a. a. O.（Fn. 15), S. 295 f.
133) Kemper, a. a. O.（Fn. 4), S. 141 und 338.
134) Kemper, a. a. O.（Fn. 4), S. 339 f.
135) Schulz-Weidner, a. a. O.（Fn. 131), S. 360.

部稼得能力減退の被保険者は、目下の厳しい労働市場の状況を前提とすると、能力の制限のために労働市場において残された稼得能力を活用する実際の機会を有しないので、具体的考察方法が廃止されると、必然的に従来の年金額の一部で生計を維持しなければならない[136]。2001年障害年金改革法の立法者は、この点を重視して具体的考察方法を維持した[137]。

第3項　パートタイム労働市場の閉鎖性のフィクションは正当か？

　以上の理由から、2001年障害年金改革法が具体的考察方法を維持したことは正当であると考えられる。しかし、パートタイム労働市場の閉鎖性のフィクションが正当であるかどうかは、さらなる検討を必要とする。2001年障害年金改革法の直前に、これを問い直す学説が現れた。

　イュルゲン・ベンケル（Jürgen Benkel）は、従来の連邦社会裁判所の判例の基礎にあった事情が、連邦社会裁判所大法廷の1969年決定および1976年決定以降明らかに変化しているので、具体的考察方法、とりわけパートタイム労働市場の閉鎖性のフィクションを再検討することを求める。すなわち、具体的考察方法は、パートタイム労働市場における斡旋の機会がフルタイム労働市場における斡旋の機会と比べて著しく少ないことと、労働行政がパートタイム労働市場についての十分な統計資料を有しないため個別ケースにおける具体的な審査が不可能であることを理由に、連邦社会裁判所大法廷の1969年決定および1976年決定によって形成されたものの、現在ではもはや正当化されないという。その理由として、労働行政が1980年以降ドイツ連邦共和国の労働市場についての統計資料を作成、公表しており、それによると、パートタイム労働率がその当時より上昇しているだけでなく、パートタイム労働市場における斡旋の機会もフルタイム労働市場における斡旋の機会に比べて近年著しく増加していることが挙げられる[138]。

---

136) Schulz-Weidner, a. a. O.（Fn. 131), S. 360.
137) BT-Drucks. 14/4230, S. 23. 併せて、松本勝明『ドイツ社会保障論Ⅱ』（信山社、2004年）141-142頁も参照。
138) Jürgen Benkel, Nachgefragt: Ist die rentenrechtliche Fiktion der Verschlossenheit des Teilzeitarbeitsmarktes noch gerechtfertigt?, NZS 2000, S. 131 ff.

その上で、ベンケルは、2つの解決策を挙げる。第1の解決策は、統計上はパートタイム職場の求職者よりもフルタイム職場の求職者の方が圧倒的に多いので、むしろフルタイム労働市場を閉鎖的であるとみなすこと、第2の解決策は、労働市場が実質的に閉鎖的であるかどうかを個別ケースにおける具体的な審査により認定することである。このうち、前者は、年金保険と失業保険との間のリスク分配と年金保険の過重な財政負担を理由に支持することができないとして、後者を解決策として提示する[139]。

確かに、パートタイム労働率は1980年の7.9％から2000年の19.4％に上昇している。しかし、女性のパートタイム労働率は28.6％（1984年）から37.9％（2000年）に上昇しているものの、男性のパートタイム労働率は2.1％（1984年）から5％（2000年）に上昇しているに過ぎない。したがって、パートタイム労働は3分の1を超える女性労働者にとって標準であるといえる[140]けれども、男性労働者にとってもパートタイム労働市場が重要な役割を果たしているとはいえない。その限りにおいて、稼得能力減退の被保険者に対してパートタイム労働に従事することを求めることによって障害年金の支給を拒否することはできない[141]。

また、稼得能力減退の被保険者の労働市場への統合は、実際には健康上の理由に基づく稼得能力の制限のために上手くいかないので、健康上の理由に基づきパートタイム労働にしか従事することができない被保険者の斡旋の機会を、フルタイムで労働することができる健康な被保険者の斡旋の機会と同等に扱い、パートタイム労働にしか従事することができない者もパートタイム労働に従事して所得を稼ぐ実際の機会を有すると想定するのは現実離れしている[142]。すなわち、パートタイム労働者の数は確かに増加しているものの、パートタイム労働に従事する主たる理由は、しばしばフルタイム職場を見つけられなかったからである。しかし、健康な者のフルタイム労働からパートタイム労働への乗り換えによって、健康状態を侵害された者にパートタイム

---

139) Benkel, a. a. O.（Fn. 138）, S. 133.
140) Husmann, a. a. O.（Fn. 90）, S. 24.
141) Kemper, a. a. O.（Fn. 4）, S. 341.
142) Schulz-Weidner, a. a. O.（Fn. 131）, S. 357 und 360.

職場が斡旋されることはほとんどない[143]。したがって、パートタイム労働市場の閉鎖性のフィクションは依然として正当であると考えられる。

ただし、2001年障害年金改革法がパートタイム労働市場の閉鎖性のフィクションが妥当する範囲を1日6時間未満しか稼得活動に従事することができない被保険者に限定したのは、パートタイム労働市場における斡旋の機会が増加しており、パートタイム労働の重要性が上昇したことによって説明することができる。したがって、1日6時間以上稼得活動に従事することができる被保険者は、旧法によると年金の受給権を取得していたけれども、現在では一般労働市場のあらゆる業務に従事することを求められる[144]ので、残された稼得能力を一般労働市場において活用するためには、予防およびリハビリテーションが重要な役割を果たす[145]。

第4章第1節第3項2(2)で前述した、具体的考察方法が年金に対するリハビリテーション優先の原則を空洞化するという批判は、本章第5節において、障害年金の改革をめぐる現在の議論を確認する中で取り上げる。

第5節　障害年金の改革をめぐる現在の議論

第1項　障害年金の給付水準の改善

1　障害年金の平均支給月額の下落

2001年障害年金改革法によって、障害年金の平均支給月額は下落した。具体的には、新規裁定者の完全稼得能力減退年金の平均支給月額は、2000年の738ユーロから2011年の634ユーロとなり、一部稼得能力減退年金の平均支給月額は、2000年の547ユーロから2011年の356ユーロとなった（図表5参照）。平均支給月額が下落した要因のひとつとして、本章第3節第5項で前述した障害年金の割引の導入が指摘された[146]。しかし、高齢者に対する所得保障

---

143) Herbert Rische, Die Absicherung des Erwerbsminderungsrisikos – Handlungsbedarf und Reformoptionen, RVaktuell 2010, S. 7.
144) Köhler-Rama/Lohmann/Viebrok, a. a. O. (Fn. 95), S. 62.
145) Bernd Schulte, Erwerbsminderungsrenten in europäischen Nachbarländern, SozSich 2009, S. 99.

図表5　新規裁定者の障害年金の平均支給月額[146]

	障害年金全体	一部稼得能力減退年金	完全稼得能力減退年金
2000年	706ユーロ	547ユーロ	738ユーロ
2005年	627ユーロ	368ユーロ	686ユーロ
2010年	600ユーロ	359ユーロ	640ユーロ
2011年	596ユーロ	356ユーロ	634ユーロ
2012年	607ユーロ	358ユーロ	646ユーロ
2013年	613ユーロ	363ユーロ	650ユーロ
2014年	628ユーロ	368ユーロ	664ユーロ
2015年	672ユーロ	385ユーロ	711ユーロ
2016年	697ユーロ	398ユーロ	736ユーロ
2017年	716ユーロ	412ユーロ	754ユーロ
2018年	735ユーロ	439ユーロ	776ユーロ
2019年	806ユーロ	478ユーロ	853ユーロ
2020年	882ユーロ	524ユーロ	936ユーロ
2021年	917ユーロ	541ユーロ	972ユーロ
2022年	950ユーロ	556ユーロ	1,007ユーロ

と異なり、企業年金や民間保険が障害年金の上乗せとして障害者に対する所得保障を補完しているわけではないので、健康上の理由に基づきもはや稼得活動に従事することができない者は、被保険者集団の連帯を必要としている[147]。

2　加算期間の延長

障害年金の給付水準を改善するための改革案としては、誰も自発的に障害年金の支給を申請していないし、障害年金の受給前に厳格な医学的審査があ

---

146) Köhler-Rama/Lohmann/Viebrok, a. a. O. (Fn. 95), S. 62; Rische, a. a. O. (Fn. 143), S. 4. 正確には、障害年金の割引は、実施された2003年から2004年までの障害年金の平均支給月額の下落を説明することができるものの、割引額はそれ以降増えないので、障害年金の平均支給月額の下落が継続したことは、低賃金、不安定就業および長期失業の結果としての報酬ポイントの低下によって説明されている。Gerhard Bäcker, Erwerbsminderungsrenten im freien Fall – Zahlen und Fakten zu einem drängenden sozialpolitischen Problem, SozSich 2012, S. 369 f.
147) BT-Drucks. 18/909, S. 15; BT-Drucks. 18/11926, S. 14; BT-Drucks. 19/4668, S. 21.

るので、障害年金の割引に抑止効果はないとして、障害年金の割引を廃止するという選択肢も主張された[149]。しかし、障害年金の割引が廃止されると、繰り上げ受給の老齢年金から障害年金への回避のおそれが高まるかもしれず、廃止の費用も大きい[150]ので、障害リスクが職業経歴（Erwerbsbiografie）の終了時には発生していない被保険者について、障害時の貧困が回避されるとともに、年金保険の財政が不安定にならない措置[151]として、加算期間を延長するという選択肢が採用された。すなわち、障害年金の給付水準を改善するため、加算期間は、2014年の年金保険給付改善法[152]により、2014年7月から満60歳までの期間から満62歳までの期間に延長された。

加算期間は、2017年の障害年金給付改善法[153]により2018年1月から段階的に満65歳までの期間に延長され、さらに2018年の年金保険給付改善・安定化法[154]により、2019年1月から延長の時期が繰り上げられた上で、2020年1月から段階的に満67歳までの期間に延長された。具体的には、加算期間は、2018年に満62歳3か月までの期間に延長され、2019年に満65歳8か月までの期間に延長された後、**図表6**の通り、2020年から2027年までの間に1年に1か月ずつ、2028年から2031年までの間に1年に2か月ずつ引き上げられ、2031年から満67歳までの期間に延長される（社会法典第6編253a条）。これによって、新規裁定者の完全稼得能力減退年金の平均支給月額は、2014年の664ユーロから2022年の1,007ユーロになり、一部稼得能力減退年金の平均支給月額は、2014年の368ユーロから2022年の556ユーロになった（**図表5**参照）。

---

148) Deutsche Rentenversicherung Bund, a. a. O.（Fn. 91），S. 120.
149) Ingo Nürnberger, Erwerbsgeminderte besser absichern!, SozSich 2009, S. 88.
150) Rische, a. a. O.（Fn. 143），S. 8.
151) Köhler-Rama／Lohmann／Viebrok, a. a. O.（Fn. 95），S. 81.
152) Gesetz über Leistungsverbesserungen in der gesetzlichen Rentenversicherung（RV-Leistungsverbesserungsgesetz）vom 23. 6. 2014, BGBl. I, S. 787.
153) Gesetz zur Verbesserung der Leistungen bei Renten wegen verminderter Erwerbsfähigkeit und zur Änderung anderer Gesetze（EM-Leistungsverbesserungsgesetz）vom 17. 7. 2017, BGBl. I, S. 2509.
154) Gesetz über Leistungsverbesserungen und Stabilisierung in der gesetzlichen Rentenversicherung（RV-Leistungsverbesserungs- und -Stabilisierungsgesetz）vom 28. 11. 2018, BGBl. I, S. 2016.

図表 6　加算期間の延長

年金支給開始年	延長する月数	延長する年齢
2020年	1か月	満65歳9か月
2021年	2か月	満65歳10か月
2022年	3か月	満65歳11か月
2023年	4か月	満66歳0か月
2024年	5か月	満66歳1か月
2025年	6か月	満66歳2か月
2026年	7か月	満66歳3か月
2027年	8か月	満66歳4か月
2028年	10か月	満66歳6か月
2029年	12か月	満66歳8か月
2030年	14か月	満66歳10か月
2031年	16か月	満67歳0か月

　もっとも、以上の給付改善が行われる前に既に障害年金を受給していた者は、これらの改正によって全くまたは部分的にしか利益を受けることができなかった[155]。しかし、2001年から2018年までの間に障害年金を受給し始めた者がその他の障害年金受給者と比べて不利に取り扱われることは、立法政策上および憲法上正当化することが難しい。なぜなら、区別の理由は稼得能力減退の発生時点であるものの、その発生時点に被保険者の影響はなかったからである[156]。そこで、既裁定の障害年金受給者に対する給付改善を行うため、2022年の年金スライド・既裁定障害年金改善法[157]により、この間に障害年金を受給し始めた者は、2024年7月から一定率の割増（Zuschlag）を

---

155) BT-Drucks. 20/1680, S. 17.
156) Felix Welti, Ein Schritt nach vorn – aber es bleibt noch viel Reformbedarf, SozSich 2019, S. 339. ただし、連邦社会裁判所第5法廷は、2022年11月10日判決（BSG, Urteil vom 10. 11. 2022 – B 5 R 29/21 R, BSGE 135, 110）において、立法者が加算期間を新規裁定者についてのみ延長し、既裁定の障害年金受給者を給付改善の対象としなかったことは、法改正は原則として新規裁定の年金についてのみ適用されるという年金支給開始時の法適用の原則（Rentenbeginn-Prinzip）（社会法典第6編300条1項・3項）と、既裁定者を対象にするためには相当な財源が必要であることを理由に、平等原則に違反しないと判断した。

受けられることになった。具体的には、2001年1月から2014年6月までの間に障害年金を受給し始めた者については、7.5%の割増が行われ、2014年7月から2018年12月までの間に障害年金を受給し始めた者については、4.5%の割増が行われる（社会法典第6編307i条）[158]。

第2項　稼得能力減退がある者の能動化

具体的考察方法は、2001年障害年金改革法以降、一方で労働市場の状況が良いことと、他方で年金保険者と裁判所が具体的なケースで労働市場の閉鎖性を考慮して障害年金の支給を調整することができることを理由に受け入れられている[159]。しかし、ラルフ・クライケボーム（Ralf Kreikebohm）によると、具体的考察方法の維持は、稼得能力減退の被保険者を労働市場に統合するという最上位の目的からの転向を意味しない。なぜなら、具体的考察方法は、労働市場が就業を斡旋することができないことを前提としているからである。したがって、稼得能力減退の被保険者の就業機会が改善すれば、具体的考察方法は例外的な場合にのみ用いられることになる[160]。

フェーリックス・ヴェルティ（Felix Welti）によると、稼得能力減退の段階が完全と一部にしか区分されていない一方で、障害の程度（Grad der Behinderung）は、20から100までの10等級に格付けされており（社会法典第9編152条1項）、実際には多くの段階の健康侵害状態が存在する場合には、具体的考察方法によって現実の労働市場状態を考慮することは有効である。なぜなら、一般的な障害（Behinderung）の概念は、今日のドイツ法におい

---

157) Gesetz zur Rentenanpassung 2022 und zur Verbesserung von Leistungen für den Erwerbsminderungsrentenbestand（Rentenanpassungs- und Erwerbsminderungsrenten-Bestandsverbesserungsgesetz）vom 28. 6. 2022, BGBl. I, S. 975.
158) 障害年金の割増は、個人報酬ポイントに一定率、すなわち0.0750または0.0450を乗じることで行われる。
159) Margarete Schuler-Harms, Von der Invalidenrente zur Erwerbsminderungsrente, SRa Sonderheft 2018, S. 5.
160) Ralf Kreikebohm, Armut im Alter – Ein Problem für die gesetzliche Rentenversicherung? in: Benedikt Siebenhaar/Volker Wahrendorf（Hrsg.）, Sozialrecht im Spannungsfeld von Politik und Praxis, Eine Gedenkschrift für Dieter Giese, 2010, S. 170 f.

ては、個人が社会において行為することという意味での参加（Teilhabe）[161]の対概念として、健康上の理由に基づく社会生活への参加の制限と捉えられており、個人的な機能障害と社会的な背景因子から構成されている[162]からである。しかし、労働市場の状態を考慮する背景指向的な稼得能力の減退という概念の裏側には、労働市場の状況が改善される場合の稼得能力減退があ

---

[161] Felix Welti, Systematische Stellung des SGB IX im Sozialgesetzbuch – Zusammenarbeit der Leistungsträger und Koordinierung der Leistungen, SGb 2008, S. 325.

[162] Felix Welti, Teilhabe behinderter Menschen, in: Dirk Ehlers/Michael Fehling/Hermann Pünder（Hrsg.）, Besonderes Verwaltungsrecht, Bd. 3: Kommunalrecht, Haushalts- und Abgabenrecht, Ordnungsrecht, Sozialrecht, Bildungsrecht, Recht des öffentlichen Dienstes, 4. Aufl., 2021, §83 Rdnr. 1. 参加の制限としての障害は、社会法典第9編において社会保障法の全分野を横断して定義されている。すなわち、障害を有する者（Menschen mit Behinderungen）とは、身体的、知的、精神的または感覚的な機能障害（Beeinträchtigung）であって、態度および環境に起因する社会的障壁（Barrieren）との相互作用により社会への平等な参加を高度の蓋然性をもって6か月以上の期間において妨げられうるものを有する者をいう。ここでの機能障害は、身体状態および健康状態が年齢に典型的な状態から逸脱している場合に存在する（社会法典第9編2条1項）。したがって、社会法典第9編は、世界保健機関の国際生活機能分類に依拠して、障害を機能障害と社会的障壁の相互作用による参加の制限と定義しているので、参加の制限としての障害は、個人的な属性に限られず、本人が経験する社会的な状況でもある。Welti, a. a. O.（Fn. 161）, S. 325.
　参加の制限としての障害が一定の程度である者は、重度障害者と認定される。重度障害者とは、障害の程度が50以上であり、かつ、住所、日常的な居所または職場が適法にドイツにある者をいう（社会法典第9編2条2項）。障害の程度は、本人の申請に基づき、援護行政によって認定される。障害が社会生活への参加に与える影響は、10等級に格づけされる。障害の程度が20以上である場合に限り、障害が認定される（社会法典第9編152条1項）。障害の程度が50以上であると認定された重度障害者は、重度障害者法としての社会法典第9編第3部による重度障害者の雇用義務などの労働法上の特別な保護の適用を受けるので、それによって特別な地位を取得する。
　他方で、参加の制限としての障害は、第2章第3節第3項1（1）で前述したように、社会法典第6編において稼得能力減退の原因のひとつとして挙げられている。社会法典第6編43条にいう障害は、稼得能力の制限をもたらす機能障害と捉えられている。したがって、社会法典第6編43条は、労働生活への参加の制限と労働市場における稼得可能性という観点から障害の概念を用いている。言い換えると、稼得能力の減退は、参加の制限としての障害のうち、労働生活への参加可能性の損失とそれを補填する措置の必要を表現しており、年金受給権という法的効果を伴う地位である。このように、稼得能力の減退は、参加の制限としての障害の個別的な側面である。Welti, a. a. O.（Fn. 63）, S. 62 und 66; Felix Welti, Behinderung, in: Olaf Deinert/Felix Welti/Steffen Luik/Judith Brockmann（Hrsg.）, StichwortKommentar Behindertenrecht, 3. Aufl., 2022, S. 290.

る者の能動化またはアクティベーション（Aktivierung von Erwerbsgeminderten）がある[163]。

2000年代には、イギリス、オランダおよびスウェーデンなどのヨーロッパ諸国において、稼得能力減退のおそれがある者に対するリハビリテーション給付の強化が行われている。リハビリテーション給付の強化は、社会給付を必要とする個人に生計費を支払う代わりに、適切なサービス給付の支給によって労働市場への統合を可能にし、もって社会給付を必要とする状態を克服するという能動的福祉国家（Aktivierender Wohlfahrtsstaat）の具体例と理解されている[164]。

能動的福祉国家は、エーバーハルト・アイヒェンホーファー（Eberhard Eichenhofer）によると、ヨーロッパ連合の加盟国における社会政策の優れた実践に基づいており、ヨーロッパ連合における社会保障の現代化に際してのモデルとなっている。能動的福祉国家は、稼得活動に従事する能力と意思のある個人は自らの生計を維持することを求められるというこれまで承認されてきた基本原則（Grundregel）に基づいている。この原則から、能動的福祉国家は、社会給付を主として稼得活動に従事することができない者に支給するけれども、稼得能力のある者には、稼得活動を促進するための個別化された適切な援助を行う。また、受給権者は、社会給付を必要とする状態を克服するために行政に協力することを求められる。社会給付を必要とする状態は、受給権者と行政が甘受すべき所与の状態ではなく、受給権者に合わせた適切な措置によって克服することができる社会的な状態と理解される。ケースマネジメント（Fallsmanagement）は、この目的を達成するための手段である[165]。その上で、稼得能力の減退は、医学的に定義できる不変の状態ではなく、むしろ雇用世界で提供され要請される就業可能性に左右される。言い

---

163) Felix Welti, Flexibel in die Rente – Vermeidung von Armut im Alter und bei Erwerbsminderung, in: Irina Mohr/Helga Nielebock/Nadine Zeibig/Andreas Priebe (Hrsg.), Demokratisierung von Gesellschaft und Arbeitswelt. Impulse für eine soziale Rechtspolitik. Rechtspolitischer Kongress am 25. und 26. 3. 2014. Dokumentation, 2014, S. 103.

164) Eberhard Eichenhofer, Invalidität als versichertes Risiko in den Alterssicherungssystemen Europas, DRV 2012, S. 7 f.

165) Eberhard Eichenhofer, Recht des aktivierenden Wohlfahrtsstaates, 2013, S. 151 f.

換えると、労働市場の閉鎖性は、健康侵害状態よりも、稼得能力減退がある者に対して依然と存在する紋切り型の見方と心理的な排除に左右される[166]。したがって、能動的福祉国家は、稼得能力減退がある者が最初から永続的にあらゆる稼得活動に従事しないように保護すべきではなく、必要な場合にはその他の稼得活動に従事するように促進すべきである[167]。

　稼得能力減退がある者の能動化は、国によって大きく異なるものの、共通する傾向として、稼得能力減退がある者がこれから社会給付に依存しないようにするため、なしえない不能ではなく、なしうる能力に着目して、稼得活動に従事するインセンティブをもたらす措置によって稼得活動と社会給付との関係を強化するものである。稼得能力減退がある者の能動化は、ドイツでは2001年障害年金改革法の主たる目的ではないものの、年金に対するリハビリテーション優先の原則に表現されている。したがって、リハビリテーション給付は、稼得能力減退がある者にはリハビリテーション措置への関与が期待されるという意味で、能動化のための措置と考えられる[168]。

　稼得能力減退がある者の能動化または年金に対するリハビリテーション優先の原則という観点からすると、1日3時間以上6時間未満しか稼得活動に従事することができない一部稼得能力減退の被保険者の労働市場リスクを年金保険が負担することは、最善の策ではない[169]。確かに、年金に対するリハビリテーション優先の原則は、年金支給開始後にリハビリテーション給付がもはや支給されないことを意味せず、年金受給期間中にも準用される（社会法典第9編9条2項2文）。この準用規定は、労働市場年金の受給者に適用されるので、リハビリテーション給付により稼得能力を回復し、または改善するための取り組みは、年金受給期間中にも継続する。その意味で、稼得能力減退がある者の能動化は、リハビリテーションと年金の調和によって実現

---

166) Eberhard Eichenhofer, Geschichte des Sozialstaats in Europa: Von der „sozialen Frage" bis zur Globalisierung, 2007, S. 142.
167) Eichenhofer, a. a. O.（Fn. 164）, S. 8.
168) Stamatia Devetzi, Reformen in Europa für erwerbsunfähige Personen im Rechtsvergleich – Entwicklungen und Aktivierungsbeispiele, DRV 2012, S. 142 f.
169) Bieback, a. a. O.（Fn. 52）, S. 24.

される[170]。しかし、実際には、具体的考察方法によって、年金に対するリハビリテーション優先の原則が厳守されていない[171]。すなわち、実務では、障害年金受給者の4割強にリハビリテーション給付が支給されていない。年金保険者は、むしろ一度年金を支給したら常に年金を支給する（einmal Rente, immer Rente）という原則に従っているように見える[172]。したがって、一部稼得能力減退の被保険者は、十分な予防措置を柔軟に講じられず、労働市場にとどまることができないので、年金のみを受給することができる[173]。

第3項　学説による障害年金の改革に向けた提案

1　労働生活の中断としての稼得能力の減退

ヴェルティは、2001年障害年金改革法が、ドイツの社会保障法が想定してきた標準的なライフコース（Normal-Lebenslauf）とは異なるモデルをもたらしたと指摘する。すなわち、社会保障法が想定してきた標準的なライフコースは、従来、労働者が老齢年金の支給開始年齢に到達するまで健康にフルタイム労働に従事することができるものの、これが万一の場合に賃金継続支払および傷病手当金で保障される短期間の疾病によって中断するというフィクションに基づいていた。これが事実に反する場合に備えて、労働生活の早期の終了として稼得能力の減退が定められ、障害年金の支給が予定されていた。しかし、慢性疾患と障害が、過重な労働条件と高度の労働要求によって増加しており、結果として、確かに完全稼得能力減退には該当しないけれども、稼得能力が制限されている者が多く存在している。2001年障害年金改革法は、

---

170) Minou Banafsche, Prävention, Rehabilitation und Rente in der gesetzlichen Rentenversicherung – Harmonischer Dreiklang oder Dissonanz?, SGb 2018, S. 394 f.
171) Köbl, a. a. O.（Fn. 8）, S. 373.
172) Oskar Mittag/Felix Welti, Vergleich der sozialen Sicherung und beruflichen Wiedereingliederung bei Erwerbsminderung in drei europäischen Ländern（Deutschland, Niederlande und Finnland）, Beitrag D2-2017 unter www.reha-recht.de, 25. 1. 2017, S. 3.
173) Karl-Jürgen Bieback, Anmerkungen zur Reform der Absicherung bei Minderung der Erwerbsfähigkeit, in: Ulrich Faber/Kerstin Feldhoff/Katja Nebe/Kristina Schmidt/Ursula Waßer（Hrsg.）, Gesellschaftliche Bewegungen – Recht unter Beobachtung und in Aktion, FS für Wolfhard Kohte, 2016, S. 548.

障害年金の期間設定を原則化するとともに、一部稼得能力減退年金の導入を行い、従来とは異なるモデルをもたらした。これは、稼得能力の減退が、労働生活の中断となりうる、または労働時間の短縮とともに発生しうるというものである[174]。

そうすると、一部稼得能力減退年金は、年金受給者が同時に稼得活動することができるという想定に基づいている。また、障害年金は、原則として期間を定めて支給されるので、通常の場合には労働生活の中断と就業形態間の移行を保障するものである。しかし、現実は異なるように見える。すなわち、労働法において、労働関係が6か月を超えて存続している労働者または重度障害者は、パートタイム労働を求める請求権を有するけれども、一部稼得能力減退年金の受給者は、常にパートタイム労働を求める請求権を有しないので、社会保障法上の規定と労働法上の規定が十分にかみ合っておらず、年金受給者と稼得活動者は依然として対立するロールモデルと考えられている[175]。また、年金に対するリハビリテーション優先の原則は、依然として、障害年金の支給開始に伴い、リハビリテーションと参加に向けた年金保険者の取り組みが終了するものと理解されている。なぜなら、年金保険者、使用者および稼得能力減退がある者は、障害年金を早期年金（Frührente）と考えており、労働市場への統合に至るための一時的な橋渡しとは考えていないからである[176]。そして、被保険者は、個別的に審査されるやむを得ない健康上の理由に基づき障害年金の支給を申請するにもかかわらず、障害年金の割引によって、障害年金の受給開始時にあたかも自発的に老齢年金を繰り上げて受給しているかのように扱われている[177]。

したがって、現行法は、健康上の問題がしばしば稼得能力のすべてを損なうのではなく、稼得能力を制限するにすぎず、健康状態または労働市場の状況が改善する場合には、稼得能力の制限がしばしば克服可能であることを考

---

174) Felix Welti, Abschied vom Normalarbeitsverhältnis? - Neue Beschäftigungsformen, Diskontinuität von Lebensläufen und das Sozial- und Arbeitsrecht, SGb 2010, S. 446.
175) Felix Welti, Sozialrecht und selbstbestimmte Erwerbsbiographien, SR 2013, S. 97.
176) Welti, a. a. O.（Fn. 163）, S. 103.
177) Welti, a. a. O.（Fn. 156）, S. 339 f.

慮しているものの、残された稼得能力をどのように活用することができるのかという問題は、未解決のままである[178]。

2　稼得能力減退手当の提案

以上の問題意識から、ヴェルティは、ヘニヒ・グロスクロイツ（Henning Groskreutz）とともに、障害年金のさらなる改革のための選択肢を提案している。すなわち、稼得能力の減退というリスクは、特に障害を有する者の労働生活への参加という目的を達成するため、一定の期間における労働生活への参加の制限による所得の喪失と新たに定義されている。これにより、とりわけ一部稼得能力減退年金および期間の定めのある障害年金の受給者の部分的または一時的な所得の喪失が補填されるという。したがって、1日3時間未満の労働生活への参加の制限という状態を加齢による労働生活からの完全な引退という状態と同一に取り扱う現行法は目的に適合しないし、稼得能力の減退という保険事故に期間の定めのない永続的な給付を連想させる年金の概念は不適切であるとして、稼得能力減退手当（Erwerbsminderungsgeld）という新たな呼称が提案されている。こうして、稼得能力の減退というリスクは、老齢年金の繰り上げ受給というリスクと明確に区別され、早期年金の支給ではなく、労働生活への参加を支援するための給付の優先が重要になるとされる[179]。

稼得能力減退手当は、所得代替の要素と基礎保障の要素を有する独自の賃金代替給付であるという。その額は、傷病手当金の額を参考にするものの、

---

178) Felix Welti/Henning Groskreutz, Soziales Recht zum Ausgleich von Erwerbsminderung – Reformoptionen für Präventionen, Rehabilitation und soziale Sicherung bei Erwerbsminderung, 2013, S. 11.

179) Welti/Groskreutz, a. a. O.（Fn. 178）, S. 57 ff. イュルゲン・ヤベン（Jürgen Jabben）、ウーヴェ・コラコフスキー（Uwe Kolakowski）およびクライケボームは、立法論としてさらに一歩進んで、稼得能力の減退というリスクを年金保険から切り離して、事業主の保険料のみによって賄われる新たな制度に分配することができると提案している。この再編によって、事業主に現在より労働者の労働市場への再統合に向けたリハビリテーション給付に関心が生じることが期待されるという。Jürgen Jabben/Uwe Kolakowski/Ralf Kreikebohm, Eine Reform der Renten wegen Erwerbsminderung ist notwendig – aber wie?, NZS 2017, S. 491.

少なくとも基礎保障の額を保障するとされる[180]。すなわち、保険料と給付の等価性に基づく賃金代替給付の額は、障害時の最低所得を保障するため、障害時基礎保障の給付水準に基づく上乗せ分によって補完されるという。上乗せ分は、被保険者の需要のみを考慮して年金保険者によって支給されるものの、租税を財源として年金保険者に償還されるべきであるとされる。こうして、障害時の所得保障を統合することが目指される[181]。また、障害年金の要件のうち、直近5年間のうちに強制保険料を3年間納めていることという特別な保険法的要件がリスクに備える保険にとって果たして必要なのかは、批判的に検討されなければならないとして、仮に維持されるとしても、直近2年間のうちの1年間に緩和されるべきであるという。そして、稼得能力の減退は本人に選べないので、10.8％の割引は行われるべきではないとされる[182]。

　その上で、ヴェルティとグロスクロイツは、稼得能力減退がある者の労働生活への参加という目的を達成するため、年金保険者が主導して、事業所内の予防措置のうち使用者による事業所内統合マネジメント（Betriebliche Eingliederungsmanagement）[183] および年金保険者をはじめとする社会保険者によるリハビリテーション給付を、これまで以上に賃金代替給付と接続することを提案している。とりわけ、リハビリテーション給付の成果を保障するためには、年金保険者による被保険者に対するケースマネジメントの制度を設けることが有効であるという。年金保険者によるケースマネジメントは、稼得能力を維持するための措置および援助を対象とする包括的な参加マネジメントとして、使用者による事業所内統合マネジメントとともに開始され、期間の定めのない障害年金が支給されるまで行われることが考えられるとさ

---

180) Welti, a. a. O. (Fn. 156), S. 341.
181) Welti/Groskreutz, a. a. O. (Fn. 178), S. 75.
182) Felix Welti/Henning Groskreutz, Vorschlag für eine grundlegende Reform im Erwerbsminderungsrecht, SozSich 2013, S. 310 f. これに対して、ヤベン、コラコフスキーおよびクライケボームは、障害年金の割引は、障害年金と老齢年金が年金の早期受給という観点から同一に扱われることを保障するとして、障害年金の割引の廃止に反対し、加算期間の延長によって稼得能力減退の場合の合目的かつ有効な改善が行われると主張する。Jabben/Kolakowski/Kreikebohm, a. a. O. (Fn. 179), S. 488.

れる[184]。また、年金保険者が関与した事業所内統合マネジメントによって職業上の活用可能性が見いだせず、疾病を理由とする解雇が有効に表明された場合には、具体的な職場が斡旋されるまで労働市場の閉鎖性が認められるので、労働市場年金が支給されるという。なぜなら、稼得能力減退の認定に際して、社会医学的判定は、労働生活への参加の具体的な支障を把握すべき

---

183) 事業所内統合マネジメントは、労働者が1年以内に6週間を超えて労働不能の状態にある場合に、使用者が、重度障害者代表（Schwerbehindertenvertretung）や従業員代表委員会（Betribsrat）といった事業所内の利益代表とともに、本人の同意と関与の下で、労働不能の克服、再度の労働不能の防止および職場の維持のための方法を明らかにする手続である（社会法典第9編167条2項）。これにより、使用者は、労働不能を克服して職場を維持するための選択肢を明らかにする手続を実施しなければならない。したがって、事業所内統合マネジメントは、6週間を超えて継続する疾病を抱える労働者の労働関係を継続させるための措置を早期に解明することで解雇を予防する手続であり、労働市場への統合に対して既存の労働関係の維持を優先するという考え方に基づいている。Olaf Deinert, Kündigungsprävention und betriebliches Eingliederungsmanagement, NZA 2010, S. 969 und 971.

　事業所内統合マネジメントは、連邦労働裁判所の2007年7月12日判決（BAG, Urteil vom 12. 7. 2007 - 2 AZR 716/06, BAGE 123, 234）によると、重度障害者法に置かれているものの、重度障害者に限られず、すべての労働者に適用される。また、6週間を越えてという要件は、賃金継続支払の終了（労働者は使用者に対して賃金継続支払を6週間までの労働不能の期間について請求することができる。賃金継続支払法3条1項）と傷病手当金の支給開始（疾病保険の被保険者が賃金を受け取っている場合には傷病手当金は支給停止される。社会法典第5編49条1項）を関係づけている。すなわち、事業所内統合マネジメントを実施する使用者の義務は、労働不能が継続するリスクがもはや使用者だけで負担されるべきでなく、社会化される場合に生じる。言い換えると、6週間を超えてという要件は、6週間を超えて継続する疾病が、障害となり、場合によっては慢性的に健康を侵害して参加を制限するおそれがあることを警告している。当面の所得を考えると、危険は未だ抽象的かもしれない。しかし、疾病を理由とする解雇のおそれがあるので、将来の労働関係にとっては、危険はすべての関係者の権利と義務を生じさせるのに十分具体的である。Felix Welti, Das betriebliche Eingliederungsmanagement nach § 84 Abs. 2 SGB IX - sozial- und arbeitsrechtliche Aspekte, NZS 2006, S. 624 f.

184) Welti/Groskreutz, a. a. O. (Fn. 178), S. 65 f. ヘルベルト・リシェ（Herbert Rische）とクライケボームも、立法論として、期間の定めのある障害年金受給者の労働市場への統合に向けた取り組みを強化するため、事業所内統合マネジメントを実施する使用者の義務を期間の定めのある障害年金受給者の統合に拡張するとともに、年金保険者による特別なケースマネジメントを創設することを提案している。Herbert Rische/Ralf Kreikebohm, Verbesserung der Absicherung bei Invalidität und mehr Flexibilität beim Übergang in Rente - Denkanstöße aus der Rentenversicherung zu den wichtigsten Themen der aktuellen Reformagenda, RVaktuell 2012, S. 11 f.

であり、労働市場の概念は、社会的な背景因子として、参加可能性の制限の認定に際して考慮されなければならないからであるとされる[185]。こうして、現実のリスクを指向した現代の制度は、健康上の理由に基づく労働市場における具体的な制限を考慮しなければならず、賃金代替給付は、適切な予防およびリハビリテーションとともに支給されるべきであるという[186]。

第4項　社会保障法における稼得能力の減退の位置づけ

　ドイツの年金保険が、老齢リスクに対する保障のみならず、稼得能力減退の被保険者に対する保障も行うことは、今日まで継続している。老齢年金と障害年金をひとつの保障領域に統合することは、決して自明ではないものの、歴史的に導き出すことができる。その他の選択肢として、障害リスクを疾病リスクに分配する、または独自の保障領域を創設することが考えられるものの、ドイツでは真剣に議論されてこなかった。他方で、障害年金とリハビリテーション給付を年金保険に分配して両者を関係づけることは、特別な意義を有し、ドイツにおいて広く正当と認められている[187]。

　このような中で、ヴェルティによる指摘と提案は、稼得能力の減退を、労働生活からの完全な引退ではなく、労働生活の一時的な中断と捉えることによって、障害年金をライフコースにおける移行期（Übergänge im Lebenslauf）[188]のうち、健康上の理由に基づく能力制限の期間における所得

---

185) Welti/Groskreutz, a. a. O.（Fn. 178），S. 72 und 74.
186) Welti/Groskreutz, a. a. O.（Fn. 178），S. 93.
187) Gerhard Igl, Grundsatzfragen der Alterssicherung – Sinn und Ausprägung der Rentenversicherung, in: Ulrich Becker/Franz-Xaver Kaufmann/Bernd Baron von Maydell/Winfried Schmähl/Hans F. Zacher (Hrsg.), Alterssicherung in Deutschland, FS für Franz Ruland, 2007, S. 48.
188) ヴェルティとグロスクロイツが加わった研究プロジェクトによると、ライフコースにおける移行期は、労働者の職業経歴における中断のうち、ケア労働と稼得活動との間の移行、稼得活動と職業訓練との間の移行、（健康状態の変化に起因する）能力の変化を理由とする移行を対象としている。ここでの社会保障の役割は、職業経歴を自ら決定することが将来への不安によって不可能にならないよう、ライフコースにおける所得や職場の喪失などの社会的リスクを保障し、もって権利の喪失なく移行期が訪れることであるとされる。Eva Kocher u. a., Das Recht auf eine selbstbestimmte Erwerbsbiografie – Arbeits- und sozialrechtliche Regulierung für Übergänge im Lebenslauf: Ein Beitrag zu einem Sozialen Recht der Arbeit, 2013, S. 28, 33 und 36.

保障と位置づけて[189]、障害年金を老齢年金から切り離す一方で、傷病手当金およびリハビリテーション給付との接続を強化し、もって稼得能力減退がある者の労働生活への参加を実現することを目指している。すなわち、ヴェルティは、年金の受給が永続的に認められる地位としての稼得能力の減退が、リハビリテーション給付によって克服される状態としての稼得能力の減退と緊張関係にあるので、稼得能力の減退を年金の受給が一時的に認められる地位と理解することによって、年金の受給が稼得能力減退がある者のリハビリテーションを妨げず、稼得能力の減退によって基礎づけられる年金の受給に対して、稼得能力の減退の克服が優先すると考えている[190]。ヴェルティは、稼得能力の減退の理解を刷新するためには、古いプログラムの更新（Update）より、再プログラム化（Neuprogrammierung）が望ましいと主張する[191]。

しかし、ヴェルティによる指摘と提案は、むしろ変わらない社会保障法における稼得能力の減退の位置づけを明らかにする。すなわち、障害年金の保険事故としての稼得能力の減退は、健康上の理由に基づく労働生活への参加の制限と捉えられており、これは、所得の喪失をもたらすので、年金の受給を正当化するとともに、リハビリテーション給付の出発点である[192]。したがって、稼得能力の減退は、個人が健康上の理由に基づき労働生活からどの程度排除されているのかを法的に表現する概念[193]として、すべての成人が稼得活動に従事することによって自らの生計を維持することができるし、そ

---

189) ヴェルティは、ライフコースにおける移行期のうち、健康上の理由に基づく能力制限の期間は、ドイツの社会保障法において労働不能および稼得能力の減退として考慮され、社会保障の受給権をもたらしうるものの、これらの概念は、依然として、健康侵害状態とその背景が労働生活において能力の変化という多様な状況をもたらしうることを十分に考慮していないという。その限りにおいて、健康状態が侵害される結果は、しばしば、労働生活からの引退ではなく、職業経歴の中での移行期であるとして、労働生活と関係づけられた社会保険の本来の対象は、健康状態の侵害により生じる具体的な所得の喪失でなければならず、従来と同じように抽象的に認定される稼得能力ではないと指摘する。Welti, a. a. O. (Fn. 175), S. 100.
190) Welti, a. a. O. (Fn. 63), S. 75 und 737.
191) Welti/Groskreutz, a. a. O. (Fn. 178), S. 3.
192) Welti, a. a. O. (Fn. 63), S. 24 und 34.
193) G. Schultze-Lock, Minderung der Erwerbsfähigkeit – ein Ermessenstatbestand?, NJW 1960, S. 366.

うすることを求められるという社会保障法の前提にある基本原則の例外であり[194]、社会国家による対応を必要とする[195]。

　基本法20条および28条の社会国家目標（Soziale Staatsziel）は、立法、政府、行政および司法に対して、それぞれの権限の枠内で社会を形成し、その際に障害者の利益を考慮することを求める。社会の形成は、責任の分配によって実現される。社会国家は、すべての社会問題を自ら引き受ける必要はなく、法によって社会を秩序づけ、責任を分配することを求められる[196]。したがって、稼得能力の減退については、その損失を補填するための選択肢として、ハンス・F. ツァハー（Hans F. Zacher）のいう内在的な解決策（internalisierende Lösung）と外在的な解決策（externalisierende Lösung）がある[197]。すなわち、社会国家は、稼得能力の減退を、労働生活の中で内在的に、例えば労働法上の保護規定および差別禁止規定によって私人間で解決することもできるし、労働生活の外で外在的に、例えば国家が稼得所得の代わりに年金を支給することによって解決することもできる[198]。このうち、社会保障法は、稼得能力減退の解決を二当事者関係という最小社会の秩序から国家が組織する再分配共同体という人工世界に外在化することによって、自らの労働力で所得を稼ぐことができない個人の損失を補填する[199]。その意味で、社会保障法は、ツァハーによると、外在的な解決策によって社会的な損失（soziale Defizite）を補填する法である[200]。それと同時に、労働法のような内在的な解決策は、時に類似の機能を果たすので、その限りにおいて両者は機能的に等価である[201]。こうして、稼得能力の減退は、社会保障法の基本概念[202]として、年金政策、貧困政策、障害者政策、労働（市場）政策、医療

---

194) Eberhard Eichenhofer, Sozialrecht, 13. Aufl., 2024, Rdnr. 9 ; Hans F. Zacher, Einführung in das Sozialrecht der Bundesrepublik Deutschland, 3. Aufl., 1985, S. 10.
195) Welti, a. a. O.（Fn. 63), S. 735.
196) Welti, a. a. O.（Fn. 63), S. 745.
197) Hans F. Zacher, Abhandlungen zum Sozialrecht, 1993, S. 261 f.
198) Welti, a. a. O.（Fn. 63), S. 274 f.
199) Eichenhofer, a. a. O.（Fn. 194), Rdnr. 156.
200) Zacher, a. a. O.（Fn. 197), S. 265.
201) Hans F. Zacher, Abhandlungen zum Sozialrecht II, 2008, S. 357.

政策、リハビリテーション政策といった様々な政策領域の交差点（Schnittstelle）にある[203]。

ドイツの障害年金において、稼得能力の減退という、健康状態の侵害より稼得能力の制限を重視した保険事故が採用されているのは、ドイツの社会保険が稼得活動によって形成された産業社会の結果であり、現在では前提条件でもある[204]ので、基本的に労働者保険としての性格を維持しているからである。結果として、障害が生まれながらに、または稼得活動に従事する以前に発生している場合には、事前に獲得された所得がないので、所得の喪失は存在しない[205]。他方で、稼得能力の減退の捉え方は、保障の目的と範囲に関する立法政策上の決定と関連している。稼得能力の減退が抽象的に捉えられると、失業者は失業時の短期保障のみを命じられ、具体的に捉えられると、障害リスクのみならず労働市場リスクも障害年金によって保障される[206]。したがって、稼得能力の減退は、個人が健康上の理由に基づき一般労働市場において労働力を十分に活用することができないという意味で、失業の特別な形態と捉えることができる[207]。

ドイツ法のように、労働生活と関係づけられた社会保険が、障害年金の保険事故を健康上の理由に基づく労働生活への参加の制限と構成することは、稼得労働を中心とする社会においては考えられる選択肢である。

---

202) Ursula Köbl, Grundlagen und Gemeinsamkeiten der Versicherungs- und Leistungsfälle, in: Bertram Schulin（Hrsg.）, Handbuch des Sozialversicherungsrechts, Bd. 3: Rentenversicherungsrecht, 1999, § 21 Rdnr. 23.
203) Welti/Groskreutz, a. a. O.（Fn. 182）, S. 308 f.
204) Welti, a. a. O.（Fn. 174）, S. 441.
205) Schulte, a. a. O.（Fn. 145）, S. 95.
206) Welti, a. a. O.（Fn. 63）, S. 735.
207) Felix Welti, Erwerbsminderung: Ein ungelöstes Schlüsselproblem der Sozialpolitik, in: Martin Nonhoff/Sebastian Haunss/Tanja Klenk/Tanja Pritzlaff-Scheele（Hrsg.）, Gesellschaft und Politik verstehen, Frank Nullmeier zum 65. Geburtstag, 2022, S. 320.

第6章
日本の障害年金における障害等級の方向性

第1節　ドイツの障害年金の構造と特徴

　本章は、**第1節**において、本書の考察から明らかになったドイツの障害年金の構造と特徴を要約するとともに、日本法への示唆を導き出す。

第1項　障害年金の構造

　ドイツの障害年金の構造は、次のようにまとめられる。
　労働者をはじめとする稼得活動に従事して所得を稼ぐ者が、健康状態の侵害により、長期にわたり稼得活動に従事することができない状態になると、これまで稼いでいた所得を失うと想定される。このような所得の喪失を補填することを目的として支給される年金給付が、ドイツの障害年金である。つまり、ドイツの障害年金は、稼得活動に従事して所得を稼ぐ者が保険事故に遭遇した場合に、所得の喪失を補填する賃金代替給付である。したがって、ドイツの障害年金の保険事故は、健康上の理由に基づき稼得活動に従事して所得を稼ぐことができないこと、つまり稼得能力の減退と構成されている。
　障害年金の保険事故としての稼得能力の減退は、1957年年金改革によって、利用することができる職業資格と稼ぐことができる賃金に着目して職業不能と稼得不能から構成されていた。しかし、稼得能力の減退は、2001年障害年金改革法によって、働くことができる労働時間に着目して2段階の稼得能力減退に分かれている。すなわち、1日3時間未満しか稼得活動に従事することができない被保険者は、完全稼得能力減退の状態にあり、一般労働市場において活用することができる稼得能力を有していないと考えられているので、完全な賃金代替給付を受給する。これに対して、1日3時間以上6時間未満

しか稼得活動に従事することができない被保険者は、一部稼得能力減退の状態にあり、残された稼得能力を一般労働市場において活用して所得を稼ぐことができると考えられているので、部分的な賃金代替給付を受給する。

しかし、被保険者が一般労働市場において活用することができる稼得能力を有する場合であっても、残された能力にふさわしい職場が存在しなければ、実際に所得を稼ぐことができない。このことは、とりわけ健康上の理由に基づき1日3時間以上6時間未満しか稼得活動に従事することができない被保険者に当てはまる。なぜなら、パートタイム職場が十分な数だけ存在しないからである。したがって、1日3時間以上6時間未満しか稼得活動に従事することができない被保険者は、パートタイム労働市場から実質的に排除されている場合、具体的には年金申請から1年以内に残された能力にふさわしい職場を斡旋されない場合には、完全稼得能力減退の状態にあると認められるので、完全な賃金代替給付を受給することができる。このことは、健康上の理由に基づく稼得能力の制限による所得の喪失を補填するという障害年金の目的によって正当化される。

同時に、この場合には、ドイツの障害年金は期間を定めて支給される。期間設定の目的は、稼得能力減退がある者の労働生活への参加を可能にすることである。したがって、一般労働市場において活用することができる稼得能力を有する被保険者は、労働市場の閉鎖性を理由に完全な賃金代替給付を受給する場合であっても、リハビリテーション給付を受給することによって、残された稼得能力を活用して所得を稼ぐことを求められる。このことは、年金に対するリハビリテーション優先の原則によって正当化される。

第2項　障害年金の特徴

ドイツの障害年金の特徴は、次の3点にまとめられる。

第1に、ドイツの障害年金は、稼得活動に従事して所得を稼ぐ者が保険事故に遭遇した場合の所得の喪失を補填するという目的に適うよう、保険事故を稼得能力の減退と構成している。ドイツの障害年金は、障害年金の目的に即して保険事故を構成するため、実際に生じた所得の喪失ではなく、所得の喪失を推定させる稼得能力の制限に着目している。実際の所得喪失は、追加

報酬が年間の限度額を超える場合には障害年金が一部しか支給されないことによって考慮されている[1]。稼得能力の減退は、自らの生計を維持するために稼得活動に従事する者を前提にして、生計を支える所得の喪失をもたらす出来事として、健康上の理由に基づき労働生活からどの程度排除されているのかを法的に表現する概念である。稼得能力の制限を認定するための基準としては、稼ぐことができる賃金、利用することができる職業資格、働くことができる労働時間が考えられる。ドイツの障害年金において、稼得能力の減退という、健康状態の侵害より稼得能力の制限を重視した保険事故が採用されているのは、ドイツの社会保険が稼得活動によって形成された産業社会の結果であり、現在では前提条件でもあるので、基本的には労働者保険としての性格を維持しているからである。

　第２に、稼得能力の減退の認定に際して残された能力にふさわしい職場が存在するかどうかを考慮する具体的考察方法の採用は、ドイツにおける社会的現実の変化の中での裁判所による法創造の結果である。すなわち、具体的考察方法は、1957年年金改革により制定された法律上の規定では正面から許容されていなかった。しかし、連邦社会裁判所大法廷は、失業率が上昇する中で、1969年決定により、パートタイム職場の稀少性と障害年金の目的を理由として、被保険者が健康上の理由に基づきパートタイム労働にしか従事することができない場合に具体的考察方法を採用した。その後、1976年決定により、年金申請から１年以内に残された能力にふさわしいパートタイム職場が供給されない場合にパートタイム労働市場は実質的に閉鎖的であるとみなされると判断した。連邦社会裁判所による法創造を受けて、立法者は、稼得能力の減退が健康侵害状態のみならずパートタイム労働市場の閉鎖性にも起

---

1) ケンパーは、障害年金の保険事故を健康上の理由に基づく稼得能力の制限に着目して構成し、稼得能力が制限される場合に所得の喪失を推定する考え方を推定主義（Präsumtionsprinzip）、健康上の理由に基づく所得の喪失に着目して構成する考え方を事実主義（Faktizitätsprinzip）と呼ぶ。その上で、ドイツ法が保険事故の発生をもっぱら健康上の理由に基づく稼得能力の制限に依存させるという意味で推定主義を維持しており、稼得能力の制限が所得の喪失をもたらすはずであるという推定の審査は法的効果の側面、つまり年金額の算定において行われるので、それにより事実主義も達成されると指摘する。David Kemper, Die Reform der Renten wegen verminderter Erwerbsfähigkeit, 2006, S. 309, 316 f. und 325.

因している場合には、障害年金は期間を定めて支給されると定めることで、具体的考察方法を承認した。

これに対して、被保険者が依然としてフルタイムで労働することができる場合には、連邦社会裁判所の判例によると、フルタイム職場が十分な数だけ存在すると想定されたので、原則として抽象的考察方法が妥当し、具体的考察方法は例外的にしか許容されていなかった。連邦社会裁判所の判例に対しては、肉体的に軽度の労働に依然としてフルタイムで従事することができる高齢で長期失業状態にある被保険者については、フルタイム職場が十分な数だけ存在しないとして、下級審裁判所により異論が提起された。しかし、立法者は連邦社会裁判所の判例を第2次社会法典第6編改正法によって成文化し、連邦社会裁判所大法廷は立法者の対応を1996年決定で支持した。その背景には、具体的考察方法により年金保険の財政負担が増大する中で、年金保険にさらなる財政負担を求める法創造は許容されないという立法者および連邦社会裁判所大法廷の判断があった。

第3に、ドイツの障害年金は、具体的考察方法により、被保険者が健康上の理由に基づき稼得能力を制限されるという障害リスクのみならず、稼得能力の制限された被保険者が残された能力にふさわしい職場を見つけられないという労働市場リスクも負担している。ドイツの障害年金が労働市場リスクを負担することは、失業保険と年金保険との間のシームレスを実現する。すなわち、年金保険により支給される障害年金が失業保険により支給される失業手当ではカバーされない労働市場リスクを負担することによって、失業手当から障害年金へのシームレスな移行が保障される。しかし、具体的考察方法により支給される障害年金は、労働市場年金として、障害者の労働生活からの早期の引退を促進する機能を有するので、障害者の労働市場への統合という課題を覆い隠す。したがって、失業率の上昇と老齢年金の支給開始年齢の引き上げに伴い、障害者が老齢年金の支給開始年齢に到達する前に障害年金を受給するケースが増加し、年金保険の財政負担が増大した。このことが、ドイツにおける障害年金の改革の決定的な要因であった。

労働市場リスクを年金保険と失業保険との間でどのように分配するのかという問題について、1999年年金改革法の立法者は、稼得能力の減退の認定に

際して残された能力にふさわしい職場が存在するかどうかを考慮しない抽象的考察方法に復帰するという解決策を採用した。しかし、2001年障害年金改革法の立法者は、具体的考察方法を維持した上で、これにより年金保険に生じた費用の半分を労働行政が負担するという解決策を採用した。その理由として、稼得能力の減退は健康上の要因と労働市場における要因の相互作用によって生じるので、稼得能力の減退の認定に際して障害リスクと失業リスクを厳密に区別することは困難であることと、目下の厳しい労働市場の状況においては、具体的考察方法が廃止されると、公的扶助の財政負担の増大は避けられないことが挙げられる。

その後、ドイツの障害年金の改革をめぐる現在の議論では、具体的考察方法の維持を前提にして、障害者の労働生活からの早期の引退ではなく、労働生活への参加という目的を達成するため、障害年金が原則として期間を定めて支給されることに着目して、障害年金を稼得能力減退手当に衣替えすることが提案されている。こうして、障害年金を老齢年金から切り離す一方で、傷病手当金およびリハビリテーション給付との接続を強化することが目指されている。その意味で、稼得能力の減退は、労働生活の一時的な中断として、年金の受給が一時的に認められる地位であるとともに、リハビリテーション給付により克服される状態であると理解することができる。

第3項 日本法への示唆──目的適合的な考察方法

それでは、本書によるドイツ法の内在的な分析は、日本法にいかなる示唆をもたらすのだろうか。日本法への示唆を導き出す前に、ドイツ法と日本法の相違を確認しておく。ドイツの障害年金は、稼得活動に従事して所得を稼ぐ者を被保険者とする賃金代替給付（所得比例年金）である。これに対して、日本の障害年金には、20歳以上の国内居住者を被保険者とする障害基礎年金が1階部分として存在しており、その上に被用者（労働者）を被保険者とする障害厚生年金が2階部分として存在している。また、ドイツの障害年金は、健康状態の侵害より稼得能力の制限を重視して、保険事故を稼得能力の減退と構成している。これに対して、日本の障害年金は、主として日常生活能力の制限に対して支給され、身体の外部障害については機能障害の程度によっ

て支給されるので、稼得能力の減退と無関係に支給される[2]。

　確かに、障害年金が対象とする所得喪失リスクは個人的要因と社会的要因からなる複合的なものであるので、障害年金の保険事故の構成は各国で異なる[3]。しかし、本書は、ドイツ法における稼得能力の減退という保険事故の構成と具体的考察方法をめぐる議論を通じて、日本法への示唆として、障害年金の目的に即して障害等級のあり方を考察する方法を析出する。なぜなら、ドイツ法は、健康上の理由に基づく所得の喪失を補填するという障害年金の目的に適うよう、障害年金の保険事故を産業社会における主要な生計維持手段である稼得活動の不能として構成した上で、残された能力にふさわしい職場が存在しないという社会的現実を考慮するため、具体的考察方法を採用し、現在に至るまで維持してきた。その意味で、稼得能力の減退という概念は、障害年金の目的に即して年金受給権という法的効果を分配するため、否定的な目的表現としての機能とともに、個人的な地位の要件としての機能を果たしてきた[4]。具体的考察方法の是非はさておき、本書は、ドイツ法において稼得能力の減退という目的を志向した目的論的概念[5]の下で展開されてきた、いわば目的適合的な考察方法が、首尾一貫した日本法の解釈論と政策論を展開するために不可欠であると考えるからである。

　したがって、本章は、**第2節**において、目的適合的な考察方法に依拠して、**第1章第3節**で掲げた第1の課題、すなわち、日本の障害年金における障害等級は基本的に日常生活能力の制限に着目して定められているので、障害等級と稼得能力の制限度合いとの関係がはっきりしないという課題に取り組む。具体的には、日本の障害年金の目的と要保障事由を明らかにした上で、障害年金の目的に即して、法律上の障害要件と政令上の障害等級表の合理的な解釈を試みる。その後、日本の法秩序の枠内での積極的な政策論[6]として、

2）永野仁美『障害者の雇用と所得保障』（信山社、2013年）249頁。
3）Bernd von Maydell, Berufs- und Erwerbsunfähigkeit im Rechtsvergleich, DRV 1995, S. 540.
4）Felix Welti, Behinderung und Rehabilitation im sozialen Rechtsstaat – Freiheit, Gleichheit und Teilhabe behinderter Menschen, 2005, S. 112.
5）Felix Welti, Behinderung und Rehabilitation: Ist das Besondere von allgemeinem Interesse für Recht und Politik?, KJ 2012, S. 371.

ドイツの障害年金を参照しながら、日本の障害年金における障害等級の見直しを試みる。こうして、日本の障害年金における障害等級を再検討することを目指す。

第2節　日本の障害年金における障害等級の再検討

第1項　障害年金の目的と要保障事由

　障害年金を再検討しようとする者は、何よりもまず障害年金の目的と要保障事由を明確にしなければならない。これによって、制度を最適なものにすることができる[7]。日本の障害年金は、法律上の目的規定によると、障害者の生活の安定に寄与することを目的とする（国年1条、厚年1条）。障害年金の目的は、障害年金が長期にわたる所得喪失リスクに備える年金保険の枠内で支給されるという制度設計を踏まえると、障害者が心身の障害によって長期にわたり所得を稼ぐことができない場合に、定期金の支給によって代わりの所得を保障することと捉えられる。

　確かに、障害年金に1級加算が存在していることからすると、障害年金の目的は、障害によって所得を稼ぐことができない場合に代わりの所得を保障することにとどまらず、介護に伴う出費を保障することも含む。このことは、障害年金の障害等級が基本的に日常生活能力の制限という観点から制度設計されていることと無関係ではない。しかし、日常生活能力の制限という観点が重視されると、障害年金の目的は、障害によって日常生活に支障がある場合に介護費用を保障することと誤解されるおそれがある。したがって、障害年金の目的は、障害によって所得を稼ぐことができない場合に代わりの所得を保障することに明確化されなければならない[8]。その意味で、本書は、障害年金の目的を、障害者の生活保障と広く捉えるのではなく、所得保障と狭

6）尾形裕也ほか「〔座談会Ⅱ〕社会保障研究へのアプローチ」季社50巻1＝2号（2014年）105-106頁〔菊池馨実発言〕。

7）Felix Welti/Henning Groskreutz, Vorschlag für eine grundlegende Reform im Erwerbsminderungsrecht, SozSich 2013, S. 310.

8）永野・前掲注2）260-261頁。

く捉える[9]。

　障害年金の目的は、最低生活保障の考え方に基づく障害によって必要となる基礎的な生活費を保障することと、従前生活保障の考え方に基づく障害によって失われた所得を補うことに区別できる[10]。基礎的な生活費を保障するという目的は、20歳以上の国内居住者を被保険者として定額年金を支給する国民年金によって、失われた所得を補うという目的は、被用者を被保険者として報酬比例年金を支給する厚生年金保険によって担われている。したがって、障害基礎年金は、障害の原因が20歳以前の傷病であれ20歳以後の傷病であれ、20歳以上の障害者が障害によって必要となる基礎的な生活費を保障することを目的とする。これに対して、障害厚生年金は、障害が中程度以上の場合には障害基礎年金と相まって、被用者であった障害者が障害によって失われた所得を補うことを目的とする[11]。

　障害年金の要保障事由は、障害によって所得を稼ぐことができない場合に代わりの所得を保障するという障害年金の目的からすると、障害によって所得を稼ぐことができないこと、つまり稼得能力の減退と捉えられる[12]。なぜなら、個人が障害によって所得を稼ぐことができない状態になると、所得の

---

9) 永野仁美「目的から考える障害年金の要保障事由」障害法6号（2022年）34頁も同旨。これに対して、堀勝洋『年金保険法〔第5版〕』（法律文化社、2022年）50-51頁は、障害者の生活保障を障害年金の目的と捉え、障害年金による所得保障を生活保障のための手段と捉える。
10) 最低生活保障と従前生活保障の考え方については、菊池馨実『社会保障法〔第3版〕』（有斐閣、2022年）37-38頁を参照。
11) 基礎年金の目的については、菊池馨実『社会保障の法理念』（有斐閣、2000年）157頁を、被用者年金の目的については、倉田聡「短期・断続的雇用者の労働保険・社会保険」日本労働法学会編『講座21世紀の労働法2　労働市場の機構とルール』（有斐閣、2000年）270-271頁をそれぞれ参照。村上貴美子「障害者の所得保障」竹前栄治＝障害者政策委員会編『障害者政策の国際比較』（明石書店、2002年）323頁は、障害年金の展開を検討して、現在の障害年金は、基礎年金部分で生存権保障を担い、被用者年金で労働力喪失・減退時の生活安定機能を有すると整理する。
12) 笠木映里ほか『社会保障法』（有斐閣、2018年）72頁〔嵩さやか〕も同旨。永野・前掲注9）34-35頁は、社会モデルの観点から、稼得能力という文言は稼得活動が制限される原因を障害者個人の能力に帰するものであるとして、障害年金の要保障事由を稼得活動の制限と呼称する。確かに、稼得活動の制限という呼称は、心身の障害および社会的障壁により日常生活または社会生活の制限を受ける状態にある者という障害者の定義（障害基2条1号）と整合的である。しかし、本書は、日常生活能力や労働能力という呼称との連続性を考慮して、稼得能力という呼称を用いる。もっとも、障害年金の要保障事由の理解は、本書と同じである。

210　障害年金の基本構造

喪失が生じると観念することができるので、基礎的な生活費の必要であれ失われた所得を補う必要であれ、所得保障ニーズが生じるからである。その意味で、本書は、障害年金の要保障事由を、心身の障害そのものと捉えるのではなく、障害年金の目的に適うよう所得を稼ぐ可能性に限定して捉えている[13]。しかし、稼得能力の減退が、そのまま障害年金の支給要件として法律で定められているわけではなく、障害年金の要保障事由と法律上の障害要件にはズレがある。

第2項　障害年金の障害要件

法律上の障害要件は、障害認定日または20歳到達日において、傷病により障害等級に該当する程度の障害の状態にあることである（国年30条1項・30条の4第1項、厚年47条1項）。障害要件によると、障害の状態は傷病の結果として生じる。障害年金は傷病手当金と接続しており、傷病手当金の支給期間が支給開始日から通算して1年6か月間である（健保99条4項）ので、障害年金における障害それ自体は、健康状態が1年6か月を超えて侵害される、または傷病が治ったときに心身の毀損状態が残るという意味で、長期にわたる健康侵害の状態と捉えられる[14]。したがって、障害と傷病は、健康状態が侵害される点で共通する。フランス法では、この点に着目して、障害は継続的な疾病と捉えられ、障害年金は疾病保険から支給される[15]。しかし、障害と老齢は、いずれも長期にわたり所得を稼ぐことができない点で共通する。日本法とドイツ法では、この点に着目して、障害と老齢による長期的な所得保障ニーズに対する所得保障制度が、社会保険の方法を用いて定期金を支給

---

13) これに対して、太田匡彦「社会保障給付における要保障事由、必要、財、金銭評価の関係に関する一考察」高木光ほか編『阿部泰隆先生古稀記念　行政法学の未来に向けて』（有斐閣、2012年）324-325頁は、障害年金の要保障事由を法律上の障害要件の文言から心身の障害と捉えており、実際の所得喪失は支給要件とされていないので、障害が発生しても、より多くの生活費の必要はともかく、失われた所得を補う必要は生じないかもしれず、この点で要保障事由と必要が完全に連結しているとはいえないと指摘する。

14) 清正寛＝良永彌太郎編著『論点社会保障法〔第3版〕』（中央経済社、2003年）106頁〔片岡直〕、西村健一郎『社会保障法』（有斐閣、2003年）236頁。

15) 加藤智章『もうひとつの年金』（新潟日報事業社、2009年）9-10頁、永野・前掲注2）212頁。

する年金保険として形成された[16]。

　障害年金において等級制が採用されているのは、社会保険の仕組みでは拠出記録に基づき受給権が発生するという1対1の対応関係が原則として貫かれている[17]ので、支給要件が定型化されやすい[18]からである。すなわち、障害者の個別的な福祉ニーズに対する自立支援給付においては、具体的な障害福祉サービスの量の決定が要請されるので、介護給付費の支給決定は、障害者の障害支援区分その他の勘案事項を適切に考慮することによって行われると考えられる（障害総合支援22条）。これに対して、定型的な所得保障ニーズに対する年金保険給付においては、画一的な障害認定が要請されるので、障害年金は等級制を採用していると考えられる。

　障害等級は、障害の程度に応じて重度のものから1級、2級、3級である（国年30条2項、厚年47条2項）。1級は重度の障害、2級は中程度の障害、3級は軽度の障害である。1級と2級は障害基礎年金と障害厚生年金で共通であり、3級は障害厚生年金のみである。その上で、障害等級の各級の障害の状態は、政令上の障害等級表（国年令別表、厚年令別表第一）で定められている（国年令4条の6、厚年令3条の8）。

　障害年金の障害等級は、労災保険の障害補償給付が14等級（障害補償年金は7等級）となっている[19]ことと比べると、3等級と大まかな区分となっている。このことは、障害年金と障害補償給付の目的の違い、つまり、20歳以上の国内居住者または被用者の一般的な所得保障なのか、それとも労働者の特別な所得保障としての業務上の災害による損失填補なのかによって説明することができる。すなわち、障害補償給付は、業務上の障害を対象とするので、具体的な労務遂行にどの程度の支障があるのかという観点から障害等級を決める必要があるのに対して、障害年金は、業務上外を問わない障害を対

16）倉田聡『社会保険の構造分析』（北海道大学出版会、2009年）176-177頁。
17）菊池・前掲注10）31-32頁。
18）笠木ほか・前掲注12）28頁〔笠木映里〕。
19）労災保険の障害補償給付は、業務上の傷病が治って身体に障害が存する場合に（労基77条）、障害等級に応じて支給される（労災15条1項）。障害補償給付の障害等級は、重度のものから順に1級から14級まで分かれており、1級から7級までが障害補償年金の対象となり、8級から14級までは障害補償一時金の対象となる（労災15条2項・別表第一・別表第二）。

象とするので、具体的な労務遂行との関わりで障害等級を決める必要がないからであると考えられる[20]。

第3項　障害等級表の構造と解釈

政令上の障害等級表は、身体を眼、耳、鼻、口、体幹、上肢、下肢といった部位に分け、障害の状態をそれぞれの部位の機能の面に着目して個別に例示しながら、日常生活能力の制限や労働能力の制限の程度に応じて配列し[21]、例示規定に該当しない心身の障害の状態について包括規定を置くという構造になっている。包括規定によると、1級は日常生活の用を弁じることができない程度の障害の状態、2級は日常生活が著しい制限を受ける程度の障害の状態、3級は労働が著しい制限を受ける程度の障害の状態である。

障害等級表においては、日常生活は、労働よりも狭い範囲の活動、具体的には、食事、入浴、家事などの主に家庭内で行う活動や、買物や通院などの比較的単純な対人関係を伴う活動を指し[22]、日常生活能力と労働能力は概念上区別されているので、日常生活に支障があることは、直ちに労働に従事することができないことを意味しない。つまり、2級は、労働能力の程度ではなく日常生活能力の程度によって判断されるので、労働に従事していても2級と認定されうる[23]。したがって、日常生活能力の制限は、個人が活動を行うときに生じる難しさという意味での活動制限に相当し、労働能力の制限は、個人が何らかの生活・人生場面に関わるときに経験する難しさという意味での参加制約に相当する[24]。

そうすると、日常生活能力の制限は、労働能力の制限とどのような関係に

---

20) 山田耕造「障害者の所得保障」日本社会保障法学会編『講座社会保障法2　所得保障法』（法律文化社、2001年）184-185頁。
21) 東京地判平27・12・8裁判所ウェブサイト。
22) 大阪地判平26・10・30裁判所ウェブサイト。これに対して、東京地判平30・4・24判夕1465号119頁は、活動の範囲をおおむね家屋内に限定する日常生活の理解は、身体の障害を想定したものであって、必ずしも発達障害を含む精神の障害を想定したものとはいえないとする。
23) 山口地判令5・1・18判例集未登載。
24) 山田・前掲注20) 189頁。活動制限と参加制約については、世界保健機関（障害者福祉研究会編）『ICF 国際生活機能分類』（中央法規、2002年）13頁、123頁を参照。

あるのか[25]。確かに、障害基礎年金と障害厚生年金の目的の相違を強調して、年金額の算定方法の相違にとどまらず、日常生活能力の制限を障害基礎年金の判断基準とし、労働能力の制限を障害厚生年金の判断基準とする可能性が考えられる[26]。しかし、日常生活能力の制限を満たすものの、労働能力の制限を満たさない場合に、障害基礎年金と障害厚生年金が不可分の制度であるにもかかわらず、障害厚生年金が支給されないことになる。したがって、本書は、障害等級表の解釈論として、日常生活能力の制限を1級と2級の判断基準とし、労働能力の制限を3級の判断基準とする立場を採る。その上で、日常生活の文言にもかかわらず、稼得能力に着目した読み方をすることは困難であるという立場[27]を採らず、障害によって所得を稼ぐことができない場合に代わりの所得を保障するという障害年金の目的に即して、稼得能力の減退という観点から日常生活能力の制限を判断するという立場を採る[28]。

　本書の立場からは、2級に相当する日常生活が著しい制限を受ける程度を判断する際に、労働により収入を得ることができない程度が労働の状況を参照するときの指針として考慮される[29]のは、障害年金の目的に即して、日

---

25) 中川純「障害年金の課題と改革の方向性」社会保障法研究16号（2022年）71-72頁。
26) 筆者は、本書の元となった論文において、立法政策上の可能性として同旨の主張をした。福島豪「ドイツ障害年金の法的構造（3・完）」法雑53巻3号（2007年）653頁。
27) 大津地判平22・1・19賃社1515号21頁。
28) 河野正輝『障害法の基礎理論』（法律文化社、2020年）229頁も同旨。
29) 大阪高判令6・4・19賃社1857号49頁。本判決は、1型糖尿病の原告らの2級該当性が争われた事案である。原審の大阪地判令3・5・17判時2518号5頁は、身体の機能の障害または長期にわたる安静を必要とする病状が、日常生活が著しい制限を受ける程度のものであり、換言すれば、必ずしも他人の助けを借りる必要はないものの、独力での日常生活が極めて困難で、労働により収入を得ることができない程度のものに当たるかどうかによって判断すべきであるとして、原告らの症状と検査成績以外に、具体的な日常生活状況として原告らが労働に従事している事実を考慮して、軽作業の内職を1日3、4時間程度しかすることができない原告の2級該当性を認めたものの、それ以外の原告らの2級該当性を認めなかった。
　これに対して、本判決は、本文のように述べて、1型糖尿病の特性、血糖コントロールの状態、症状、労働の状況を含む具体的な日常生活状況などを十分考慮し、総合的な認定の下、日常生活が著しい制限を受ける程度かどうかを判断すべきであるとして、原告らが労働に従事しているとしても、血糖コントロールが困難で、そのための負担により日常生活は大きく制限されており、労働もこのような制限が許容される職場環境によって可能となっていることから、原告らの2級該当性を認めた。

常生活能力の制限を拡張して解釈していると考えられる。なぜなら、個別ケースによっては、日常生活が著しい制限を受ける程度の障害が存在するどうかを判断する際に、労働に従事することができないことが考慮されうるからである[30]。確かに、障害年金の目的に即して日常生活能力の制限を拡張解釈することは、日常生活の意味内容に反する。また、定型的な所得保障ニーズに対する年金保険給付においては、原則として画一的な障害認定が要請される。しかし、労働により収入を得ることができない程度に該当するかどうかを判断するに当たっては、仕事の種類、内容、就労状況、勤務先において受けている配慮や援助の内容などが考慮されるので、労働していれば、その他の事情を考慮することなく労働により収入を得ることができない程度に該当しないとみなされることにはならない[31]。裁判例では、就労している知的障害者は、本来であれば就労が困難であるところ、家族や職場などの配慮や援助によって就労の継続が可能になっている場合に、2級該当性が認められている[32]。また、クローン病により人工肛門を造設しており、在宅で中心静脈栄養を受けていた者が、労働により収入を得ていたものの、1日12時間の中心静脈栄養が日常生活能力に対する大きな制約となっており、勤務時間や給与に見合うような実質的な労働を行っていなかった場合に、2級該当性が認められている[33]。したがって、目的適合的な拡張解釈は、障害者の個別の事

---

30) 東京地判令2・10・27判例自治480号45頁は、かつて地方公務員であった原告の障害厚生年金の不支給が争われた事案で、原告は、休暇と復職を経た後に病気休職し、退職するに至っており、また、日常生活においても作業能力が低下し、家事も十分にできない状態が続いているので、うつ病により就労能力が喪失しているだけでなく、外出や着替えなどの基本的な生活機能も制限されており、趣味やレジャー活動においても制限されているので、うつ病による障害の状態は、日常生活が著しい制限を受ける程度のものであるとして、2級該当性を認めた。

31) 大阪地判令3・5・17判時2518号5頁。東京地判令4・7・26判夕1508号129頁は、Ⅰ型糖尿病の原告の2級該当性が争われた事案で、原告が週2日就労しているものの、その就労継続には、職場が原告の体調に配慮して柔軟な働き方を認めていることが大きく寄与しているので、就労の事実をもって原告の日常生活への制限が少ないと評価すべきではないとして、原告の症状、検査成績および具体的な日常生活状況を考慮して、原告の状態は3級が想定している状態よりもかなり重篤であり、実際に日常生活に著しい制限を受けていると認められるとして、2級該当性を認めた。

32) 東京地判平30・3・14判時2387号3頁、東京地判平30・12・14賃社1731号53頁、東京地判令4・3・18裁判所ウェブサイト。

情を踏まえた柔軟な認定[34]が必要である場合に許容される。

　以上の検討を踏まえると、中程度の2級は、日常生活が著しい制限を受ける程度の障害が存在する場合には、同時に労働に従事することができないはずであると考えて、就労により所得を稼ぐことができないと推定している。つまり、日常生活能力の著しい制限により稼得能力の喪失が推定されるので、2級の障害年金の額は、老齢年金の額と同額になっていると考えられる。また、重度の1級は、日常生活の用ができない程度の障害が存在する[35]場合には、稼得能力の喪失が推定されるとともに、介護に伴う出費が生じるので、1級の障害年金の額は、2級の障害年金の額を1.25倍した額になっていると考えられる。他方で、軽度の3級は、労働が著しい制限を受ける程度の障害が存在する[36]場合には、就労により所得を稼ぐことが制限されるものの、稼得能力は一部残っているので、3級に該当する障害を有する者は、障害厚生年金のみを受給することができると考えられる。

　もっとも、障害等級表は、身体の外部障害については、心身機能または身体構造上の問題という意味での機能障害[37]に着目した障害の状態を個別に例示しているので、身体の外部障害の場合には、日常生活能力の制限や労働能力の制限は実際には判断されず、機能障害により日常生活能力の制限や労働能力の制限があると推定される[38]。これに対して、障害等級表で個別に例

33）東京地判平27・12・8裁判所ウェブサイト。
34）山口地判令5・1・18判例集未登載。
35）1級該当性は、裁判例では、出生時頃から左眼の視力がなく、右目も弱視で、前発障害により1級に該当していたところ、網膜剥離などにより右眼の失明という後発障害が加わった結果、両眼の視力が失われた場合に、両側の器官をもって同一部位とされる眼について、後発障害と関わりのない左眼の失明の状態も考慮して現在の障害の状態を評価することによって認められている。大阪高判令4・1・27判例集未登載。
36）3級該当性は、裁判例では、胃癌により欠勤を繰り返しており、ほとんど出勤することができない場合（名古屋地判平25・1・17賃社1584号38頁）、躁うつ病により休職と復職を繰り返しており、復職しても欠勤や遅刻を繰り返している場合（東京地判平29・1・24判例集未登載）、うつ病により欠勤した後に復職したものの、就労日数や時間、職務内容に相当程度の制限を受けている場合（東京地判令5・4・13判例集未登載）に認められている。
37）世界保健機関（障害者福祉研究会編）・前掲注24）11頁、57頁。
38）新田秀樹「所得の保障」河野正輝＝東俊裕編著『障がいと共に暮らす』（放送大学教育振興会、2009年）114頁。

示されていない身体の内部障害と精神の障害については、包括規定が適用されるので、日常生活能力の制限や労働能力の制限が正面から判断される。このように、障害の性質によって法令上の要件自体が異なっているので、障害年金を受給しながら就労することができる障害者が存在するからといって、障害等級表の解釈基準としての障害認定基準[39]が不合理であるということにはならない[40]。したがって、障害認定基準は、障害の特性に応じて障害等級を認定するに当たっての基本的視点を異にする[41]。

　裁判例によると、左上下肢の機能の障害は、日常生活における動作ごとにその程度を4段階で評価した上で、上肢および下肢の全体について、または障害の重い肢に関する日常生活における動作の状態を見て、その多くがひとりで全くできない場合またはそのほとんどがひとりでできるが非常に不自由な場合に該当すれば、2級に該当すると評価される[42]。また、血友病による障害については、検査成績が異常であっても日常生活に支障を来さない場合もあれば、検査成績に異常がなくても日常生活に相当の制限が生じている場合もあるから、検査成績だけではなく、一般状態として日常生活の制限の程度も考慮して2級該当性が判断される[43]。そして、アスペルガー症候群による障害は、発達障害の特性上、知能指数が高いため日常生活上の基本的な行為には援助を要しないとしても、社会性やコミュニケーション能力が乏しく不適応な行動がみられるため日常生活への適応に当たって援助を要し、結果として日常生活が著しい制限を受ける場合には、2級に該当すると評価される[44]。このように、障害認定基準は、一貫した判断枠組みを欠いており、日常生活が著しい制限を受ける程度の障害が存在するかどうかを判断する際にどのような事情が重視されるのかは、障害の種類によって異なっている[45]。

39）昭61・3・31庁保発15号別添。
40）東京地判令4・7・26判タ1508号129頁。
41）東京地判平30・4・24判タ1465号119頁。
42）大阪地判平31・1・10裁判所ウェブサイト。
43）東京高判平29・4・12判例集未登載。
44）東京地判平30・4・24判タ1465号119頁。

第 4 項　障害等級の見直しの必要性

　本書は、以上の通り、障害年金の目的に即して、可能な限り現行制度の合理的な解釈を試みた。しかし、障害年金の障害等級は基本的に日常生活能力の制限に着目して定められているので、障害等級と稼得能力の制限度合いとの関係がはっきりしない。すなわち、日常生活能力、労働能力、稼得能力には一定の相関関係が推認できることもあり[46]、3級は労働能力の制限度合いによって定められているものの、1級と2級は日常生活能力の制限度合いによって定められており、しかも身体の外部障害の程度は客観的な機能障害により日常生活能力の制限や労働能力の制限があると推定している[47]。障害等級の歴史的変遷の中で、機能障害の程度が重視されてきたとともに、労働能力や稼得能力より機能障害との親和性が高い日常生活能力が基準とされてきたことから、日本の障害年金は、医学モデルを純化していく道を歩み続けてきたと指摘される[48]。結果として、就労所得があるにもかかわらず、障害年

---

45) 安部敬太「障害年金における障害認定の現状」障害法6号（2022年）14-15頁、中川・前掲注25) 82-84頁。精神の障害については、障害認定基準が日常生活能力の制限や労働能力の制限に着目した例を示しており、日常生活能力の制限や労働能力の制限が正面から判断されるので、事実の評価によって精神の障害の認定にばらつきが生じうる。実際に、2014年に障害基礎年金における精神の障害の認定に地域差があることが明らかになった。地域差が生じていたのは、障害厚生年金の障害認定は日本年金機構の本部で、障害基礎年金の障害認定は各都道府県にある事務センターで行われていたからである。そこで、2017年から障害年金の審査が障害年金センターに集約された。同時に、精神の障害の認定において請求者間で不公平が生じないよう、2016年に精神の障害に係る等級判定ガイドライン（平28・7・15年管発0715第1号別添1）が策定された。精神の障害の認定基準については、福島豪「障害年金の権利保障と障害認定」社会保障法33号（2018年）124-129頁を参照。

　大阪地判令2・6・3判時2486号31頁は、双極性障害の原告の2級該当性が争われた事案で、等級判定ガイドラインは、地域差による不公平が生じないよう精神の障害の認定時に用いる目安や考慮すべき事項の例を示し、これによって精神の障害の認定が障害認定基準に基づき適正に行われるよう改善を図ることを目的として策定されたものであるから、障害認定基準を用いて具体的な総合的認定を行うに当たって、等級判定ガイドラインに沿って行うのが相当であるとし、強力な指導が存在する刑務所生活を前提に原告の日常生活能力の判定を検討するとともに日常生活能力の程度を判断すると、障害等級の目安は2級になるとして、2級該当性を認めた。

46) 福田素生「障害年金をめぐる政策課題」社会保障研究4巻1号（2019年）93頁。

47) 新田・前掲注38) 112-114頁、山田・前掲注20) 187-188頁。

金を受給している障害者が存在する一方で、就労所得がないにもかかわらず、障害年金を受給していない障害者が存在する。障害年金受給者の中にも、就労所得が少ない者が存在する一方で、就労所得が多い者が存在する[49]。

　障害年金の障害等級のうち、1級と2級が日常生活能力の制限という観点から制度設計されているのは、国民年金の被保険者の中には就労により所得を稼いでいない専業主婦や無業者が含まれているからである[50]。しかし、専業主婦や無業者も、就労により所得を稼ぐことは可能である。なぜなら、稼得能力は、一般労働市場には多様な労働が存在することを前提に、いずれかの労働に従事することができることを意味しているからである。また、障害補償給付の障害等級表（労災則別表第一）によると、神経系統の機能または精神に関する障害補償給付の1級は神経系統の機能または精神に著しい障害を残し、常に介護を要するものと定められており、2級は神経系統の機能または精神に著しい障害を残し、随時介護を要するものと定められていることから、日常生活能力の制限は、労働能力の制限より重度の障害と理解されているのかもしれない。しかし、日常生活能力の制限は、日常生活に支障があるという意味で、介護保険の要介護状態および要支援状態（介保7条）と区別することが難しく、障害年金の要保障事由とはいえない。

　障害年金の要保障事由は、その目的からすると、本章**第2節第1項**で前述したように、障害それ自体ではなく、稼得能力の減退と捉えられる。しかし、現行の障害等級表では、客観的な機能障害により日常生活能力の制限が推定され、さらに日常生活能力の制限により稼得能力の減退が推定される[51]ので、稼得能力の減退を理由に所得保障ニーズを抱える障害者が障害年金の対象から排除されてしまう[52]。このような医学モデルに立つ障害等級のあり方は、結果として障害年金の目的を達成できない状況を生み出すので、障害者が障

---

48) 安部敬太「障害年金における等級認定（3・完）」早研178号（2021年）18-21頁。
49) 百瀬優「障害年金の課題と展望」社会保障研究1巻2号（2016年）348-350頁。
50) 百瀬優『障害年金の制度設計』（光生館、2010年）176-177頁。
51) 永野・前掲注9）32頁。
52) 関ふ佐子ほか「〔座談会〕高齢・障害と社会法」法時92巻10号（2020年）29-30頁〔永野仁美発言〕。

害年金を必要とする状況を社会モデルの観点から捉える障害等級のあり方が求められていると指摘される[53]。また、**第１章第２節第６項**で前述したように、現行制度では障害年金が無拠出制年金である場合に限り就労所得と調整される（国年36条の３）。確かに、拠出制障害年金が就労所得と調整されないのは、障害年金が主として日常生活能力の制限に対して支給され、身体の外部障害については機能障害の程度によって支給されるので、就労しながら障害年金を受給することが許容されているからである[54]。しかし、拠出制障害年金の場合であっても、高額の就労所得がある障害者に障害年金を支給することは、代わりの所得を保障するという障害年金の目的に適合しない。

したがって、政策論としては、障害年金の目的に即して、障害等級を稼得能力の減退という観点から見直すとともに、障害年金と就労所得の合計額が高額になる場合には、就労インセンティブに配慮しながら、就労所得に応じて障害年金を調整することが望ましい[55]。そうすると、本書は、**第１章第３節**で掲げた第２の課題、すなわち、就労所得がある場合の障害年金の調整が一貫しておらず、障害年金と就労所得との関係があいまいであるという課題にも取り組むことを求められる。

第５項　障害等級の見直しの選択肢

１　障害要件の見直し案

障害等級を稼得能力の減退という観点から見直すための選択肢として、まずは、立法者が法律上の障害要件を障害によって所得を稼ぐことができないことに見直すことが考えられる。これは、障害要件の見直し案と呼ぶことができる。障害要件の見直し案としては、実際に生じた所得の喪失に着目する選択肢が考えられる[56]。この選択肢は、代わりの所得を保障するという障害年金の目的にもっとも適合的である。しかし、ドイツの障害年金は、健康上の能力を前提として残された稼得能力を評価するため、所得の喪失を推定さ

---

53) 永野仁美「障害と社会保障」日本社会保障法学会編『現代社会保障法学の論点〔下巻〕現代的論点』（日本評論社、2024年）272頁、274頁。

54) 太田・前掲注13) 335頁、百瀬・前掲注50) 172頁。

55) 永野・前掲注２) 260-262頁も同旨。

せる稼得能力の制限に着目しており、実際の所得喪失は、一定の限度額を超える就労所得がある場合の障害年金の調整によって考慮されている。

　立法者が障害等級を稼得能力の制限度合いによって定める場合には、稼得能力の制限を認定するための基準としては、ドイツ法を参照すると、次の選択肢が考えられる。まず、稼得不能の概念のように、稼ぐことができる賃金に着目して、全被保険者の平均賃金の一定割合を超える所得を稼ぐことができないことと規定することが考えられる。次に、職業不能の概念のように、利用することができる職業資格に着目して、従来の職業または期待可能な業務に従事することができないことと規定することが考えられる。そして、稼得能力減退の概念のように、働くことができる労働時間に着目して、一般労働市場のいずれかの業務に1日何時間未満しか従事することができないことと規定することが考えられる[57]。障害要件の見直し案は、制度そのものの改革であるので、障害年金は、稼得能力減退年金と呼ばれることになるだろう。

　確かに、稼得能力の制限度合いを具体的な基準によって定めることは、画一的な障害認定をもたらすので、法的安定性に寄与する。しかし、**第5章第3節第2項2**で前述したように、残された稼得能力、特に具体的な時間数の認定が困難であることは、ドイツ法においてしばしば指摘される。また、障害要件の見直し案が採用される場合には、稼得能力という不確定概念の解釈が問題となるので、障害認定に際して稼得能力を制限された障害者が能力にふさわしい職場を見つけられないという労働市場リスクが考慮される可能性は、実質的正義の観点から完全に排除されない。このことは、本書の主題と

---

56) 例えば、オランダの障害給付は、老齢年金から完全に切り離され、独自の労働者保険によって支給される。オランダの障害給付では、稼得能力の減退は、稼得可能性の喪失、すなわち従来の所得と依然として稼ぐことが見込まれる所得との比較によって評価され、稼得可能性の喪失の程度が35％以上に達する場合に、障害給付が支給される。つまり、理論的な稼得能力ではなく、賃金代替機能が重視されている。障害給付は、新たに就業が開始される場合にも支給される。Oskar Mittag/Felix Welti, Vergleich der sozialen Sicherung und beruflichen Wiedereingliederung bei Erwerbsminderung in drei europäischen Ländern（Deutschland, Niederlande und Finnland), Beitrag D2-2017 unter www.reha-recht.de, 25. 1. 2017, S. 3 f.

57) Ursula Köbl, Erwerbsminderungsrenten, in: Ulrich Becker/Franz-Xaver Kaufmann/Bernd Baron von Maydell/Winfried Schmähl/Hans F. Zacher (Hrsg.), Alterssicherung in Deutschland, FS für Franz Ruland, 2007, S. 361 ff.

して、**第 4 章**および**第 5 章**で論証した。ドイツ法の経験を踏まえると、障害年金の障害認定に際して労働市場リスクを考慮して労働市場年金の支給を認めることには、年金保険と雇用保険との間のシームレスが実現するというメリットがある一方で、障害者の労働市場への参加という課題が覆い隠されるというデメリットがある。このように、障害要件の見直し案が採用される場合には、障害認定が複雑になる可能性がある[58]ので、裁判所による統制がより重要になるだろう。

2　障害等級表の見直し案

そうすると、日本の障害年金の延長線上にある選択肢としては、法律上の障害要件は維持するものの、行政が政令上の障害等級表を稼得能力の制限度合いによって見直すことが考えられる。これは、障害等級表の見直し案と呼ぶことができる。実際問題として稼得能力の制限度合いを具体的に認定することは困難である[59]と考えるのであれば、障害の程度を客観的に認定するため[60]、行政が政令によって障害等級表を定めて、機能障害に着目して障害の状態を個別的に例示しながら、例示することが難しい心身の障害については、稼得能力の制限に着目して一般的に定めることになるだろう。

障害等級表の歴史を遡ると、工場法施行令上の障害等級表において、障害等級表で定められた機能障害の程度と稼得能力の制限度合いとの関係は明確化されないままであった[61]。これを踏襲した障害年金の障害等級表においても、稼得能力の制限度合いは反映されていない[62]。したがって、障害等級表の見直し案が採用される場合には、障害等級表が稼得能力の減退を建前としながら稼得能力の制限度合いを評価しない基準[63]から脱却するため、障害等級表で個別的に例示される障害の種類および内容は、医療および労働（市

58）菊池馨実「障害年金における障害認定」週社2848号（2015年）35頁、百瀬・前掲注50）176頁。
59）後藤清＝近藤文二『労働者年金保険法論』（東洋館、1942年）465頁〔後藤清〕。
60）堀・前掲注9）432頁。
61）風間朋子『障害と所得保障』（生活書院、2023年）107頁。
62）風間・前掲注61）132頁。
63）風間・前掲注61）291頁。

場）に関する専門分野の知見を踏まえながら、稼得能力の制限度合いによって見直されなければならない。障害等級表の見直し案が実現される場合には、その解釈基準である障害認定基準も見直しを避けられない。障害等級表の見直し案は、現実的に困難であると指摘される[64]ものの、障害等級表を等級判定の基準とする日本の法秩序においては、障害要件の見直し案よりも現実的な選択肢であろう。障害等級表の見直し案は、制度そのものの改革ではなく、制度の枠内での改革であるので、障害年金という呼称は維持されることになるだろう。

その上で、障害等級表の包括規定における稼得能力の制限度合いを、稼ぐことができる賃金や働くことができる労働時間といった具体的な基準によって定めて支給要件の定型性を維持するのか、それとも障害補償給付の障害等級表のように就労することができないとか就労が相当な程度に制限されるとか就労に相当な程度の支障があるといった抽象的な基準によって定めて個別の事情を審査判定する[65]のか、という選択肢が考えられる。後者の例として、社会モデルの観点から、日本の障害年金には扶助原理（必要原則）が混在していることを前提として、稼得活動の制限が認められるかどうかを、障害によって就労の機会が喪失しているかどうか、障害者の置かれた状況が就労にどのような影響を与えているのかによって具体的に判断することが提案されている[66]。障害等級表の見直し案が採用される場合には、包括規定は、例えば就労により所得を稼ぐことが著しく制限される程度のものとして、個別の事情を考慮することができる抽象的な基準によって定められることになるだ

---

64) 田中謙一「障害年金に係る障害の認定での障害支援区分の認定の活用可能性に関する考察」年報公共政策学18号（2024年）37頁。

65) 河野・前掲注28）234頁。

66) 永野・前掲注9）36頁。同じく社会モデルの観点からの提案として、日本弁護士連合会「障害年金制度の認定基準に係る早急な見直しを求める意見書」（2024年）がある。日本弁護士連合会の意見では、障害等級表の包括規定で定められる障害の程度の文言を、現代社会において用いられる表現に改訂するとともに、その内容についても、現在の障害年金受給者の生活実態を反映し、機能障害を重視するものではなく日常生活上の制限の程度を基準とするものに改正することが提案されている。そうすると、本書の立場からは、この提案が障害等級と稼得能力の制限度合いとの関係をどのように評価しているのか、つまり障害年金の目的をどのように理解しているのかは、必ずしも明確ではない。

ろう[67]。

　障害要件の見直し案と障害等級表の見直し案のいずれの選択肢が採用されるにせよ、障害等級、特に1級と2級が日常生活能力の制限という観点から制度設計されていることは、障害年金の目的によって正当化することが困難であるので、見直される必要がある。

第6項　障害等級1級の位置づけと障害年金の調整

　障害等級が稼得能力の制限度合いによって見直される場合には、障害年金における1級の位置づけと就労所得がある場合の障害年金の調整が問題となる。このうち、1級加算は、老齢年金の額を上回る部分であり、介護に伴う出費を保障するものと説明されてきた。しかし、その趣旨は不明確になっている[68]。そうすると、1級を障害それ自体がもたらす所得保障ニーズに対応するもの[69]、例えば老齢より重度の稼得能力の制限と位置づけ直して、1級加算を維持するのか、それとも1級加算を廃止して、障害年金に就労インセンティブを組み込むため、代わりに就労移行加算や就労定着加算を導入する[70]のか、という選択肢が考えられる。前者の場合には、障害基礎年金は2級制、障害厚生年金は3級制となり、後者の場合には、障害基礎年金は1

---

67) 日本法の延長線上にある選択肢として、障害者総合支援法における障害支援区分を活用することが提案されている。これは、障害支援区分の活用案と呼ぶことができる。障害支援区分の活用案は、障害年金受給者の障害支援区分と所得状況の関係を把握することが必要であると留保した上で、ひとつの可能性として、1級は区分6とし、2級は区分5とし、3級は区分4とすることが想定されている。これにより、機能障害のみならず活動制限および参加制約も勘案するという意味で、医学モデルから社会モデルへの変化を反映することが可能になるとされる。田中・前掲注64) 33-37頁。

　したがって、障害支援区分の活用案は、障害等級表を廃止して、障害支援区分を障害等級の基準と読み替えるとともに、個別事情を考慮する余地を認めない方式を採用するものと理解することができる。確かに、障害等級表の見直し案は、障害の種別によって基準が異なることを許容するのに対して、障害支援区分の活用案は、基準の共通化をもたらす。しかし、本書の立場からは、障害支援区分の活用案においても、障害等級が稼得能力の制限度合いとどのような関係にあるのかを抽象的な基準によって明確にすることが必要になろう。

68) 百瀬優「障害年金の給付水準」社会保障法33号（2018年）108-109頁。

69) 太田・前掲注13) 326頁。

70) 中川・前掲注25) 90-91頁。

級制、障害厚生年金は2級制となる。言い換えると、障害等級が見直される場合には、障害年金は、稼得能力が完全に失われる場合にはじめて支給されるのか、それとも稼得能力が一部制限されている、つまり依然として一定程度残されている場合にも支給されるのかと併せて、各等級の障害年金の額はどのように制度設計されるのかが再検討されることになるだろう。

他方で、障害年金受給者に就労所得がある場合に、就労と障害年金の組み合わせによる所得保障[71]を認めた上で、就労インセンティブを減退させない障害年金の調整が問題となる。就労所得の一部を調整の対象から控除する[72]方法として、例えば、**第2章第3節第4項2**で前述したドイツの障害年金の追加報酬限度額のように、就労所得が障害等級に応じて許容される限度額を超える場合には、就労所得に応じて障害年金の一部が支給停止される仕組みが考えられる。障害等級が重くなると、それだけ就労により所得を稼ぐことができないと考えられるので、許容される就労所得の限度額は低くなる。その際、特に障害基礎年金の額が不十分であるにもかかわらず、あえて就労せずに障害年金を受給するインセンティブ[73]が生じないよう、許容される就労所得の限度額を一定程度高額に設定することが必要になる[74]。その限りにおいて、雇用と福祉の境界領域にある障害者の就労と障害年金は併存しうる[75]と考えられる。

こうして、一方で障害等級と稼得能力の制限度合いとの関係と、他方で障害年金と就労所得との関係が、それぞれ障害年金の目的に適合したものになるだろう。

第7項　障害年金と労働市場の関係

障害年金における障害が長期にわたる健康侵害の状態と捉えられるとして

---

71) 永野・前掲注9) 37頁。
72) 永野・前掲注2) 262頁。
73) 百瀬・前掲注50) 172頁。
74) 中川・前掲注25) 85-86頁。
75) 倉田賀世「就業困難者を受容し得る社会保障法制の構築に向けて」社会保障法36号（2021年）94-96頁。

も、障害年金の要保障事由は、本章第2節第1項で前述したように、稼得能力の減退と捉えられる。これは、障害者の社会参加という観点からは、障害によって労働市場に参加することができないことを意味しており、必ずしも労働市場から永続的に排除されることに限られず、労働市場への参加が一時的に制限されることも含む。実際に、精神の障害を理由とする障害年金受給者の増加は、有期認定の障害年金受給者の増加をもたらしている[76]。

したがって、障害者が障害によって所得を稼ぐことができない場合に代わりの所得を保障するための障害年金は、障害者に労働市場からの退出を可能にするという機能を有する[77]。なぜなら、所得保障制度は、歴史的には、個人が自らの生計を維持するために働かざるを得ないという動機で労働市場に参加することを回避できるようにする役割を果たしてきたからである[78]。その上で、障害年金は、稼得能力が一定程度残された障害者にも支給されるのであれば、ドイツ法におけるリハビリテーション優先の原則に倣って、障害者が労働市場に参加することを可能にするための就労支援と連携することになるだろう。例えば、稼得能力がある障害者に対しては、障害発生のできるだけ早期に包括的なリハビリテーションを実施するという早期リハビリテーションの観点から、障害年金の受給前または受給時に障害者雇用促進法および障害者総合支援法における就労支援を実施することが提案されている[79]。

また、障害年金の目的は、障害者の所得保障のみならず、障害者の労働市場への参加の支援にもあると考えるのであれば、ドイツの障害年金のように、障害者が残された稼得能力を労働市場で活用することができる場合には、障害年金を原則期間の定めのある年金として支給する選択肢が考えられる。さらに一歩進んで、障害と傷病を健康上の理由に基づく能力の制限と連続的に捉えて[80]、健康上の理由に基づき能力を制限された者の労働市場への参加を

---

76) 百瀬・前掲注49) 343頁。
77) 林健太郎「有業の低賃金・低所得層をいかなる存在として把握すべきか」菊池馨実ほか編著『働く社会の変容と生活保障の法　島田陽一先生古稀記念論集』(旬報社、2023年) 60頁。
78) 林健太郎『所得保障法制成立史論』(信山社、2022年) 513頁。
79) 河野・前掲注28) 235-240頁。
80) Felix Welti, Sozialrecht und selbstbestimmte Erwerbsbiographien, SR 2013, S. 100.

支援することが目指されるのであれば、スウェーデンの障害年金のように[81]、健康上の理由に基づく所得の喪失を包括する、財政的に統一された社会保険を形成するため、障害年金を老齢年金から切り離して健康保険の傷病手当金と統合する選択肢も考えられる[82]。ドイツ法においても、**第5章第5節第3項2**で前述した学説による稼得能力減退手当の提案は、年金保険の枠内で同様の方向性を目指すものと理解することができる。この場合には、自営業者に対する所得比例給付を創設すること[83]と併せて、20歳前障害基礎年金を国民年金から切り離して障害者向けの扶助給付に再編すること[84]が検討される必要があろう。

　傷病と障害の原因には、遺伝的な素因や個人の健康行動だけでなく、雇用世界などの環境に起因する多数の影響因子も含まれる。その際、慢性疾患は、年齢によってだけでなく、労働負担の程度によっても増加する。経験的なデータによると、特に長期の疾病期間を有する者と慢性の疾病経過を有する者の所得喪失リスクが高い[85]。したがって、制度そのものの改革として、健康上の理由に基づく労働生活の中断という観点から[86]、傷病と障害による労働生活中断中の所得を保障し、もって健康状態にふさわしい形態の稼得活動へ

---

81) 中野妙子「スウェーデンの障害年金制度の概要と特徴」武井寛ほか編『労働法の正義を求めて　和田肇先生古稀記念論集』（日本評論社、2023年）772-773頁、百瀬・前掲注50) 124-126頁。

82) 江口隆裕『変貌する世界と日本の年金』（法律文化社、2008年）230頁、百瀬・前掲注50) 179-182頁。

83) 中野妙子『疾病時所得保障制度の理念と構造』（有斐閣、2004年）337頁、百瀬・前掲注50) 190-191頁。

84) すなわち、20歳前障害者に対する20歳前障害基礎年金を国民年金から切り離して、任意加入の時代に生じた無年金障害者に対する特別障害給付金および特定の低年金障害者に対する障害年金生活者支援給付金と統合して、個別の生活費の必要に応じながら親族による扶養の優先を緩和した障害者向けの扶助給付に再編する選択肢が考えられる。例えば、ドイツの障害時基礎保障は、**第2章第4節第2項**で前述したように、配偶者の所得および資産を考慮するものの、親の所得および資産を基本的に考慮しないので、扶助給付の受給に際しての障壁を取り除いている。こうして、すべての無年金障害者と低年金障害者に対して、障害年金では保障されない障害者の最低生活水準が生活保護とは別の制度によって保障されることになるので、**第1章第3節**で掲げた第3の課題と第4の課題が解決されることになる。

85) Eva Kocher u. a., Das Recht auf eine selbstbestimmte Erwerbsbiografie – Arbeits- und sozialrechtliche Regulierung für Übergänge im Lebenslauf: Ein Beitrag zu einem Sozialen Recht der Arbeit, 2013, S. 94 und 104.

の移行を可能にするため、労働生活を営む中で突発的に発生する所得喪失リスク[87]に備える社会保険の制度設計も検討に値する。この場合には、傷病手当金の支給対象としての労務不能（健保99条1項）との接続を強化するため、障害等級を見直すための選択肢として、障害要件の見直し案も視野に入るだろう。

第3節　日本の障害年金の方向性

　本書の結論は、次の通りである。
　日本の障害年金における障害等級の見直しについては、さしあたり、立法者が法律上の障害要件を稼得能力の減退に見直すという障害要件の見直し案が考えられる。しかし、稼得能力の制限度合いを具体的な基準によって、例えば働くことができる労働時間に着目して定めることには、解釈および運用の難しさが避けられない。そうすると、障害認定の客観性を担保するためには、行政が政令上の障害等級表を稼得能力の減退という観点から見直すという障害等級表の見直し案が考えられる。すなわち、制度の枠内での改革として、障害の種別によっては機能障害の程度を個別的に定めるとともに、機能障害の程度を定めることが難しい障害については、稼得能力の制限度合いを抽象的な基準によって、例えば稼得活動の著しい制限と定めて、個別の事情を考慮する余地を認めることが考えられる。こうして、障害等級と稼得能力の制限度合いとの関係が、障害年金の目的に適合したものになるだろう。
　確かに、障害の状態の分類と格付けを行う障害等級表の策定は、専門技術的考察を必要とするので、広範な行政裁量に委ねられる[88]。しかし、障害者の所得保障は、憲法25条が要請する国の責務である。したがって、国は、政策策定指針[89]として、行政裁量の範囲内で障害者の所得保障という障害年

86）水島郁子「傷病を理由とする労働生活の中断と社会保障法」社会保障法27号（2012年）120-121頁。
87）菊池・前掲注11）137頁。
88）京都地判平22・5・27判時2093号72頁。
89）菊池・前掲注10）65頁。

金の目的に適合した障害等級表に改めることを求められる。その意味で、障害等級表の見直し案は、障害年金の目的に適合した裁量権の行使といえよう。

その上で、日本の障害年金の方向性については、精神の障害を理由とする障害年金受給者が増加していることを踏まえると、稼得能力の減退が労働市場への参加の制限を意味しているので、障害年金は、稼得能力が完全かつ永続的に制限されている場合に限られず、部分的かつ一時的に制限されている場合にも支給されるとともに、就労支援との連携を求められることになるだろう。このことは、障害年金が根本的には障害者の自由権行使の前提条件を確保する[90]ために存在することから正当化することができる。なぜなら、障害者は、生存権をはじめとする社会権を具体化する立法によって、自由権が保障する行為の自由、例えば職業の自由に関与する機会としての参加を確保されるからである[91]。こうして、障害年金は、就労支援とともに障害者の労働市場への参加を支援するものになる。

日本の障害年金の要保障事由が稼得能力の部分的かつ一時的な減退と捉えられると、ドイツの障害年金と同じく、障害者が残された稼得能力を労働市場で活用することができる場合には、障害年金を就労所得と調整するとともに、障害年金を原則期間の定めのある年金として支給する選択肢が生じる。そうすると、障害年金は、労働生活からの永続的な引退というよりも、労働生活の一時的な中断に対して支給されることになるので、老齢年金の早期支給という考え方から切り離されて、マクロ経済スライドの適用を受けない可能性とともに、傷病手当金との接続を強化する可能性が開かれる。こうして、障害年金の給付水準を維持することが可能になるだろう。ただし、この場合には、障害年金が低賃金に対する補助金として機能する可能性がある[92]ので、障害者の労働市場への参加を支援するため、労働生活中断中の所得保障と健康状態にふさわしい形態の稼得活動への移行をどのように図るのかが課題となる[93]。その意味で、本書は、20歳前障害基礎年金の意義を肯定した上で、

---

90) 菊池馨実『社会保障法制の将来構想』(有斐閣、2010年) 22-23頁。
91) 福島豪「障害者にとっての就労と労働市場」法時85巻3号 (2013年) 32-33頁。
92) 岩村正彦「変貌する引退過程」岩村正彦ほか編『岩波講座現代の法12 職業生活と法』(岩波書店、1998年) 334-335頁、笠木映里「現代の労働者と社会保障制度」労研612号 (2011年) 45頁。

拠出制障害年金の活性化を目指したものである。

　障害年金は、多くの障害者が現に就労に関する困難を抱える現状を前提として給付を行うことによって、障害者の抱える困難の一因ともなっている現存する不平等や差別を受容し、固定化する面がある[94]。確かに、障害年金の目的は、障害によって所得を稼ぐことができない場合に代わりの所得を保障することにあるので、所得保障ニーズを発生させる原因の解決は、社会保障法の役割ではなく、労働法における障害者の割当雇用（雇用率）や差別禁止の役割である[95]。しかし、雇用世界が障害者を採用する能力と意思を有する場合には、障害者も労働市場に参加することができる[96]。そうすると、障害者雇用が進められる中で、障害の有無のみに着目して年金を一律に支給する制度には差別的な要素がある[97]ので、障害等級は、憲法14条に違反する不合理な差別とならないよう、社会的現実の変化に即した合理的なものに見直される必要がある[98]。したがって、本書、とりわけ本章は、障害者の所得保障と就労機会の保障との役割分担を明確にするため[99]、稼得能力の減退という観点から障害等級の見直しを試みたものである。

　障害年金における障害等級は、法的には扱いづらい主題である。なぜなら、障害と稼得能力の減退は、その認定に際して、法的な概念理解を法的でない概念理解と結びつけて、法学外の医療および労働（市場）に関する専門分野の知見を取り込むことを必要とするからである[100]。障害年金の扱いづらさは、

93）文脈は異なるものの、林・前掲注77）61-63頁も同旨。
94）笠木映里「座談会基調報告」法時92巻10号（2020年）9頁。
95）笠木映里「〔基調報告〕憲法と社会保障法」宍戸常寿ほか編著『憲法学のゆくえ』（日本評論社、2016年）416-417頁。
96）Eberhard Eichenhofer, Geschichte des Sozialstaats in Europa: Von der „sozialen Frage" bis zur Globalisierung, 2007, S. 142.
97）笠木映里ほか「〔座談会〕憲法と社会保障法」宍戸常寿ほか編著『憲法学のゆくえ』（日本評論社、2016年）449-450頁〔笠木映里発言〕。
98）笠木ほか・前掲注97）450頁〔山本龍彦発言〕。
99）永野・前掲注2）266頁。
100）Alexander Gagel, Erwerbsminderungsrenten: Entwicklungen in Politik, Gesetzgebung und Rechtsprechung, SozSich 1997, S. 339; Margarete Schuler-Harms, Von der Invalidenrente zur Erwerbsminderungsrente, SRa Sonderheft 2018, S. 1.

法改正がしばしば政策的衡量の現れでもあるという意味で、法と政策が分かちがたく結びついていることとも関係している[101]。しかし、社会保障法学は、社会保障政策上の目的を達成するための手段[102]を法的に分析する分野として、比較法研究の成果を参照しながら障害年金の発展可能性を提示することができる。本書は、法が、単に行政による社会管理のための手段としてではなく、障害者の所得保障を実現するための手段としてより良く機能することができるよう、障害年金の目的に即して障害等級の方向性を提示したものである[103]。

---

101) Jürgen Jabben/Uwe Kolakowski/Ralf Kreikebohm, Eine Reform der Renten wegen Erwerbsminderung ist notwendig – aber wie?, NZS 2017, S. 482.
102) 岩村正彦『社会保障法Ⅰ』（弘文堂、2001年）20頁。
103) 本文での法は、自立型法と管理型法・自治型法という法の3類型モデルのうち、管理型法を念頭に置いており、法道具主義と親和的である。田中成明『現代法理学』（有斐閣、2011年）120-123頁、125頁。木下秀雄「グローバル金融危機と社会保障法研究者の責任」社会保障法24号（2009年）2頁は、法が政策や制度に形式を与えるツールという側面を持っていると指摘した上で、誰にとってのどのようなツールであるのかと問いかける。この問いに対する本書の答えは、本文の通りである。法はツールかについては、木下秀雄ほか「〔研究座談会〕社会保障法研究の歩みをたどって」社会保障法研究19号（2024年）34-36頁での菊池馨実、木下秀雄および岩村正彦の各発言を参照。

事項・人名索引

あ行

アイヒェンホーファー ……………… 191
斡旋可能性 …………………… 46, 99, 152
アピドポウロス ………………… 164, 166
医学的リハビリテーション給付 ……… 61
異常な能力制限の累積 …… 119, 135, 166
　──という概念の合理的な運用 …… 137, 141
一部稼得能力減退 …………………… 35
　──年金 …………………………… 54
　──年金の額 …………………… 169
　──年金の追加報酬限度額 ………… 57
　──の認定基準 ………………… 152
1級加算 ……………………………… 15
　──のあり方 …………………… 223
一般受給資格期間　→受給資格期間を見よ
一般労働市場 ………………… 46, 86
　──の通常の条件の下で …… 155, 158, 162, 165
ヴァンナガート ……………………… 30
ヴェルティ …………… 189, 193, 195, 198
エルレンケンパー …………… 123, 128, 129
オピルカ ……………………………… 38

か行

学生無年金障害者問題 ……………… 20
ガーゲル …………………………… 130, 140

加算期間 …………………………… 53
　──の延長 ……………………… 187
　──の評価の改善 ……………… 171
稼得活動 …………………………… 87
稼得能力 …………………… 29, 91, 140, 165
　完全な──の認定 ………………… 76
　残された──と完全な──の比較 …… 84
　残された──の程度 ……………… 87
　残された──の認定 …… 31, 45, 77, 86
　残された──の認定の困難 ……… 159
稼得能力減退 ……………………… 44
　──がある者の能動化 ………… 190
　──手当の提案 ………………… 195
　──の期間 ………………………… 47
　──の原因 ………………………… 44
　──の認定基準 ………… 45, 151, 158
　──の認定図式 ………………… 167
　──の発生日 ……………………… 43
稼得能力の減退（ドイツ）……… 29, 95, 182, 190（注162）, 193, 199
　──の捉え直し ………………… 195, 198
稼得能力の減退（日本）……… 3, 209, 225
稼得不能 ……………………… 32, 34
　──年金 …………………………… 73
　──年金の保険事故 ……………… 88
　──の定義規定 …………………… 85
完全稼得能力減退 …………………… 35

――年金 ………………………… 53
――年金の額 …………………… 169
――年金の追加報酬限度額 ……… 56
――の認定基準 ………………… 152
永続的な―― …………………… 67
カンプラート ……………………… 125
稀少またはカタログケース … 116, 132, 166
――の完結性 …………………… 140
求職者基礎保障 …………………… 67
強制被保険者 ……………………… 39
拠出制障害基礎年金 ……………… 18
具体的考察方法 ………… 91, 108, 139, 161
――に対する批判 ……………… 109
――による稼得能力減退の認定 … 177
――による職業不能・稼得不能の認定
　………………………………… 105
――の正当性 …………………… 180
――の適用範囲の限定 ………… 179
――の問題 ……………………… 146
――を拡張しない見解 …… 125, 129
――を拡張する見解 …… 122, 126, 128
裁判所による――の確認 ……… 164
裁判所による――の採用 ……… 95
立法者による――の維持 …… 161, 182
立法者による――の承認 ……… 113
クライケボーム …………………… 189
クラウゼ …………………………… 111
グロスクロイツ …………………… 195
ケースマネジメント ……………… 191
　年金保険者による――の創設　→年金保険を見よ
ケーブル …………………………… 110
ケンパー …………………………… 182
現業労働者 ………………… 32, 80
　専門―― ……………………… 81
　特に高度の専門―― ………… 80
　半熟練の―― ………………… 82
　未熟練の―― ………………… 82
個人報酬ポイント　→報酬を見よ

さ行

財産権 ……… 38, 50（注91), 142, 173, 177
参加 …………………………… 60, 189
　――給付 ……………………… 61
算入期間 ………………………… 49
3分の2要件 …………………… 19
自営業者 ………………………… 40, 160
　労働者類似の――　→労働者を見よ
事業所内統合マネジメント ……… 196
事後重症 ………………………… 10
失業 …………………… 99, 152（注23)
　――リスク　→障害リスクを見よ
疾病 ……………………………… 44, 193
社会医学的判定 ………………… 46, 159
社会国家目標 …………………… 200
社会裁判所 ……………………… 59（注120)
社会扶助 ………………………… 64
　――の後順位性 ……………… 67
　――の個別化の原則 ………… 68
社会法典 ………………………… 26（注104)

事項・人名索引　233

──第9編 …………………… 60
──第12編 …………………… 65
──第6編 …………………… 28, 34
──第6編旧43条 ………… 75, 77, 131
──第6編旧44条 …………… 85, 131
──第6編43条 …………… 156, 160
社会保険 ………………… 30, 181, 201
　障害者の── →障害（ドイツ）を見よ
社会保障（日本） ……………………… 1
社会保障法（ドイツ） ………… 26, 200
　──が想定してきた標準的なライフコース ……………………………… 193
　──の前提にある基本原則 ……… 199
　──の役割 ……………………… 108
就業者 ………………………………… 39
自由権 …………………………… 2, 228
重度障害者　→障害（ドイツ）を見よ。
重度の特殊な機能障害 …… 119, 135, 166
　──という概念の合理的な運用 … 137, 141
就労支援　→障害年金（日本）を見よ
就労所得　→障害年金（日本）を見よ
受給資格期間 ………………………… 43
　一般── …………………………… 47
　20年の── ……………………… 50
シュミット＝プロイス …………… 126
シュルツ＝ヴァイドナー …………… 181
シュレーダー ……………………… 156
障害（ドイツ） ………………… 44, 189
　──者 ………………… 190（注162）

──者作業所 ……………………… 40
──者の社会保険 ………………… 41
重度──者 …………… 170, 190（注162）
障害（日本） ………………………… 210
──者 ………………………………… 1
──者の所得保障 …………………… 3
障害基礎年金 ………………………… 4
　──2級の額 ……………………… 16
　──の給付水準 ………………… 14
　──の財源 ……………………… 17
　──の目的 ……………………… 209
障害厚生年金 ………………………… 4
　──の給付水準 ………………… 14
　──の財源 ……………………… 17
　──の目的 ……………………… 209
障害時基礎保障 ……………………… 64
　──受給者数 …………………… 66
　──の額 ………………………… 68
　──の行政手続 ………………… 69
　──の財源 ……………………… 66
　──の実施主体 ………………… 66
　──の受給権者 ………………… 66
　──の目的 ……………………… 64
障害手当金 ………………… 10（注34）
障害等級 ……………………… 10, 211
　──の見直し …………… 23, 219, 227
障害等級表 …………………… 11, 212
　──の解釈論 …………………… 213
　──の見直し案 ………… 221, 227
障害認定基準 ………………… 12, 216

障害年金（ドイツ）…………………28
　──受給者数…………………………36
　──と老齢年金………………………36
　──の改革案…………………………148
　──の額………………………………51
　──の期間設定………58, 112, 131, 173
　──の給付水準の改善………………186
　──の行政手続と権利救済…………58
　──の構造……………………………202
　──の支給開始…………………58, 175
　──の追加報酬限度額………………55
　──の特徴……………………………203
　──の二段階制………………………158
　──の平均支給月額…………………185
　──の保険事故………………………70
　──の目的または機能……………29, 95
　──の要件……………………………43
　──の要件の厳格化…………………179
　──の要件規定………………………156
　──の割引………………171, 185, 194
　──の割増……………………………189
　老齢年金から──への回避……147, 171
障害年金（日本）………………………2
　──受給者数…………………………4
　──受給者の就労率…………………22
　──生活者支援給付金………………17
　──と就労支援との連携………24, 225
　──と障害補償給付の目的の違い…211
　──の機能……………………………225
　──の給付水準………………………15

　──の受給権…………………………9
　──の等級制の趣旨…………………211
　──の方向性…………………………228
　──の目的………………………22, 208
　──の要保障事由………………23, 209
　──の老齢年金からの切り離し…21, 226
　──をめぐる課題……………………24
　就労所得がある場合の──の調整…22, 224
障害要件…………………………9, 210
　──の見直し案…………………219, 227
障害リスク………………………………29
　──と失業リスク…………91, 108, 181
　──と老齢リスク……………15, 21, 29
上司の役割を担う職長…………………80
傷病手当金………………………………47
職員………………………………32, 84
　──保険法……………………………32
職業不能…………………………32, 33
　──から稼得不能への浸出…………108
　──時の一部稼得能力減退年金……176
　──年金………………………………74
　──年金の廃止…………………151, 157
　──年金の保険事故…………………88
　──年金の問題………………………145
　──の定義規定………………………75
職業保護…………………………77, 158, 177
職場………………………………………45
初診日……………………………………5
　──の拡張解釈………………………6

──の認定資料‥‥‥‥‥‥‥‥‥7
　　──の立法政策上の課題‥‥‥‥‥9
信頼保護‥‥‥‥‥‥‥‥‥142, 145, 177
精神の障害に係る等級判定ガイドライン
　‥‥‥‥‥‥‥‥‥‥‥‥217（注45）
生存権‥‥‥‥‥‥‥‥‥‥‥‥‥‥1
1999年年金改革法‥‥‥‥‥‥‥‥150
1992年年金改革法‥‥‥‥‥‥34, 145
1957年年金改革‥‥‥‥‥‥‥33, 95
専門現業労働者　→現業労働者を見よ

た行

多段階図式‥‥‥‥‥‥‥‥‥‥80, 84
　　──における期待可能性‥‥‥‥82
　　──の適用‥‥‥‥‥‥‥‥83, 146
抽象的考察方法‥‥‥‥‥91, 114, 139, 162
　　──による職業不能・稼得不能の認定
　‥‥‥‥‥‥‥‥‥‥‥‥‥‥‥92
　　立法者による──への復帰‥‥154, 182
調整金‥‥‥‥‥‥‥‥‥‥‥‥‥164
直近1年間要件‥‥‥‥‥‥‥‥‥19
賃金継続支払‥‥‥‥‥‥‥48（注84）
ツァハー‥‥‥‥‥‥‥‥‥‥‥‥200
追加報酬‥‥‥‥‥‥‥‥‥‥‥‥55
　　──限度額　→障害年金（ドイツ）を見よ
特に高度の専門現業労働者　→現業労働者
　を見よ
特別障害給付金‥‥‥‥‥‥‥‥‥20
特別障害者手当‥‥‥‥‥‥‥‥‥16
特別な保険法的要件‥‥‥‥‥‥‥48

事項・人名索引　235

な行

20歳前障害基礎年金‥‥‥‥‥‥6, 18
20年の受給資格期間　→受給資格期間を見
　よ
2001年障害年金改革法‥‥‥‥34, 156, 193
　　──の経過規定‥‥‥‥‥‥‥176
日常生活能力と労働能力‥‥‥‥‥212
年金現在価値‥‥‥‥‥‥‥‥‥‥53
年金種別係数‥‥‥‥‥‥‥‥‥‥53
年金に対するリハビリテーション優先の原
　則‥‥‥‥‥‥‥‥63, 102, 192, 194
　　──の空洞化‥‥‥‥‥‥‥‥110
年金保険‥‥‥‥‥‥‥29, 37, 181, 198
　　──者‥‥‥‥‥‥‥‥‥‥‥37
　　──者によるケースマネジメントの創
　設‥‥‥‥‥‥‥‥‥‥‥‥‥‥196
　　──者の協力‥‥‥‥‥‥‥‥69
　　──と失業保険との間のシームレス
　‥‥‥‥‥‥‥‥‥‥‥‥96, 99, 103
　　──の財源‥‥‥‥‥‥‥‥‥38
「──の持続的発展」委員会‥‥‥‥149
能動的福祉国家‥‥‥‥‥‥‥‥‥191

は行

パートタイム労働市場の閉鎖性‥‥96, 98, 101
　　──のフィクション‥‥‥‥‥104
　　──のフィクションの正当性‥‥183
パートタイム労働を求める請求権‥‥170, 194

ハーフタイム……………………… 85
半熟練の現業労働者　→現業労働者を見よ
ビスマルク社会保険立法…………… 31, 37
平等原則……… 142, 146, 151, 188（注156）
扶助原理………………… 6, 15, 18, 222
フルタイム……………………… 85
平均報酬月額……………………… 42
閉鎖性カタログ………………… 135
ベンケル………………………… 183
報酬………………………… 52（注99）
　──ポイント………………… 52
　個人──ポイント………………… 52
　追加──　→追加報酬を見よ
保険原理（ドイツ）………… 41, 47, 51, 54,
　146, 151
保険原理（日本）……………… 15, 18
保険事故………………………… 25
　稼得不能年金の──　→稼得不能を見よ
　障害年金の──　→障害年金（ドイツ）
　　を見よ
　職業不能年金の──　→職業不能を見よ
保険料………………………… 38, 42
　──と給付の等価性……………… 51, 54
保険料納付要件……………………… 18
保障の谷間のケース………… 100, 103, 175

ま行

マイアー…………………… 108, 143
未熟練の現業労働者　→現業労働者を見よ
無年金障害者……………………… 19

名称提示義務………………… 118, 134
目的適合的な考察方法…………… 207

や行

要保障事由………………………… 1
　障害年金の──　→障害年金（日本）を
　　見よ

ら行

ライヒ保険法……………………… 32
ライフコースにおける移行期……… 198
リハビリテーション給付……… 60, 174, 192
　──の強化……………………… 191
　──の内容と要件………………… 61
ルーラント………… 110, 111, 127, 172
連帯原理………………………… 42, 53
連邦社会裁判所大法廷………… 59（注120）
　──1996年12月19日決定………… 133
　──1976年12月10日決定………… 100
　──1969年12月11日決定………… 94
連邦補助金……………………… 39
労働市場年金………………… 111, 196
　──の割合………………… 147, 179
労働市場リスク…… 108, 114, 146, 162, 192
　──の適正な分配…… 153, 160, 164, 180
労働者………………………… 32, 40, 41
　──保険………………………… 37, 201
　──類似の自営業者……………… 41
労働生活参加給付………………… 61
労働能力　→日常生活能力を見よ

労働不能……………………48（注84）

老齢年金　→障害年金（ドイツ）（日本）
　を見よ
　　──の支給開始年齢…………36（注39）
　　──の支給開始年齢の引き上げ
　　　……………………43（注61），145

老齢リスク　→障害リスクを見よ

わ行

割引　→障害年金（ドイツ）を見よ。

割増　→障害年金（ドイツ）を見よ。

判例索引

日本の判例

最大判昭57・7・7民集36巻7号1235頁…20

東京地判平16・3・24判時1852号3頁…7

福岡地判平17・4・22裁判所ウェブサイト…………………………………7

仙台高判平19・2・26判タ1248号130頁…………………………………7

東京地判平19・8・31判時1999号68頁…12

最2小判平19・9・28民集61巻6号2345頁………………………18, 20

最2小判平20・10・10判時2027号3頁…6

東京地判平21・4・17判時2050号95頁…8, 21

大津地判平22・1・19賃社1515号21頁……………………………13, 213

東京高判平22・2・18判時2111号12頁…3

京都地判平22・5・27判時2093号72頁……………………………227

名古屋地判平25・1・17賃社1584号38頁…10, 215

東京地判平25・2・15判例集未登載……18

東京地判平25・11・8判時2228号14頁…10

大阪地判平26・7・31裁判所ウェブサイト…………………………………6, 8

大阪地判平26・10・30裁判所ウェブサイト…………………………………212

東京地判平27・4・17裁判所ウェブサイト…………………………………6, 8

東京地判平27・12・8裁判所ウェブサイト…………………………………212, 215

東京地判平29・1・24判例集未登載…215

東京高判平29・4・12判例集未登載…216

東京地判平30・3・14判時2387号3頁……………………………13, 214

東京地判平30・4・24判タ1465号119頁……………………………212, 216

東京地判平30・12・14賃社1731号53頁……………………………13, 214

大阪地判平31・1・10裁判所ウェブサイト…………………………………216

大阪地判平31・4・11判時2430号17頁…3

大阪地判令2・6・3判時2486号31頁……………………………12, 13, 217

東京地判令2・10・27判例自治480号45頁……………………………214

富山地判令3・3・24賃社1789号51頁……………………………3, 9

京都地判令3・4・16判時2532号33頁……………………………3

大阪地判令3・5・17判時2518号5頁……………………………3, 213, 214

名古屋高金沢支判令3・9・15判時2542号43頁……………………………3, 8

大阪高判令4・1・27判例集未登載···215
東京地判令4・3・18裁判所ウェブサイト ··214
東京地判令4・7・26判タ1508号129頁 ·····································214, 216
山口地判令5・1・18判例集未登載 ·····································212, 215
東京地判令5・4・13判例集未登載 ··215
大阪高判令6・4・19賃社1857号49頁 ··213

ドイツの判例

BSG, Urteil vom 9. 2. 1956 – 5 RKn
   7 /55, BSGE 2, 182················76, 77
BSG, Urteil vom 13. 3. 1958 – 4 RJ
   200/56, BSGE 7, 66························76
BSG, Urteil vom 16. 4. 1959 – 5 RKn
   28/58, BSGE 9, 254················76, 79
BSG, Urteil vom 27. 5. 1959 – 1 RA
   34/58, BSGE 10, 33························45
BSG, Urteil vom 20. 12. 1960 – 4 RJ
   118/59, BSGE 13, 255························44
BSG, Urteil vom 25. 5. 1961 – 5 RKn
   3 /60, BSGE 14, 207························44
BSG, Urteil vom 29. 3. 1963 – 12/ 3 RJ
   260/58, BSGE 19, 57··············79, 80
BSG, Urteil vom 28. 5. 1963 – 12/ 4 RJ
   142/61, BSGE 19, 147·······86, 87, 92, 94
BSG, Urteil vom 1. 7. 1964 – 11/ 1 RA
   158/61, BSGE 21, 189························44
BSG, Urteil vom 18. 5. 1966 – 11 RA
   330/65, BSGE 25, 29························58
BSG, Urteil vom 30. 5. 1967 – 3 RK
   15/65, BSGE 26, 288························48
BSG, Urteil vom 28. 11. 1969 – 1 RA
   181/68 –, BSGE 30, 154··············44
BSG, Beschluß vom 11. 12. 1969 – GS
   4 /69, BSGE 30, 167······29, 45, 94-98
BSG, Beschluß vom 11. 12. 1969 – GS
   2 /68, BSGE 30, 192······29, 45, 94-96
BSG, Urteil vom 29. 9. 1970 – 5 RKn
   26/69, SozR Nr. 28 zu § 1247 RVO··99
BSG, Urteil vom 26. 2. 1971 – 4 RJ
   169/70, BSGE 32, 242························77
BSG, Urteil vom 16. 8. 1973 – 4 RJ
   361/72, SozR Nr. 114 zu § 1246 RVO···99
BSG, Urteil vom 26. 9. 1974 – 5 RJ 98/72, BSGE 38, 153························80
BSG, Urteil vom 20. 1. 1976 – 5 /12 RJ
   132/75, BSGE 41, 129··············76, 80
BSG, Beschluß vom 10. 12. 1976 – GS
   2 /75, BSGE 43, 75···············100-103
BSG, Urteil vom 30. 3. 1977 – 5 RJ 98/76, BSGE 43, 243························80
BSG, Urteil vom 27. 5. 1977 – 5 RJ 28/76, BSGE 44, 39················106, 116, 117
BSG, Urteil vom 21. 9. 1977 – 4 RJ
   131/76, SozR 2200 § 1246 Nr. 22···116, 117

BSG, Urteil vom 15. 12. 1977 – 11 RA
　6/77, BSGE 45, 238 ················· 87
BSG, Urteil vom 19. 1. 1978 – 4 RJ
　103/76, SozR 2200 § 1246 Nr. 25 ····· 79
BSG, Urteil vom 19. 1. 1978 – 4 RJ 81/77,
　BSGE 45, 276 ························ 80
BVerfG, Beschluß vom 1. 2. 1978 – 1
　BvR 411/75, BVerfGE 47, 168 ········ 76
BSG, Urteil vom 25. 4. 1978 – 5 RKn
　9/77, BSGE 46, 121 ··················· 77
BSG, Urteil vom 15. 2. 1979 – 5 RJ
　112/77, SozR 2200 § 1246 Nr. 37 ····· 81
BSG, Urteil vom 27. 4. 1979 – 4 RJ 19/78,
　SozR 2200 § 1247 Nr. 24 ············ 87
BSG, Urteil vom 4. 10. 1979 – 1 RA
　55/78, BSGE 49, 54 ··················· 84
BSG, Urteil vom 28. 11. 1980 – 5 RJ
　50/80, BSGE 51, 50 ················· 117
BSG, Urteil vom 3. 12. 1980 – 4 RJ 83/79,
　SozR 2200 § 1246 Nr. 72 ············ 121
BSG, Urteil vom 18. 2. 1981 – 1 RJ
　124/79, SozR 2200 § 1246 Nr. 75 ···· 119
BSG, Urteil vom 30. 4. 1981 – 11 RA
　32/80, SozR 2200 § 1247 Nr. 34 ······ 88
BSG, Urteil vom 23. 6. 1981 – 1 RJ 72/80,
　SozR 2200 § 1246 Nr. 81 ············ 119
BSG, Urteil vom 15. 10. 1981 – 5b/5 RJ
　116/80, SozR 2200 § 1246 Nr. 82 ···· 117
BVerfG, Beschluß vom 10. 11. 1981 – 1
　BvL 18/77, BVerfGE 59, 36 ········· 147

BSG, Urteil vom 26. 11. 1981 – 4 RJ
　79/80, SozR 2200 § 1241d Nr. 5 ···· 117
BSG, Urteil vom 17. 2. 1982 – 1 RJ
　102/80, BSGE 53, 100 ············ 112, 174
BSG, Urteil vom 27. 4. 1982 – 1 RJ
　132/80, SozR 2200 § 1246 Nr. 90 ··· 118,
　120, 121
BSG, Urteil vom 8. 9. 1982 – 5b RJ 16/81,
　SozR 2200 § 1246 Nr. 101 ··········· 117
BSG, Urteil vom 3. 11. 1982 – 1 RJ 12/81,
　SozR 2200 § 1246 Nr. 102 ············ 81
BSG, Urteil vom 24. 3. 1983 – 1 RA
　15/82, BSGE 55, 45 ··················· 82
BSG, Urteil vom 15. 11. 1983 – 1 RJ
　112/82, SozR 2200 § 1246 Nr. 109 ···· 82
BSG, Urteil vom 30. 11. 1982 – 4 RJ
　1/82, SozR 2200 § 1246 Nr. 104 ··· 120,
　121
BSG, Urteil vom 30. 11. 1983 – 5a RKn 28/
　82, BSGE 56, 64 ············ 115, 117, 118
BSG, Urteil vom 1. 12. 1983 – 5b RJ
　114/82, BSGE 56, 72 ·················· 84
BSG, Urteil vom 1. 3. 1984 – 4 RJ 43/83,
　SozR 2200 § 1246 Nr. 117 ··········· 120
BSG, Urteil vom 30. 5. 1984 – 5a RKn
　18/83, SozR 2200 § 1247 Nr. 43 ····· 116
BVerfG, Beschluß vom 17. 7. 1984 – 1
　BvL 24/83, BVerfGE 67, 231 ·········· 48
BSG, Urteil vom 2. 10. 1984 – 5b RJ
　106/83, BSGE 57, 157 ················· 62

BSG, Urteil vom 15. 11. 1984 – 3 RK 21/83, BSGE 57, 227 ················48
BSG, Urteil vom 30. 10. 1985 – 4a RJ 53/84, SozR 2200 § 1246 Nr. 130 ·····76
BSG, Urteil vom 28. 11. 1985 – 4a RJ 51/84, BSGE 59, 201 ················83
BSG, Urteil vom 6. 6. 1986 – 5b RJ 42/85, SozR 2200 § 1246 Nr. 136 ········120
BSG, Urteil vom 6. 6. 1986 – 5b RJ 52/85, SozR 2200 § 1247 Nr. 47 ··········117
BSG, Urteil vom 25. 6. 1986 – 4a RJ 55/84, SozR 2200 § 1246 Nr. 137 ······116, 117
BSG, Urteil vom 9. 9. 1986 – 5b RJ 50/84, SozR 2200 § 1246 Nr. 139 ···········116
BSG, Urteil vom 9. 9. 1986 – 5b RJ 82/85, SozR 2200 § 1246 Nr. 140 ··········82
BVerfG, Beschluß vom 8. 4. 1987 – 1 BvR 564/ 84, BVerfGE 75, 78 ···········50
BSG, Urteil vom 21. 7. 1987 – 4a RJ 39/86, SozR 2200 § 1246 Nr. 143 ············82
BSG, Urteil vom 21. 7. 1987 – 4a RJ 63/86, BSGE 62, 74 ·······················81
SG Wiesbaden, Urteil vom 17. 9. 1987 – S 10 J 214/86, NZA 1988, S. 670 ff.······128
BVerfG, Beschluß vom 30. 9. 1987 – 2 BvR 933/82, BVerfGE 76, 256 ··········29
BSG, Urteil vom 21. 2. 1989 – 5 RJ 61/88, SozR 2200 § 1247 Nr. 56 ············117
BSG, Urteil vom 25. 4. 1989 – 4 RA 67/88, SozR 2200 § 1246 Nr. 161 ····146

BSG, Urteil vom 15. 11. 1989 – 5 RJ 1 /89, BSGE 66, 84 ·····················62
BSG, Urteil vom 22. 2. 1990 – 4 RA 16/89, BSGE 66, 226 ············78, 84, 85
SG Münster, Urteil vom 6. 12. 1990 – S 10 J 103/89, juris ·························122
BSG, Urteil vom 14. 5. 1991 – 5 RJ 82/89, BSGE 68, 277 ·······················80
BSG, Urteil vom 28. 8. 1991 – 13/ 5 RJ 47/90, SozR 3 -2200 § 1247 Nr. 8 ···116
BSG, Urteil vom 17. 12. 1991 – 13/ 5 RJ 14/90, BSGE 70, 56 ···················83
BSG, Urteil vom 17. 12. 1991 – 13/ 5 RJ 73/90, SozR 3 -2200 § 1247 Nr. 10 ·······················117
SG Münster, Urteil vom 16. 1. 1992 – S 10 J 123/89, juris ························128
BSG, Urteil vom 7. 4. 1992 – 8 RKn 1 /91, BSGE 70, 230 ···················112
LSG Niedersachsen, Urteil vom 25. 11. 1992 – L 2 J 138/91, NZS 1993, S. 406 ff.·····························128
BSG, Beschluß vom 23. 3. 1993 – 4 BA 121/92, NZS 1993, S. 403 f.···········129
BSG, Urteil vom 31. 3. 1993 – 13 RJ 65/91, SozR 3 -2200 § 1247 Nr. 14 ·····87, 132
BSG, Urteil vom 25. 8. 1993 – 13 RJ 59/92, SozR 3 -2200 § 1246 Nr. 34 ··········81
BSG, Urteil vom 12. 10. 1993 – 13 RJ 53/92, BSGE 73, 159 ·····················83

BSG, Urteil vom 25. 1. 1994 – 4 RA 35/93 –, SozR 3-2200 § 1246 Nr. 41 ······129
BSG, Urteil vom 29. 3. 1994 – 13 RJ 35/93, SozR 3-2200 § 1246 Nr. 45 ·········82
BSG, Beschluß vom 23. 11. 1994 – 13 RJ 19/93, BeckRS 1995, 40507 ··129
BSG, Urteil vom 14. 9. 1995 – 5 RJ 50/94, SozR 3-2200 § 1246 Nr. 50 ········116
BSG, Urteil vom 14. 5. 1996 – 4 RA 60/94, BSGE 78, 207 ·················117
BSG, Beschluß vom 19. 12. 1996 – GS 2/95, BSGE 80, 24 ·····86, 133-138, 140, 142, 143, 155
BSG, Urteil vom 19. 8. 1997 – 13 RJ 1/94, BSGE 81, 15 ···························141
BSG, Beschluss vom 10. 7. 2002 – B 13 RJ 101/02 B, juris ························164
BSG, Urteil vom 17. 12. 2002 – B 4 RA 23/02 R, SozR 3-2600 § 96a Nr. 1 ···55
BSG, Beschluss vom 27. 2. 2003 – B 13 RJ 215/02 B, juris ·······················164
BSG, Urteil vom 28. 4. 2004 – B 5 RJ 60/03 R, SozR 4-2600 § 313 Nr. 3···56
BSG, Urteil vom 5. 10. 2005 – B 5 RJ 6/05 R, SozR 4-2600 § 43 Nr. 5 ···164

BSG, Urteil vom 29. 3. 2006 – B 13 RJ 31/05 R, BSGE 96, 147 ···············174
BSG, Urteil vom 16. 5. 2006 – B 4 RA 22/05 R, BSGE 96, 209 ···············172
BAG, Urteil vom 12. 7. 2007 – 2 AZR 716/06, BAGE 123, 234 ···············197
BSG, Urteil vom 14. 8. 2008 – B 5 R 32/07 R, BSGE 101, 193 ···············172
BSG, Urteil vom 25. 11. 2008 – B 5 R 112/08 R, BeckRS 2009, 52293 ········172
BVerfG, Beschluss vom 11. 1. 2011 – 1 BvR 3588/08, BVerfGE 128, 138·····173
BSG, Urteil vom 19. 10. 2011 – B 13 R 78/09 R, BSGE 109, 189 ···············165
BSG, Urteil vom 9. 5. 2012 – B 5 R 68/11 R, SozR 4-2600 § 43 Nr. 18·····45, 46, 165
LSG Hessen, Urteil vom 23. 8. 2019 – L 5 R 226/18, NZS 2020, S. 63 ff.··········170
BSG, Beschluss vom 9. 9. 2019 – B 5 R 21/19 B, BeckRS 2019, 23742 ·········44
BSG, Urteil vom 11. 12. 2019 – B 13 R 7/18 R, BSGE 129, 274 ···············167
BSG, Beschluss vom 28. 9. 2020 – B 13 R 45/19 B, BeckRS 2020, 29355 ··········44
BSG, Urteil vom 10. 11. 2022 – B 5 R 29/21 R, BSGE 135, 110 ···············188

〈著者紹介〉

福島　豪（ふくしま・ごう）

1979年　広島県生まれ
2001年　大阪大学法学部卒業
2010年　大阪市立大学大学院法学研究科後期博士課程単位取得退学
　　　　関西大学法学部助教
2011年　関西大学法学部准教授
2018年　関西大学法学部教授（現在に至る）

主要業績　『よくわかる社会保障法』（共著、有斐閣、初版2015年、第2版2019年）、「公的老齢年金制度におけるスライド」社会保障法31号（2016年）、「高齢者・障害者の地域生活支援」法律時報89巻3号（2017年）、「障害者の地域生活支援における相談支援」法律時報94巻1号（2022年）、「虐待と社会保障」日本社会保障法学会編『講座・現代社会保障法学の論点〔下巻〕現代的論点』（日本評論社、2024年）、「介護保険と家族」社会保障法40号（2024年）など

障害年金の基本構造──障害年金の日独比較法研究

2024年12月15日　第1版第1刷発行

著　者──福島　豪
発行所──株式会社　日本評論社
　　　　〒170-8474　東京都豊島区南大塚3-12-4
　　　　電話　03-3987-8621（販売）　03-3987-8592（編集）
　　　　FAX　03-3987-8590（販売）　03-3987-8596（編集）
　　　　https://www.nippyo.co.jp/　振替　00100-3-716
印　刷──精文堂印刷株式会社
製　本──株式会社松岳社
装　丁──渡邉雄哉（LIKE A DESIGN）
Ⓒ2024　G.Fukushima　　検印省略
ISBN978-4-535-52810-9　　Printed in Japan

JCOPY　〈(社)出版者著作権管理機構　委託出版物〉
本書の無断複写は著作権法上での例外を除き禁じられています。複写される場合は、そのつど事前に、(社)出版者著作権管理機構（電話03-5244-5088、FAX03-5244-5089、e-mail：info@jcopy.or.jp）の許諾を得てください。また、本書を代行業者等の第三者に依頼してスキャニング等の行為によりデジタル化することは、個人の家庭内の利用であっても、一切認められておりません。